U0573121

汽车工业蓝皮书

BLUE BOOK OF
AUTOMOTIVE INDUSTRY

中国汽车工业发展年度报告
（2018）

ANNUAL REPORT ON THE DEVELOPMENT OF CHINA
AUTOMOTIVE INDUSTRY (2018)

中国汽车工业协会
中国汽车技术研究中心／编　著
丰田汽车公司

社会科学文献出版社
SOCIAL SCIENCES ACADEMIC PRESS（CHINA）

图书在版编目（CIP）数据

中国汽车工业发展年度报告.2018／中国汽车工业
协会，中国汽车技术研究中心，丰田汽车公司编著.--
北京：社会科学文献出版社，2018.6
　（汽车工业蓝皮书）
　ISBN 978-7-5201-2906-0

　Ⅰ.①中…　Ⅱ.①中…②中…③丰…　Ⅲ.①汽车工
业-工业发展-研究报告-中国-2018　Ⅳ.
①F426.471

中国版本图书馆 CIP 数据核字（2018）第 126284 号

汽车工业蓝皮书
中国汽车工业发展年度报告（2018）

　　　　　　　中国汽车工业协会
编　　著／中国汽车技术研究中心
　　　　　　　丰田汽车公司

出 版 人／谢寿光
项目统筹／吴　敏
责任编辑／宋　静

出　　版／社会科学文献出版社·皮书出版分社（010）59367127
　　　　　　　地址：北京市北三环中路甲 29 号院华龙大厦　邮编：100029
　　　　　　　网址：www.ssap.com.cn
发　　行／市场营销中心（010）59367081　59367018
印　　装／三河市龙林印务有限公司

规　　格／开　本：787mm×1092mm　1/16
　　　　　　　印　张：20.5　字　数：311 千字
版　　次／2018 年 6 月第 1 版　2018 年 6 月第 1 次印刷
书　　号／ISBN 978-7-5201-2906-0
定　　价／128.00 元

皮书序列号／PSN B-2015-463-1/2

《中国汽车工业发展年度报告（2018）》
编 委 会

支 持 单 位　中国第一汽车集团有限公司

东风汽车公司

上海汽车集团股份有限公司

中国长安汽车集团股份有限公司

北京汽车集团有限公司

广州汽车集团股份有限公司

华晨汽车集团控股有限公司

奇瑞汽车股份有限公司

安徽江淮汽车集团有限公司

中国重型汽车集团有限公司

浙江吉利控股集团有限公司

长城汽车股份有限公司

中国汽车工程学会

中国汽车工程研究院有限公司

东风汽车集团股份有限公司

福建省汽车工业集团有限公司

郑州宇通客车股份有限公司

厦门金龙汽车集团股份有限公司

上汽大众汽车有限公司

上汽通用五菱汽车股份有限公司

上海通用汽车有限公司

一汽－大众汽车有限公司

广汽丰田汽车有限公司

广汽本田汽车有限公司

北京奔驰汽车有限公司

华晨宝马汽车有限公司

东风汽车股份有限公司

北汽福田汽车股份有限公司

神龙汽车有限公司

上汽依维柯红岩商用车有限公司

比亚迪股份有限公司

众泰控股集团有限公司

北京新能源汽车股份有限公司

长江汽车有限公司

重庆力帆汽车有限公司

中汽中心汉阳专用汽车研究所

天津一汽丰田汽车有限公司

深圳航盛电子股份有限公司

长春一汽富维汽车零部件股份有限公司

浙江亚太机电股份有限公司

浙江万安科技股份有限公司

富奥汽车零部件股份有限公司

万向钱潮股份有限公司

长春一汽富晟集团有限公司

北京京西重工有限公司

宁波均胜电子股份有限公司

（以上单位排名不分前后）

摘　要

"汽车工业蓝皮书"是关于中国汽车工业发展的综合系列报告丛书，2015 年首次出版。《中国汽车工业发展年度报告（2018）》由中国汽车工业协会联合中国汽车技术研究中心和丰田汽车公司共同组织行业企业、服务机构及相关单位有关专家撰写，是一部准确、全面论述中国汽车工业发展现状及趋势的权威性著作。

全书包括总报告、乘用车篇、商用车篇、节能与新能源汽车篇、零部件篇、标准化篇、附录等。

总报告全面阐述了中国汽车工业 2017 年全年发展情况；揭示了在国际、国内经济发展大环境下，中国汽车工业发展的态势、中国汽车工业在世界汽车工业及国民经济中的地位；分析了 2017 年汽车工业的热点事项和新技术新产品发展情况，预测了 2018 年中国汽车工业的发展趋势。

乘用车篇分别从国内、国际两个市场介绍了 2017 年乘用车市场发展情况，研究了产品细分市场和国内区域细分市场发展走向和规律，分析指出了乘用车发展仍是拉动中国汽车市场稳定增长的主要因素。

商用车篇从载货车、客车、专用车等方面介绍了 2017 年商用车市场现状，分析了各细分市场运行特点，识别了行业发展存在的相关问题，并对行业发展趋势做出了研判。

节能与新能源汽车篇介绍了 2017 年我国节能乘用车、新能源汽车和关键零部件发展情况，以及产业政策现状和发展趋势，并对中国汽车工业健康、可持续发展提出了相关建议。

本书首次在商用车篇中设立了房车（旅居车）发展章节，并将汽车行业标准化独立设篇。

本书以服务社会消费者、汽车制造业、政府管理部门为宗旨，对汽车制造业及相关产业、政府各级汽车工业管理部门具有重要参考价值。

Abstract

"Blue Book of Automotive Industry" is a series of reports about the development of China's automotive industry and was first published in 2015. *Annual Report on the Development of China Automotive Industry* (2018) is co-authored by experts from industry enterprises, service agencies and related institutions organized by the China Association of Automobile Manufacturers (CAAM), the China Automotive Technology and Research Center (CATARC) and the Toyota Motor Corporation, and is an authoritative and comprehensive introduction to the development status and trends of the China's automotive industry.

The Report is divided into six parts: General Report, Passenger Vehicle, Commercial Vehicle, New Energy Vehicle, Components and Parts, and Standardization.

The first part reflects the development of the China's automotive industry in 2017, reveals the development trends of the China's automotive industry against the overall global and domestic economic backdrop, the place of China's automotive industry in the world automotive industries and the China's national economy; analyzes the hotspot issues of the China's automotive industry in 2017 andupdates of new technologies and products; and predicts the development trends of the China's automotive industry in 2018.

The second part analyzes the performance of passenger vehicle in the domestic and international markets in 2017, studies the development trends and laws of the product segments and regional segments in China, points out that the passenger vehicle is the main driver for the steady growth in China's vehicle market.

The third part introduces the market performance of commercial vehicle in 2017in terms of truck, bus and special purpose vehicle, analyzes the characteristics of each segment, points out existing problems in the industry, and predicts the industry develop trend.

The fourth part introduces the development of energy-saving passenger vehicle, new energy vehicle, components and parts, and industry policy status and development trend in 2017, and offers suggestions for the healthy and sustainable development of the China's automotive industry.

This report adds a chapter for the development of touring car (recreational vehicle) under the Commercial Vehicle for the first time, and will define standardization of the automotive industry as an independent chapter.

With a view to serving consumers, auto manufacturers and related government authorities, the report has great reference value for auto manufacturers and related industries, and auto industry administrative authorities.

目　录

Ⅰ　总报告

Ⅱ　乘用车篇

Ⅲ　商用车篇

皮书数据库阅读**使用指南**

CONTENTS

I General Report

II Passenger Vehicles

III Commercial Vehicles

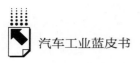
Ⅳ　New Energy Vehicles

V　Components and Parts

Ⅵ　Standardization

Ⅶ　Appendix

总 报 告

General Report

B.1

2017年中国汽车工业发展报告

摘　要：　本报告发布了 2017 年世界汽车工业和中国汽车工业的相关数据，阐述了中国汽车工业在世界汽车工业和中国宏观经济发展中的地位，以及汽车工业的技术发展趋势和热点问题。本报告基于对 2017 年中国汽车工业运行状况的分析，预测了 2018 年中国汽车工业的发展态势。

关键词：　汽车　中国品牌　产业结构　产业形势

一　全球汽车工业发展形势与中国汽车工业的地位①

（一）全球汽车工业发展形势

2017 年，全球经济呈现企稳迹象，金融市场信心回升，大宗商品价格反

---

① 本节内资料来源于 Marklines。

弹，多数主要经济体货币对美元小幅升值，但实体经济依然脆弱，市场需求依旧低迷，宏观政策效力减弱，世界经济低增长高风险局面难有根本改观。2017年，全球汽车产销量双双突破9000万辆大关，分别为9590万辆和9265万辆，同比分别增长3.5%和1.3%。在发达经济体汽车市场中，美国汽车市场较2016年出现轻度回落，欧洲汽车市场走势良好，日本汽车市场止跌回升。新兴市场中的金砖国家，中国汽车产销再创全球新高，销量同比增长3%，稳居世界第一；印度汽车销量同比增长9.5%；巴西和俄罗斯等国新车销量均出现反弹。因油价持续处于低位、消费者购买力增强，全球车市将持续保持稳步增长的局面。

1. 发达经济体汽车市场

2017年发达经济体复苏势头放缓，美国经济发展好于其他发达国家；欧元区政府负债率开始下降，债务危机风险减小，但难民潮、英国脱欧公投等问题增加了欧洲经济的不确定性；日本经济政策效应衰减，经济增长动力进一步减弱。

（1）美国汽车市场

2017年，美国新车销量为1765万辆，同比下跌1.7%。稳定的劳动市场、低利率、低油价、高消费者信心指数等大环境刺激高水平需求，支持销量持续走高。从各车种销量来看，乘用车同比下降10.8%，中重型载货车同比下降0.2%，从乘用车转向皮卡与SUV的需求仍在继续。而轻型载货车和中型载货车同比分别增长4.2%和7.2%，成为市场企稳发展的主要支撑和拉动力（见表1）。

表1 2017年美国汽车产销量

单位：辆，%

分类	车型	2016年	2017年	同比增速
生产	乘用车	3919965	3063543	−21.8
	轻型载货车	7988264	7823342	−2.1
	中型载货车	95823	89127	−7.0
	中重型载货车	173768	206032	18.6
	合计	12177820	11182044	−8.2

续表

分类	车型	2016 年	2017 年	同比增速
销售	乘用车	7070155	6305756	−10.8
	轻型载货车	10489000	10934240	4.2
	中型载货车	207694	222790	7.2
	中重型载货车	192662	192252	−0.2
	合计	17959511	17654938	−1.7

（2）欧洲汽车市场

2017 年，欧洲新车总销量 2042.6 万辆，同比增长 3.9%。其中西欧 17 国市场同比增长 2.7%，中东欧 15 国市场同比增长 8.8%。2017 年是欧洲汽车销量连续第 4 年增长，市场大势良好（见表 2）。

表 2　2017 年欧洲汽车产销量

单位：辆，%

分类	车型	2016 年	2017 年	同比增速
生产	西欧 11 国	14538836	14566074	0.2
	中东欧 12 国	6645687	6845009	3.0
	总计	21184523	21411083	1.1
销售	西欧 17 国	15845909	16270673	2.7
	中东欧 15 国	3819908	4155383	8.8
	总计	19665817	20426056	3.9

西欧主要 4 国，除英国汽车市场销量轻度萎缩外，其余 3 国销量均实现增长。数据显示，英国新车市场全年销售汽车 291 万辆，同比下降 5.3%。其中乘用车销量 254 万辆，同比下降 5.7%，继续保持西欧第二大乘用车市场的地位；商用车销量 36.9 万辆，同比下降 3.9%，其中轻型厢式载货车销量 36.2 万辆，同比下降 3.7%。

德国汽车销量 375.5 万辆，同比增长 2.8%。其中乘用车新车注册量为 344.1 万辆，同比增长 2.7%，德国仍是西欧最大的乘用车市场；载货车销量 30.7 万辆，同比增长 3.7%；客车销量 6697 辆，同比增长 0.2%。

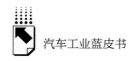

法国全年销售汽车 259.1 万辆，同比增长 5.2%。其中乘用车新车注册量为 211.1 万辆，同比增长 4.8%，2017 年是法国乘用车市场第 4 年连升；而轻型载货车和重型载货车销量分别为 42.4 万辆和 5 万辆。

意大利汽车销量 215.3 万辆，同比增长 7.3%，连续 4 年上升。其中乘用车销量 197 万辆，同比增长 7.9%，成为市场增长的主力；而轻型载货车销量 18.2 万辆，同比微增 0.6%。

2017 年，欧洲各主要市场汽车销售强劲，如希腊、西班牙、荷兰、奥地利和葡萄牙等国家的销量延续 2016 年增长势头继续上扬，分别增长 12.1%、8.5%、8.3%、8% 和 7%。

（3）日本汽车市场

2017 年，日本汽车总销量 522.6 万辆，同比增长 5.3%（见表 3），各细分车型销售全线增长，销量也终于反弹至 500 万辆以上，其中乘用车各车型均呈现高速增长。

表 3　2017 年日本汽车产销量

单位：辆，%

分类	车型	2016 年	2017 年	同比增速
生产	乘用车	7758279	8222701	6.0
	商用车	1330704	1336310	0.4
	合计	9088983	9559011	5.2
销售	乘用车	4351841	4604624	5.8
	商用车	609484	620970	1.9
	合计	4961325	5225594	5.3

2.新兴经济体汽车市场

2017 年，新兴经济体总体涨势良好。得益于美联储加息步伐放缓，新兴经济体资本外流减少，汇率总体趋于稳定，新兴经济体发展外部环境有所改善。

（1）巴西汽车市场

2017 年，巴西汽车市场出现反弹，总销量从 2016 年的 205 万辆增长到

223.9 万辆，同比涨幅达到 9.2%。全年轿车、SUV、轻型载货车、中重型载货车和客车销量分别为 145.1 万辆、40.5 万辆、31.6 万辆、5.2 万辆和 1.5 万辆，同比涨幅分别为 4.1%、37.8%、6%、4% 和 7.1%。

（2）俄罗斯汽车市场

2017 年，俄罗斯汽车总销量 159.6 万辆，同比增长 11.9%。2017 年仅前两个月负增长，从 3 月开始出现反弹，5 月起始终保持两位数增长。

（3）印度汽车市场

2017 年，印度汽车总销量 401.9 万辆，同比增长 9.5%。各细分车型销量全线上升，轿车、多功能乘用车、轻型载货车和中重型载货车分别销售 216.8 万辆、106 万辆、46.8 万辆和 28.3 万辆，同比分别增长 5.1%、17.3%、15.8% 和 12.3%；客车市场明显萎缩，全年销售 3.8 万辆，同比降幅达到 19.1%。

（4）其他市场

2017 年，除印尼外，阿根廷、泰国、南非等新兴市场销量均呈增长态势。其中，阿根廷汽车总销量 89 万辆，同比增长 32%；泰国汽车总销量 87.2 万辆，同比增长 20.3%；南非汽车总销量 55.8 万辆，同比增长 2%；而印尼汽车总销量 100.3 万辆，同比下滑 0.5%。

（二）中国汽车工业的世界地位

随着产业规模的高速增长，中国汽车产业的国际地位有了实质性的提升。2017 年，中国汽车产销分别为 2901.5 万辆和 2887.9 万辆，同比增长 3.2% 和 3%，自 2013 年以来已连续 5 年产销超过 2000 万辆，稳居世界第一。占全球汽车制造业的市场份额已从 2000 年的 3.5% 提高到 31.2%。

在各细分市场方面，2017 年中国乘用车生产 2480.7 万辆，同比增长 1.6%，占全球乘用车总产量的 29.9%。从 2008 年开始，中国乘用车产量以年均 15.6% 的增速持续提高，已连续 9 年位居全球榜首。在商用车产量方面，中国商用车生产 420.9 万辆，同比增长 13.8%，占全球商用车总产

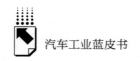
量的32.8%。其中，中重型载货车产量在2007年超过日本后，已连续11年位居世界第一，并且自2008年开始中重型载货车的产量以年均两位数的速度持续增长；自2003年以来，中国客车产量一直居世界首位，且自2008年以来年均增速达到5.1%，中国成为世界客车的主要生产大国。

随着中国汽车市场竞争的国际化，跨国公司不断加大对中国的新车投放力度，以突出其品质优势，2017年上海国际车展全球首发车型近200辆，"全球同步"在华推出新车已成为多数厂商的竞争策略。跨国车企凭借国产化以及新的合资合作来抢占中国市场，早期通过国产化在中国市场取得成功的豪华品牌三强奥迪、宝马和奔驰似乎成了豪华品牌国产化的标杆，紧随其后的捷豹路虎、英菲尼迪、沃尔沃等二线豪华品牌也宣布国产或进入中国市场。目前，跨国车企不仅通过高国产化率抢占市场，而且在热度逐渐提升的新能源汽车领域与我国车企进行合资合作。继早期比亚迪与戴姆勒、吉利与沃尔沃联姻之后，2017年江淮与大众、众泰与福特也纷纷强强联合投资建厂生产新能源汽车，中国企业在合资合作中的地位在悄然变化，中方的话语权正在增强。新能源汽车领域，传统车企正在积极展开全方位的布局，四大互联网巨头京东、阿里巴巴、百度、腾讯也已入局，纷纷转向跨界造车。

目前，中国政府和企业在新能源汽车推广中遇到的各种问题都是发展中遇到的常见问题。随着国家政策的落实、市场的成熟、技术的进步、企业的不断成长，相信这些问题将逐步得到解决。

二　汽车工业总体规模和在国民经济中的地位与作用

（一）汽车工业总体规模①

2017年，我国汽车商品零售总额42222亿元，占全国社会消费品零售

---

① 数据采自国家统计局年度报告。

总额的 11.5%。截至 2017 年底，我国机动车保有量达到 3.1 亿辆，其中汽车 2.2 亿辆；机动车驾驶人 3.9 亿人，其中汽车驾驶人超过 3.4 亿人。2017年新注册登记的汽车达 2813 万辆，保有量净增 2304 万辆，均为历史最高水平。汽车占机动车的比重持续提高，近五年（2013～2017 年）占比从54.93% 提高至 70.17%，已成为机动车的构成主体。全国有 53 个城市的汽车保有量超过百万辆，24 个城市超过 200 万辆，7 个城市超过 300 万辆。2017 年，小型载客汽车达 1.9 亿辆，其中私家车 1.7 亿辆，占 91.9%。

2017 年，中国汽车产销量分别为 2901.5 万辆和 2887.9 万辆，同比增长3.2% 和 3%，低于上年同期 11.3 个和 10.6 个百分点。其中，乘用车产销量分别为 2480.7 万辆和 2471.8 万辆，同比增长 1.6% 和 1.4%；商用车产销量分别为 420.9 万辆和 416.1 万辆，同比增长 13.8% 和 14%；新能源汽车产销量分别为 79.4 万辆和 77.7 万辆，同比增长 53.8% 和 53.3%。

（二）汽车工业在国民经济中的地位和作用

我国汽车工业作为国民经济重要的支柱产业，以其科技集中性强、产业关联度高、带动就业面广等特点，为促进国民经济快速发展做出了重大贡献。

在科技集中性方面，汽车工业以其科技集中性促进我国科技的发展和生产率的提高。汽车产业作为现代工业的缩影，表现了现代工业高水平高科技的特征，正在与科技的蓬勃发展相辅相成显示出勃勃生机。众多高科技，比如数控加工技术、机器人技术、电磁脉冲焊接技术、柴油机涡轮增压技术、一体车门板技术、铁金属元件硬化技术、记录超高速变化的数字摄像技术、信息技术、纳米技术等在汽车工业中得到了广泛的应用。汽车工业是高度技术密集型的工业，集中着许多科学领域里的新材料、新设备、新工艺和新技术。

在产业关联度方面，中国汽车工业的发展显著拉动了上下游关联产业发展。从汽车产业链来看，涉及诸多行业，产业链整体较长，往往可带动 100 多个产业的发展。以汽车整车制造业为核心，向上可延伸至汽

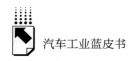
车零部件制造业以及和零部件制造业相关的其他基础工业；向下可延伸至服务贸易领域，包括汽车销售、维修、金融等服务。此外，汽车产业链的每一个环节都有其支撑体系，包括法律法规标准体系、试验研究开发体系、认证检测体系等。发达国家的经验表明，汽车工业每增值1元，会给上游产业带来0.65元的增值，给下游产业带来2.63元的增值。鉴于汽车对上游钢铁、石化、橡胶、玻璃、电子和下游金融、保险、维修、旅游、租赁、旅馆等产业的拉动作用，2017年中国汽车工业对国民经济的综合贡献度接近5%。随着汽车工业规模不断扩大、产品技术不断发展，汽车工业链条不断完善，汽车工业对上下游关联产业的拉动效应更为显著。

在带动就业方面，伴随中国汽车工业以及相关产业的快速发展，汽车工业对劳动力具有越来越大的需求。汽车工业是综合性的组装工业，一辆汽车由数万种零部件组成，每一个汽车主机厂都有数百家相关配套厂，所以，汽车工业与许多工业部门具有密切的联系。目前，全国与汽车相关产业的就业人数，已经超过社会就业总人数的1/6，从发展趋势看，随着汽车工业的发展，汽车职工人数占全国城镇就业人数的比重越来越大，每增加1个汽车产业生产人员可增加10个相关人员就业。

随着我国汽车工业的不断发展壮大，汽车工业在我国经济发展中的地位将越来越突出，并对我国经济的发展和社会的进步产生巨大的作用和深远的影响。

三　汽车工业经济运行情况

2017年，汽车行业深入贯彻党中央、国务院决策部署，坚持稳中求进的工作总基调，不断深化供给侧结构性改革，积极推进产业转型升级，强化科技创新，行业由快速增长转为向高质量平稳增长。据2017年全国汽车行业16041家规模以上企业主要经济指标快报，行业整体经济运行增速放缓，主要经济指标增幅回落。

（一）主营业务收入增长较快，增幅回落

2017年，汽车行业规模以上企业累计实现主营业务收入87932.07亿元，同比增长10.82%，增幅同比回落2.97个百分点。

从主营业务收入增长率变动来看，一季度增长率为14.65%；上半年增长率为11.95%，增幅比一季度回落2.7个百分点；前三季度增长率为11.87%，增幅比上半年回落0.08个百分点；全年增长率为10.82%，比前三季度回落1.05个百分点。从全年各月主营业务收入累计增长率变动来看，增速趋缓，各月累计增长率虽大致呈回落态势，但仍超过10%（见表4）。

表4　2017年汽车行业主营业务收入增长率变动情况

单位：%

年份＼月份	1~2	1~3	1~4	1~5	1~6	1~7	1~8	1~9	1~10	1~11	1~12
2017	15.64	14.65	12.56	12.07	11.95	11.81	11.74	11.87	11.58	10.77	10.82
2016	7.54	8.90	8.83	9.12	9.90	11.01	11.98	13.25	13.54	13.73	13.79

从行业规模以上企业各小行业实现主营业务收入的具体情况看，5个小行业主营业务收入均高于上年。其中：改装车制造业增长率最高，超过15%；汽车整车制造业、汽车零部件制造业、摩托车整车制造业和摩托车零部件制造业增长率均超过10%，分别为10.96%、10.23%、10.80%和10.27%（见表5）。

表5　2017年汽车行业各小行业实现主营业务收入情况

行业名称	企业数（家）	主营业务收入（亿元）		增长率（%）	增长额（亿元）
		本期	同期		
合　计	16041	87932.07	79350.22	10.82	8581.85
汽车整车制造业	564	42929.52	38688.21	10.96	4241.31
改装车制造业	846	3328.20	2861.80	16.30	466.40
汽车零部件制造业	13333	38800.39	35198.50	10.23	3601.89
摩托车整车制造业	205	1081.90	976.48	10.80	105.42
摩托车零部件制造业	1093	1792.06	1625.23	10.27	166.83

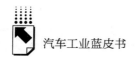

（二）利润总额增速趋缓，增幅下降

2017 年，汽车行业规模以上企业累计实现利润总额 6995.47 亿元，同比增长 5.74%，增幅同比回落 4.92 个百分点。

从利润总额增长率变动来看，受上年基数影响一季度增长率较高，为 18.71%；上半年，增长率为 11.50%，增幅比一季度回落了 7.21 个百分点；前三季度增长率为 10.13%，增幅比上半年回落 1.37 个百分点；2017 年增长率为 5.74%，比前三季度回落 4.39 个百分点。从全年各月利润总额累计增长率变动趋势来看，增速逐渐减缓，基本呈回落走势（见表 6）。

表 6　2017 年汽车行业利润总额增长率变动情况

单位：%

月份 年份	1~2	1~3	1~4	1~5	1~6	1~7	1~8	1~9	1~10	1~11	1~12
2017	18.93	18.71	11.75	9.97	11.50	11.69	11.47	10.13	8.81	6.02	5.74
2016	4.87	8.52	7.38	8.79	6.36	7.82	10.75	12.70	13.50	12.32	10.66

从行业规模以上企业各小行业实现利润总额的具体情况看，2017 年，在 5 个小行业中，汽车整车制造业由上年正增长转为负增长，摩托车整车制造业由上年负增长转为正增长，其中：改装车制造业、汽车零部件制造业、摩托车整车制造业和摩托车零部件制造业利润总额高于上年，增长率分别为 26.42%、13.66%、0.44% 和 8.38%；汽车整车制造业利润总额低于上年，同比下降 0.73%（见表 7）。

表 7　2017 年汽车行业规模以上企业实现利润总额情况

企业名称	企业数 （家）	利润总额（亿元）		增长率 （%）	增长额 （亿元）
		本期	同期		
合　计	16041	6995.47	6615.65	5.74	379.82
汽车整车制造业	564	3638.88	3665.63	−0.73	−26.75
改装车制造业	846	168.74	133.48	26.42	35.26

续表

企业名称	企业数（家）	利润总额（亿元）		增长率（%）	增长额（亿元）
		本期	同期		
汽车零部件制造业	13333	3012.63	2650.58	13.66	362.05
摩托车整车制造业	205	58.82	58.56	0.44	0.26
摩托车零部件制造业	1093	116.40	107.40	8.38	9.00

（三）固定资产投资增速减缓

2017年，汽车行业规模以上企业累计完成固定资产投资13476.03亿元，同比增长9.22%，增幅同比提高5.17个百分点。

从固定资产投资增长率来看，一季度为8.11%；上半年为12.89%，增幅比一季度提高4.78个百分点；前三季度为10.44%，增幅比上半年回落2.45个百分点；全年增长率为9.22%，增幅比前三季度回落1.22个百分点。从全年各月固定资产投资累计增长率来看，1～2月增长率最高，为14.49%；1～2月后，各月累计增长率在8.11%～12.89%之间，呈起伏式回落走势，增速均低于1～2月（见表8）。

表8　2017年汽车行业固定资产投资增长率变动情况

单位：%

月份\年份	1～2	1～3	1～4	1～5	1～6	1～7	1～8	1～9	1～10	1～11	1～12
2017	14.49	8.11	8.97	10.08	12.89	9.45	9.44	10.44	11.37	10.55	9.22
2016	13.75	21.96	16.84	12.28	6.10	6.93	6.97	5.20	2.32	3.11	4.05

2017年，行业规模以上企业固定资产投资资金来源合计为12979.7亿元，其中：上年末结余资金348.42亿元，本年资金来源为12631.27亿元。从汽车行业资金来源构成情况看，自筹资金为11324.53亿元，占行业资金来源的比重为89.65%。

从固定资产投资情况看，汽车整车制造业和改装车制造业低于上年，汽车零部件制造业和摩托车整车制造业完成固定资产投资高于上年（见表9）。

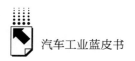
表9 2017年汽车行业各小行业完成固定资产投资情况

单位：亿元，%

行业名称	固定资产投资		增长率	增长额
	本期	同期		
合　计	13476.03	12338.91	9.22	1137.12
汽车整车制造业	2677.06	2724.16	−1.73	−47.10
改装车制造业	478.52	539.42	−11.29	−60.90
汽车零部件制造业	9911.35	8685.49	14.11	1225.86
摩托车整车制造业	409.10	389.84	4.94	19.26

注：根据国家统计局提供的2017年固定资产投资资料，摩托车制造业含摩托车整车制造业和摩托车零部件及配件制造业，同期数据做相应调整。

（四）亏损企业家数有所增加

2017年，汽车行业规模以上亏损企业为1984家，同比增长11.21%，增加亏损企业200家。

2017年，亏损企业亏损额为426.26亿元，同比增长24.64%，其中：改装车制造业和摩托车整车制造业同比分别下降14.77%和20.26%，分别减少亏损额4.53亿元和0.60亿元；汽车整车制造业、汽车零部件制造业和摩托车零部件制造业亏损额高于上年，同比分别增长32.72%、23.84%和8.42%，分别增加亏损额59.97亿元、29.23亿元和0.21亿元（见表10）。

表10 2017年汽车行业各小行业亏损额情况

企业名称	企业数（家）	亏损额（亿元）		增长率（%）	增长额（亿元）
		本期	同期		
合　计	16041	426.26	341.98	24.64	84.28
汽车整车制造业	564	243.24	183.27	32.72	59.97
改装车制造业	846	26.13	30.66	−14.77	−4.53
汽车零部件制造业	13333	151.83	122.60	23.84	29.23
摩托车整车制造业	205	2.36	2.96	−20.26	−0.60
摩托车零部件制造业	1093	2.71	2.49	8.42	0.21

（五）应收账款、产成品库存资金增长较快

2017年末，汽车行业规模以上企业应收账款13449.82亿元，同比增长17.16%，增加资金占用1970.03亿元。2017年末，产成品库存资金为3373.26亿元，同比增长13.02%，增加资金占用388.58亿元。

2017年末，行业规模以上企业应收账款、产成品库存资金占流动资产的比重为36.29%，比上年上升0.41个百分点。

（六）全国汽车商品进出口同比增加，逆差扩大

2017年，世界经济呈现复苏良好态势，周期性因素和内生增长动力增强，金融环境改善，市场需求回升，支撑了主要经济体快速增长。受此影响，我国汽车商品进出口总体表现也好于上年，汽车商品进口金额增速同比提升，出口金额结束下降趋势，有所增长。据中国汽车工业协会编辑整理的海关总署提供的汽车商品进出口数据，2017年，汽车商品进出口总额为1716.82亿美元，同比增长9.77%。具体而言，2017年汽车商品进出口大致呈现以下特点。

1. 汽车商品进口情况分析

（1）汽车商品进口金额同比增速有所提升，汽车整车贡献度最高

2017年，汽车商品进口表现明显好于上年，累计进口金额882.71亿美元，同比增长10.69%，增速比上年提升7.56个百分点。从全年汽车商品进口金额变化情况来看，一季度同比增速明显提升，月均增速达到24.47%，4~8月增速略低，9月增速再次超过20%，10月后增速放缓，12月进口金额首次减少。

七大类汽车进口商品中，汽车整车贡献度最高，达到71.37%；其次为汽车零件、附件和车身，贡献度达到24.28%。2017年，上述两大类商品共进口819.51亿美元，占汽车商品进口总额的92.84%。值得一提的是，摩托车进口金额结束上年快速增长态势，呈较快下降。其中上年表现最为出色的800ml以上大排量品种进口量和金额均呈明显下降。2017年，该系列进

口 0.87 万辆，同比下降 16.26%，占摩托车进口总量的 41.23%；进口金额 1.04 亿美元，同比下降 19.86%，占摩托车进口总额的 66.24%，占比均比上年有所下降。

2017 年，汽车商品排名前十的进口来源国依次是德国、日本、美国、英国、韩国、意大利、斯洛伐克、匈牙利、泰国和瑞典，进口汽车金额分别为 233.65 亿美元、188.82 亿美元、158.63 亿美元、75.57 亿美元、34.56 亿美元、25.36 亿美元、19.73 亿美元、17.49 亿美元、15.63 亿美元和 12.47 亿美元。与上年相比，我国自韩国进口汽车金额下降较快，其他九国呈不同程度增长，其中意大利和泰国增速依然明显。2017 年，我国自上述十国累计进口金额 781.91 亿美元，占汽车商品进口总额的 88.58%。

（2）汽车整车进口同比呈较快增长，前十国进口占比保持在 90% 以上

2017 年，汽车整车进口结束 2015 年以来连续下降趋势，呈较快增长，进口总量超过 120 万辆，仅次于 2014 年。2017 年，汽车整车累计进口 124.68 万辆，同比增长 15.77%，进口金额 510.30 亿美元，同比增长 13.54%。

从各月汽车整车进口表现来看，前 11 个月除 3 月同比增速略低外，其他各月进口量同比均呈两位数较快增长，但 12 月同比呈较快下降。总体来看，上半年表现好于下半年。上半年进口量月均增长 26.48%，比下半年高出 16.52 个百分点。

2017 年，越野车进口依然占最大比重，共进口 52.86 万辆，同比增长 13.49%。在越野车进口品种中，2 升以下和 2.5 升以上各系列汽油车品种均呈较快增长。2017 年，2 升以下各系列品种累计进口 12.46 万辆，同比增长 14.13%；2.5 升以上各系列品种进口 37.87 万辆，同比增长 22.17%。柴油越野车共进口 1.43 万辆，同比下降 20.21%，表现明显不如汽油车。

2017 年，轿车进口 44.77 万辆，同比增长 18.65%。在轿车主要进口品种中，1 ~ 2.5 升各系列品种均呈较快增长，其中 1 升 < 排量 ≤ 1.5 升系列进口 6.02 万辆，同比增长 17.74%；1.5 升 < 排量 ≤ 2.0 升系列进口 25.27 万辆，同比增长 28.34%；2.0 升 < 排量 ≤ 2.5 升系列进口 4.19 万辆，同比增

长 26.19%。1 升以下系列表现不如同期，结束上年快速增长态势，呈明显下降，共进口 1.94 万辆，同比下降 16.19%。此外，2.5～4 升各系列品种也呈一定下降，4 升以上系列所占比重不高，但同比呈快速增长。2017 年，4 升以上系列品种共进口 0.27 万辆，同比增长 37.81%，增速明显高于全行业。

小型客车进口增速略低于行业，共进口 22.48 万辆，同比增长 9.02%。在小型客车主要品种中，2.5 升及以下系列品种均呈较快增长，2017 年，2.5 升及以下系列小型客车品种共进口 17.97 万辆，同比增长 12.26%，占小型客车进口总量的 79.94%。3 升以上各系列品种也呈一定增长，共进口 2.71 万辆，同比增长 11.20%。2.5 升＜排量≤3.0 升呈下降趋势，共进口 1.79 万辆，同比下降 17.31%。

2017 年，上述三大类汽车品种共进口 120.11 万辆，占汽车进口总量的 96.33%，比上年下降 1.10 个百分点。

值得一提的是，2017 年新能源汽车品种首次纳入海关统计，其中，纯电动机动车（9 座以下乘用车）共进口 1.95 万辆；插电式混合动力机动车进口 0.62 万辆。总体来看，纯电动汽车表现更为突出。

2017 年，汽车整车排名前十的进口来源国依次是日本、美国、德国、英国、匈牙利、意大利、斯洛伐克、墨西哥、瑞典和法国，分别进口 34.62 万辆、28.02 万辆、25.42 万辆、11.55 万辆、4.25 万辆、3.89 万辆、3.25 万辆、1.99 万辆、1.61 万辆和 1.44 万辆。与上年相比，我国自墨西哥进口汽车数量呈较快下降，自法国进口汽车数量降幅略低，自其他国家进口汽车数量均呈增长，其中自意大利进口汽车数量增速最为显著。2017 年，我国自上述十国共进口汽车 116.04 万辆，占汽车整车进口总量的 93.07%。

（3）汽车零部件进口金额增速略有减缓，发动机进口小幅下降

2017 年，汽车零部件累计进口金额 370.48 亿美元，同比增长 7.09%，增速比上年减缓 0.80 个百分点。从月度汽车零部件进口金额同比增长变化情况来看，一季度各月同比增速均超过 15%，为年内最高，5 月、10 月和 12 月均呈小幅下降，其他各月除 9 月外，增速均低于 10%，表现不如一

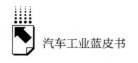
季度。

在四大类汽车零部件主要品种中，与上年同期相比，只有发动机进口下降，共进口66.26万台，同比下降8.82%；进口金额19.94亿美元，同比下降1.31%。在发动机主要品种中，1升＜排量≤3升系列所占比重依旧最大，但进口结束上年增长，呈一定下降。2017年，该系列品种进口62.84万台，同比下降10.02%，占发动机进口总量的94.84%；进口金额18.02亿美元，同比下降3.20%，占发动机进口总额的90.37%。

2017年，汽车零件、附件及车身进口再次超过300亿美元，达到309.20亿美元，同比增长7.17%。在七大类主要品种中，安全气囊装置和驱动桥进口金额小幅下降，其他品种均呈增长态势，其中电控燃油喷射装置、车身和座椅安全带增速更为明显。另外，变速箱继续保持百亿美元规模，共进口金额125.30亿美元，同比增长9.92%。

2017年，汽车、摩托车轮胎和其他汽车相关商品进口金额增速均高于行业，分别进口6.41亿美元和34.93亿美元，同比增长12.79%和10.64%，增速高于行业5.70个百分点和3.55个百分点。

2. 汽车商品出口情况分析

（1）汽车商品出口金额同比呈小幅增长，进出口贸易逆差有所扩大

2017年，汽车出口也呈现一定回升态势。汽车商品累计出口金额834.11亿美元，同比增长8.81%。随着同期进口商品金额快速增长，进出口贸易逆差比上年又有所加大，2017年，我国汽车出口对外贸易逆差为48.60亿美元，比上年增加17.68亿美元。

从月度汽车商品出口金额同比增长变化情况来看，2月同比有所下降，其他各月均呈增长，相比较而言，二季度和四季度增速更快。

2017年，汽车商品排名前十的出口目的国依次是美国、日本、墨西哥、韩国、伊朗、德国、俄罗斯、英国、加拿大和越南，出口金额分别为176.23亿美元、59.35亿美元、35.07亿美元、33.47亿美元、32.40亿美元、30.09亿美元、22.71亿美元、18.50亿美元、16.49亿美元和16.08亿美元。与上年相比，我国对日本和越南出口商品金额略有下降，对其他国家

呈不同程度增长，其中，对伊朗和墨西哥增速更为明显。2017 年，上述十个国家共出口金额 440.37 亿美元，占汽车商品出口总额的 52.80%。

（2）汽车整车出口同比呈较快增长，前十国出口占比超过 60%

2017 年，汽车整车出口表现也明显好于上年，出口量继 2012 年后再超百万辆，共出口 106.38 万辆，同比增长 31.37%；出口金额 140.57 亿美元，同比增长 23.05%。从月度汽车出口量同比增长变化趋势来看，2 月增速略低，其他各月同比增速均呈两位数较快增长，其中，1 月、6 月、10 月、11 月增速更为明显。

在汽车整车出口主要品种中，轿车出口增速比上年大幅提升，共出口 50.79 万辆，同比增长 52.03%，增速比上年提升 43.56 个百分点。在轿车细分品种中，1 升 < 排量 ≤ 1.5 升和 1.5 升 < 排量 ≤ 2.0 升两大系列品种出口均呈较快增长，成为拉动轿车出口增长的绝对主力。2017 年，上述两大系列品种分别出口 27.97 万辆和 21.13 万辆，同比增长 71.99% 和 48.81%。载货车出口结束上年下降态势，呈一定增长，共出口 20.53 万辆，同比增长 10.45%。其中柴油载货车出口 15.30 万辆，同比增长 7.44%；汽油载货车出口 5.19 万辆，同比增长 19.48%。客车出口增速比上年有所减缓，共出口 15.27 万辆，同比增长 7.24%，增速比上年减缓 13.02 个百分点。在客车主要品种中，小型客车（9 座以下）出口量仍然保持较快增长，共出口 9.63 万辆，同比增长 13.98%，增速高于客车行业 6.74 个百分点。大型客车（30 座 ≤ 座位）出口结束下降态势，呈一定增长，共出口 1.95 万辆，同比增长 9.04%；中轻型客车（10 座 ≤ 座位 ≤ 29 座）同比降幅有所扩大，共出口 3.69 万辆，同比下降 7.70%，降幅比上年扩大 7.66 个百分点。

2017 年，在新能源汽车出口品种中，纯电动机动车（9 座以下乘用车）表现也较为出色，全年出口量超过 10 万辆，达到 10.32 万辆，远高于插电式混合动力机动车。

2017 年，汽车整车排名前十的出口目的国依次是伊朗、孟加拉国、智利、墨西哥、越南、美国、印度、秘鲁、俄罗斯和厄瓜多尔，分别出

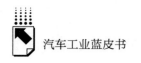
口 25.03 万辆、8.45 万辆、6.21 万辆、5.99 万辆、5.51 万辆、5.33 万辆、4.51 万辆、3.26 万辆、3.22 万辆和 2.62 万辆。与上年相比，我国出口印度呈较快下降，出口越南和美国降幅略低，出口其他国家呈不同程度增长，其中，出口墨西哥、孟加拉国和厄瓜多尔增速更为明显。2017 年，我国向上述十国共出口汽车 70.13 万辆，占汽车整车出口总量的 65.93%。

（3）汽车零部件出口金额同比呈稳定增长态势，贸易顺差比上年略有增加

2017 年，汽车零部件出口金额也结束上年下降态势，呈小幅增长。累计出口金额 637.78 亿美元，同比增长 5.86%；占汽车商品出口总额的 76.46%，占比比上年下降 2.14 个百分点。出口顺差达到 267.30 亿美元，比上年增加 10.76 亿美元。从月度汽车零部件出口金额同比变化情况来看，2 月、8 月出口金额同比有所下降，其他各月均呈增长，但除 1 月和 12 月外，各月增速均低于 10%。

在四大类汽车零部件品种中，发动机出口 374.14 万台，同比增长 10.53%；出口金额 20.41 亿美元，同比增长 12.02%。在发动机主要出口品种中，排量 >3 升系列出口量略有下降，其他品种均呈增长，其中，1 升 < 排量 ≤3.0 升增速更快；从出口金额来看，其他车辆用柴油机同比略有下降，其他品种呈不同程度增长，其中排量 >3 升系列增速更为明显。

汽车零件、附件及车身出口金额 381.42 亿美元，同比增长 8.89%。在七大类细分品种中，电控燃油喷射装置和座椅安全带出口金额同比小幅下降，其他五类品种都有所增长，其中，车身、变速箱和减振器增速更快。

汽车、摩托车轮胎出口金额也结束上年下降态势，呈一定增长，共出口 129.46 亿美元，同比增长 9.99%。其他汽车相关商品出口金额降幅比上年略有扩大，共出口 106.48 亿美元，同比下降 8.44%，降幅比上年扩大 3.10 个百分点。

总体来看，2017 年汽车零部件出口结束了自 2015 年以来连续两年下降

趋势，但增速仍较低，汽车零部件出口形势依然不容乐观。

（4）摩托车出口表现明显好于上年，五大系列品种依然占最大比重

2017年，摩托车出口结束连续三年下降趋势，呈较快增长。累计出口928.76万辆，同比增长14.17%；出口金额46.65亿美元，同比增长11.93%。

从全年摩托车出口情况来看，2月出口量同比下降，其他各月呈不同程度增长，其中5～7月以及12月增速均超过20%，表现更为突出。

2017年，在摩托车主导品种中，100ml＜排量≤125ml系列出口量占比依旧最大，共出口485.52万辆，同比增长9.68%；125ml＜排量≤150ml系列居次，共出口229.76万辆，同比增长19.15%；排量≤50ml系列位居第三，共出口83.78万辆，同比增长27.82%；150ml＜排量≤200ml系列位居第四，共出口72.56万辆，同比增长16.38%；50ml＜排量≤100ml系列出口量微增，共出口30.31万辆，同比增长0.65%。2017年，上述五大系列共出口901.94万辆，占摩托车出口总量的97.11%。

2017年，摩托车出口继2014年后再次超过900万辆，且增速也自2011年以来重新回归两位数增长，成绩来之不易。摩托车出口企业应该抓住机遇，在提升产品质量的同时进一步扩大市场份额。预计今后摩托车出口将会继续保持稳定增长。

（5）"一带一路"沿线国家出口呈稳定增长态势，中东欧地区增速更为明显

2017年，"一带一路"沿线国家出口表现总体也较为活跃。据统计，2017年，中国出口到"一带一路"沿线国家汽车商品累计金额294.60亿美元，同比增长9.06%，增速略高于行业，占汽车商品出口总额的35.32%。

从"一带一路"沿线国家出口金额月度同比增长变化情况来看，2月同比有所下降，其他各月均有一定增长，其中，1月、4月、11月和12月增速均超过10%。

2017年，我国向"一带一路"沿线国家共出口汽车整车64.07万辆，同比增长23.75%，占出口汽车整车总量的60.23%。出口摩托车346.28万

辆，同比增长4.97%，占摩托车出口总量的37.28%。

此外，从"一带一路"沿线国家出口市场表现来看，中东欧地区出口表现最为突出，共出口47.10亿美元，同比增长18.62%。南亚和中亚地区也呈两位数较快增长，分别出口29.20亿美元和9.61亿美元，同比分别增长11.27%和11.11%。中东（西亚）和东盟（含蒙古国）地区增速略低，分别出口78.43亿美元和80.26亿美元，同比分别增长9.23%和4.30%。

目前，我国已经和70多个国家签订了"一带一路"合作协议。我国近些年来不断加大与"一带一路"沿线国家合作力度，特别是对一些欠发达国家加大了投资力度，帮助它们极大地改善了当地的基础设施，这也在很大程度上促进了当地经济的活跃，也进一步激发了我国出口活力。

根据预测分析，2018年世界经济增速有望保持3%以上，复苏势头仍将延续。同时，整车进口关税也有望进一步下调。为此，我们预计2018年汽车商品进出口总额将保持稳定增长。值得注意的是，全球贸易格局仍处于深刻变化中，市场竞争更为严峻；"逆全球化"等贸易保护势力依然强劲；"一带一路"发展也存在不均衡和不充分，这些都会给我国汽车出口带来巨大挑战。为此，汽车出口企业要进一步提高自身产品竞争力，强化内功，为我国迈向出口大国而不懈努力。

四 中国汽车工业发展分析

2017年是全面落实"十三五"规划的关键一年。汽车行业深入贯彻新发展理念和国家总体决策部署，坚持稳中求进工作总基调，以供给侧结构性改革为主线，积极推进产业转型升级，深化创新，推动行业高质量发展。汽车全年产销分别为2901.5万辆和2887.9万辆，产销量再创历史新高，产销同比分别增长3.2%和3%，分别低于上年同期11.3个和10.7个百分点。行业经济效益增速明显高于产销量增速，新能源汽车发展势头强劲，中国品牌市场份额继续提高，实现了国内、国际市场双增长。

（一）政策法规

2017 年，国家相关部委和地方政府围绕汽车产业转型升级、汽车领域战略重点技术、绿色制造、新能源汽车推广、智能网联汽车推广、汽车行业管理及消费者权益保障等方面制定和出台了一系列政策，并呈现以下几大特点。

1. 行业发展的顶层设计和方向

2017 年 4 月 25 日，工信部、国家发改委和科技部联合发布《汽车产业中长期发展规划》，提出完善创新体系，增强自主发展动力；强化基础能力，贯通产业链条体系；突破重点领域，引领产业转型升级；加速跨界融合，构建新型产业生态发展要求。2017 年末，为加快发展先进制造业，推动互联网、大数据、人工智能和实体经济深度融合，突破制造业重点领域，实现关键技术产业化，国家发改委提出《增强制造业核心竞争力三年行动计划（2018～2020 年）》，部署加快推进制造业智能化、绿色化、服务化，切实增强制造业核心竞争力，推动我国制造业加快迈向全球价值链中高端。

2. 绿色发展贯穿汽车生命周期，绿色制造成为行业必然选择

环保部、国家发改委、工业和信息化部、公安部、商务部、国家工商总局等 6 个部委，发布废轮胎行业清理整顿工作方案。工作方案显示，相关政府部门自 2017 年 9 月开展摸排工作，并在 10～11 月进行清理整顿，12 月对部分地区清理整顿开展情况进行督察。这次清理整顿的工作目标是取缔一批污染严重、群众反映强烈的非法加工利用小作坊、"散乱污"企业和集散地。与此同时，环保部及其他国家部委积极引导有关企业采用先进加工工艺，聚集发展，集中建设和运营污染治理设施。另外，环保部发布国家《乘用车内空气质量评价指南》强制性标准，对车内空气中的苯、甲苯、二甲苯和乙苯等有害物质明确限制要求。

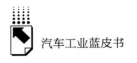

3. 加大行业发展调控力度，企业及产品准入管理渐成体系

自 2017 年 6 月 28 日起，《外商投资产业指导目录》进一步开放汽车关键零部件制造限制条件。此外，建立生产纯电动汽车整车产品的合资企业将不受两家的限制。自 7 月 1 日起，《新能源汽车生产企业及产品准入管理规定》正式实行。新能源企业准入方面，取消企业应掌握车载能源、驱动系统、控制系统三项"核心技术"之一的要求，调整为具备新能源汽车产品所必需的设计开发能力、生产能力、产品生产一致性保证能力、售后服务及产品安全保障能力等。

4. 维护消费者权益，改善市场秩序

新的《汽车销售管理办法》自 2017 年 7 月 1 日开始实施，旧的办法同时废止。新办法规定，汽车经销商不可以再加价购车，同时改革了汽车授权销售制度，并且取消了异地购车不能上牌的规定，车、证也不可分离，新办法不仅在更大程度上保证了消费者的权益，也改善了消费者与经销商之间的对立关系。另外，自 6 月 20 日起，机动车号牌管理改革机制开始实施，车主可以登录网站或用手机 APP 进行网上选号，选号范围有所扩大，保留号牌也将更加容易。3 月 16 日，商务部、公安部、环保部三部委就二手车限制迁入问题联合发布《商务部办公厅公安部办公厅环境保护部办公厅关于请提供取消二手车限制迁入政策落实情况的函》，再一次要求落实取消二手车限制迁入政策。三部委联合要求各地加快取消二手车限迁政策，抓紧报送取消二手车限迁政策情况。5 月 12 日，由交通部发布的《关于开展汽车维修电子健康档案系统建设工作的通知》，旨在进一步加快推动汽车维修行业与互联网深度融合和创新发展，推进汽车维修行业转型升级，切实保障消费者合法权益。

5. 油耗、排放法规再度升级，减排方案力推节能与新能源汽车

2017 年 9 月 28 日，工信部发布《乘用车企业平均燃料消耗量与新能源汽车积分并行管理办法》，明确考核自 2019 年正式开始，为车企多提供一年的缓冲时间，将有效推进新能源车在技术路线获得更多缓冲时间实现技术难题突破而非单靠时间紧迫的政策压力倒逼车企仅通过积分买卖的方式实现考

核通过。11月，工信部发布《关于2016年度、2017年度乘用车企业平均燃料消耗量管理有关工作的通知》，要求对2016年度和2017年度乘用车的燃料消耗量积分以及新能源积分进行考核。自2017年1月1日起，国V排放标准开始在全国正式推行，所有制造、进口、销售和注册登记的轻重型汽油车、重型柴油车，均须满足国V排放标准。与此同时，车用燃油标准也同步升级，全国全面供应符合国V标准的车用汽油（包括E10乙醇汽油）、柴油，并对汽油标号进行调整。9月13日，由国家发改委、国家能源局、财政部等15部委联合印发《关于扩大生物燃料乙醇生产和推广使用乙醇汽油的实施方案》，根据方案要求，到2020年，全国范围将推广使用车用乙醇汽油。

6. 新能源汽车推广加速

新能源补贴逐渐退坡，双积分政策推出，将为中国汽车市场带来一次全新变革，促进厂商逐渐停产高油耗且利润低的车型，转而生产更多小排量燃油车以及纯电动/插电式混合动力产品等，这也将在一定程度上迫使新能源车型的价格回归到一个正常水平。关于小排量购置税的优惠也将在2017年结束后退出，自2018年1月1日起，1.6L及以下车型购置税回归10%。而新能源汽车免征购置税将延期，国家财政部、国家税务总局、工业和信息化部、科技部四部委联合发布了《关于免征新能源汽车车辆购置税的公告》，2018年1月1日至2020年12月31日，对购置的新能源汽车免征车辆购置税；针对中国境内销售的纯电动汽车、插电式（含增程式）混合动力汽车、燃料电池汽车可执行本政策。

公安部交通管理局自2017年11月20日起，将在全国分三批推广新能源汽车专用号牌，首先在2017年底之前在所有省会城市及部分地级市正式启用，2018年上半年全国全面启用。新能源号牌可以明显区分传统燃油车和新能源车，在限行城市可以有一定的便利条件，同时也避免了很多执法上的难度。另外，在2017年11月央行、中国银监会发布的《汽车信贷管理办法》修订版中也调整了车贷政策，新能源车贷比例提高，贷款政策也开始向新能源车方向倾斜。3月1日，四部委联合发布

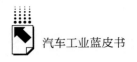

《促进汽车电力电池产业发展行动方案》通知，提出动力电池发展规则：2018 年，提升现有产品性价比；2020 年，大规模应用锂离子动力电池；2025 年，新体系电池力争实现突破。

7. 网约车分享经济模式的发展

2016 年 7 月 28 日，交通运输部等 7 个部门联合颁布《网络预约出租汽车经营服务管理暂行办法》。交通运输部公布的数据显示，截至 2017 年 7 月 26 日，除直辖市外，河南、广东、江苏等 24 个省份发布了网约车实施意见；北京、上海、天津等 133 个城市已公布出租汽车改革落地实施细则，还有 86 个城市已经或正在公开征求意见。已正式发布实施细则或已公开征求意见的城市，其涵盖的新业态市场份额已超过 95%。下一步将继续推进深化出租车改革，其中包括对仍存在的打车难、打车贵等问题组织第三方评估，建立全国网约车监控平台，会同有关部门研究理顺出租车价格形成机制，建立行业黑名单制度和市场退出机制等。

8. 智能网联汽车政策推动力度加大

2017 年 7 月 20 日，国务院发布《新一代人工智能发展规划》，明确提出发展自动驾驶、车联网等智能技术，并要在智能交通建设和自主无人驾驶技术平台、高端人工智能人才等方面实现突破。9 月，智能网联汽车产业创新联盟、长安汽车、清华大学、上海国际汽车城等 16 家单位联合制定了《合作式智能交通系统车用通信系统应用层及应用数据交互标准》，通过对道路安全、通行效率和信息服务等基础应用的分析，定义在实现各种应用时，车辆与其他车辆、道路交通设施及其他交通参与者之间的信息交互内容、交互协议与接口等，实现车用通信系统在应用层的互联互通。12 月 18 日，北京市政府相关部门发布了《北京市关于加快推进自动驾驶车辆道路测试有关工作的指导意见（试行）》《北京市自动驾驶车辆道路测试管理实施细则（试行）》，表达了地方政府部门对于自动驾驶汽车研发的鼓励态度，并明确规定了无人驾驶汽车上路测试条件要求。

（二）产业结构

受购置税优惠政策等促进因素影响，2017 年我国汽车月度销量只有 2 月明显高于上年同期，其余月份与上年相比波动不大，其中 4 月、5 月两个月出现负增长。汽车行业重点企业（集团）继续稳居主导，市场集中度略有上升，仍保持较高水平，其中汽车销量排名前十的生产企业依次为上汽、东风、一汽、长安、北汽、广汽、吉利、长城、华晨和奇瑞，分别销售 691.64 万辆、412.07 万辆、334.60 万辆、287.25 万辆、251.20 万辆、200.10 万辆、130.52 万辆、107.02 万辆、74.57 万辆和 67.27 万辆。与上年相比，吉利、广汽、一汽和上汽四家企业销量呈不同程度增长，其他六家企业有所下降。2017 年汽车销量排名前三的企业市场占有率为 49.8%，同比上升 0.4 个百分点；排名前五的企业市场占有率为 68.5%，同比下降 2 个百分点；排名前十的企业销量合计 2556.24 万辆，市场占有率为 88.5%，同比上升 0.2 个百分点。

（三）产品结构

在中国私人汽车消费不断增长的形势下，汽车市场"商/乘"比有所上升，商用车产销份额较上年增长了约 1.4 个百分点，2017 年，中国汽车市场"商/乘"销量比值约为 0.17。乘用车仍占据主体地位，市场份额达 85.6%，已连续 6 年超过 80%。其中，轿车销量同比出现下降，降幅为 2.48%，全年销售 1184.8 万辆，占乘用车比重依旧最高，为 47.9%，但同比下落了 1.9 个百分点；乘用车中唯一保持增长的运动型多用途乘用车（SUV）增速为 13.32%，销量达到 1025.7 万辆，已接近轿车销量，占乘用车比重为 41.5%，同比提高了 4.4 个百分点；多功能乘用车（MPV）需求明显下降，同比下降了 17.05%，占乘用车比重下降了 1.8 个百分点，为 8.4%；交叉型乘用车自 2011 年以来，已连续 7 年销量下滑，但同比降幅有所收窄，为 20%，占乘用车比重为 2.2%。市场需求日趋多样化，各企业竞争更显白热化。商用车总体销量 416.1 万辆，同比增长 13.95%，其中，载货车（含货车非完整车辆、半挂牵引车）共销售 363.3 万辆，同比增长 16.9%。在四大类货车品种销售中，重型载货车增长 52.4%；中型载货车增速放缓，仅为 0.02%；轻型载货车增长 11.63%；微型载货车销量有所下降，同比下降 6.2%。客车销量已 3 年持续下降，同比下滑 3%，较上年降幅收窄 5 个百分点。

2017 年，我国新能源汽车销售 77.7 万辆，同比增长 53.3%，占汽车总销量的 2.7%。其中纯电动乘用车销售 65.2 万辆，同比增长 59.6%，占新能源汽车的 83.4%，占据市场主力；插电式混合动力乘用车销售 12.4 万辆，同比增长 26.9%，占新能源汽车的 16%。

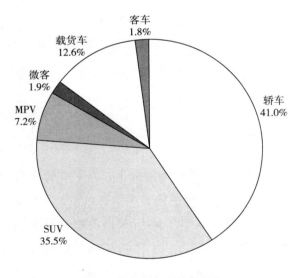

图 1　2017 年汽车产品结构

（四）中国品牌汽车

2017 年，中国品牌乘用车销量再次超过千万辆，共销售 1084.7 万辆，同比增长 3%，比上年同期减少了 17.5 个百分点，占乘用车销售总量的 43.9%，比上年提升 0.7 个百分点。中国品牌乘用车销量自 2006 年首次超过 200 万辆以来，连续 11 年平均增长 15.9%，增速略低于外国品牌，市场占有率一直在 40% 左右。

中国品牌轿车共销售 235.5 万辆，同比增长 0.6%，占轿车销售总量的 19.9%，比上年同期上升 0.6 个百分点。中国品牌轿车再次进入销量前十排名榜，吉利帝豪排名第九，其余九个外国品牌累计销售 315.9 万辆，前十位中国品牌共销售 129.4 万辆，是前者的 41%。

中国品牌 SUV 销售 621.7 万辆，稳居乘用车销量第一，同比增长 18%，占 SUV 销售总量的 60.6%，比上年同期提高 2.4 个百分点。在销量排名前十的 SUV 品牌中，中国品牌占据 7 席。近 10 年来，SUV 市场需求一直保持快速增长，年均增速达到 42%，明显高于乘用车行业增幅，市场占有率逐年提升。

中国品牌 MPV 销售 172.8 万辆，同比下降 22.8%，占 MPV 销售总量的 83.5%，比上年同期下降 6.2 个百分点。销量排名前十的 MPV 品牌中，中国品牌有 8 款，但中国品牌销量均呈较快下降态势。10 年来 MPV 市场发生较大变化，以前以高端商务用车为主流的市场逐渐缩小，取而代之的家用 MPV 正迅速扩大，尤其是 2013 年以后，一些交叉型乘用车生产企业产品线上移，使得 MPV 品种更是呈现快速增长势头。尽管 2017 年 MPV 市场需求出现下降，但预计家用 MPV 市场未来将会出现反弹。

2017 年，中国品牌汽车主导企业共销售 1478.3 万辆，占汽车总销量的 51.2%，依然保持较高的市场占有率，上汽集团、长安汽车、东风集团、吉利控股、北汽集团、长城汽车、奇瑞汽车、中国一汽、广汽集团和安徽江淮等排名前十的中国品牌汽车中，上汽集团的中国品牌汽车销量超过 200 万辆，达到 282.2 万辆，占中国品牌汽车销售总量的 19.0%；长安汽车、东风集团、吉利控股、北汽集团和长城汽车的中国品牌销量均超过 100 万辆。10 家企业全年共销售中国品牌汽车 1179.1 万辆，占中国品牌汽车销售总量的 79.76%。前十家企业共销售中国品牌乘用车 938.0 万辆，占中国品牌乘用车销售总量的 86.5%。前十家企业共销售中国品牌商用车 326.7 万辆，

占中国品牌商用车销售总量的83.0%。

中国品牌汽车不仅在销售量方面快速增长，减小与国际品牌的差距，而且中国自主品牌产品的综合质量水平与国际品牌产品的差距仍在不断缩小。J. D. Power 中国新车质量报告显示，近年来，自主品牌汽车产品质量持续提升，新车 PP100（问题数/百辆车）从 2003 年的 469 个锐减到 2016 年 112 个，2017 年继续保持了 112 个的水平，与国际品牌 PP100 的差距由 2003 年的 191 个缩小至 2017 年的 13 个（见图2）。

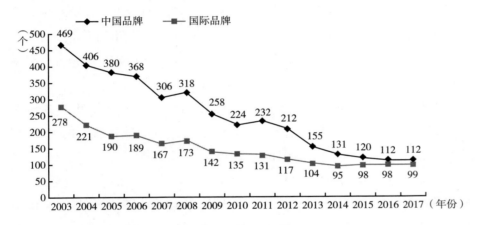

图2　中国品牌与国际品牌历年的新车 PP100 差值

资料来源：J. D. Power 亚太公司。

（五）发展趋势

综合分析经济、人口、产品、政策等因素，预计 2018 年中国汽车市场将有3%左右的增长。国内生产企业的批发销量将达到 2970 万辆，其中乘用车预计销售 2550 万辆左右，同比增长约3%；商用车预计销售 420 万辆左右，同比增长约1%。

在进出口方面，预计 2018 年汽车商品进出口总额将保持增长。进口方面，随着中国经济增长动能的转换，国内 M2 增长速度将进一步趋缓，这将影响进口汽车的消费能力释放，2018 年进口车仍会保持增长，但增速将大幅降低，预计 2018 全年进口汽车将增长 4%，达到 130 万辆。而出口方面，随着"一带一路"倡议的持续推进以及国际市场的进一步复苏，2018 年中国汽车出口仍会延续增长态势，但增长速度也将有所下降。2018 年出口预计将达到 102 万辆，同比增长约 15%。

五　中国汽车产业发展景气指数

（一）汽车产业发展景气指数指标体系

"景气指数"指标体系由一致合成指数、先行合成指数、滞后合成指数三个指数构成。一致合成指数代表了汽车产业目前的运行状况；先行合成指数的变动出现在汽车产业运行发生变动之前，通过分析其变化可提前预测汽车产业的变动情况；滞后合成指数的变动出现在汽车产业运行发生变动之后，其作用在于验证之前的汽车产业经济周期波动确已出现。

通过对三个指数的动态变化进行观察，分析汽车产业当前情况和下一步走势。为了直观体现汽车产业的景气程度，将景气度界限划定为五个区间，分别为"过热"（红灯）、"趋热"（黄灯）、"正常"（绿灯）、"趋冷"（浅蓝灯）、"过冷"（深蓝灯）。通过这五个灯号的展示，更加直观地展现汽车产业的运行状态。

汽车产业景气指数（ACI）系统由以下指标构成，如表 11 所示。

表 11　汽车产业景气指数指标构成

类型	指标名称
先行合成指数	管理费用
	固定资产净额（重点企业）
	汽车类商品零售总额
	货币和准货币（M2）供应量

续表

类型	指标名称
一致合成指数	主营业务收入（基准指标）
	汽车产量
	工业增加值（重点企业）
	工业总产值（重点企业）
	利润总额
滞后合成指数	亏损面（逆转）
	流动资产平均余额
	汽油柴油表观消费量

（二）2017年汽车产业发展景气指数

1. 一季度汽车产业景气指数

2017 年一季度，汽车产业景气指数为 39，比绿灯区的下限 40 稍低 1 点，处于浅蓝灯区（趋冷区）（见图 3）。总体显示，汽车产业运行目前尚且平稳，但已进入趋冷的临界状态。

（1）汽车产业一致合成指数

2017 年一季度，汽车产业一致合成指数为 89.65（2010 年 = 100），比 2016 年四季度降低 0.72 点（见表 12）。与 2016 年四季度相比，2017 年一季度汽车产业一致合成指数的五个指标：利润总额同比增长 12.2%，增速增长 6.4 个百分点；汽车产量同比增长 3.3%，增速降低 12.0 个百分点；工业增加值（重点企业）同比增长 5.6%，增速降低 6.0 个百分点；主营业务收入同比增长 13.4%，增速降低 0.6 个百分点；工业总产值（重点企业）同比增长 14.2%，增速降低 0.7 个百分点。由上述指标构成的指数小幅下降，汽车产业仍处于平稳运行状态。

（2）汽车产业先行合成指数

2017 年一季度，先行合成指数为 89.03（2010 年 = 100），较 2016 年四季度降低 1.45 点（见表 12）。与 2016 年四季度相比，2017 年一季度汽车产

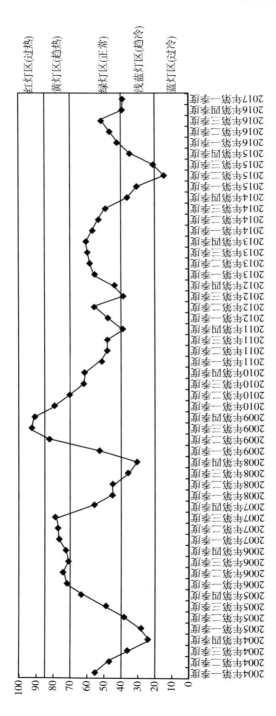

图3 2017年一季度汽车产业景气指数（ACI）曲线

业先行合成指数的四个指标全部回落：管理费用同比增长 10.6%，增速降低 3.3 个百分点；固定资产净额（重点企业）同比增长 11.1%，增速降低 0.1 个百分点；汽车类商品零售总额同比增长 10.2%，增速降低 6.8 个百分点；货币和准货币（M2）供应量同比增长 10.6%，增速下降 0.7 个百分点。由上述指标构成的汽车产业先行合成指数较上个季度小幅下降，未来汽车产业运行可能出现小幅下滑。

（3）汽车产业滞后合成指数

2017 年一季度，滞后合成指数为 102.63（2010 年 = 100），比上一季度提高 1.36 点，汽车产业滞后合成指数持续增长（见表 12）。与 2016 年四季度相比，2017 年一季度汽车产业滞后合成指数的三个指标增速全部有所回落：亏损面（逆转）同比增长 2.5%，增速下降 89.0 个百分点；流动资产平均余额同比增长 17.6%，增速降低 0.2 个百分点；汽油柴油表观消费量同比下降 2.5%，增速降低 3.8 个百分点。由上述指标构成的汽车产业滞后合成指数出现增长态势，从而也证明了 2016 年初开始汽车产业滞后合成指数增长是符合实际的。

表 12　2016 年一季度至 2017 年一季度汽车产业景气指数（ACI）

日期	先行合成指数 （2010 年 = 100）	一致合成指数 （2010 年 = 100）	滞后合成指数 （2010 年 = 100）	景气指数（ACI）
2016Q1	93.58	89.25	87.24	42
2016Q2	91.65	91.72	89.05	47
2016Q3	91.64	92.36	95.21	52
2016Q4	90.48	90.37	101.27	39
2017Q1	89.03	89.65	102.63	39
本季度增量	− 1.45	− 0.72	1.36	0

2. 二季度汽车产业景气指数

2017 年二季度，汽车产业景气指数为 42，处于绿灯区，汽车产业处于正常运行状态（见图 4）。

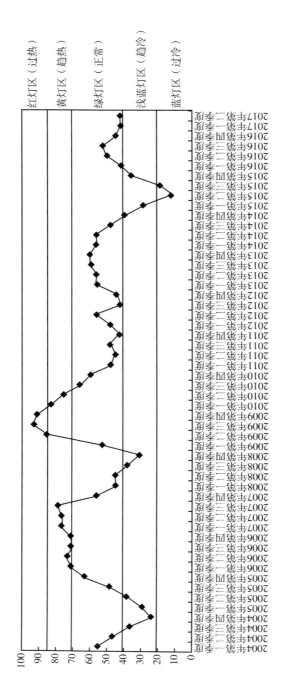

红灯区（过热）

黄灯区（趋热）

绿灯区（正常）

浅蓝灯区（趋冷）

蓝灯区（过冷）

图 4　2017 年二季度汽车产业景气指数（ACI）曲线

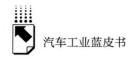

（1）汽车产业一致合成指数

2017年二季度，汽车产业一致合成指数为89.34（2010年=100），比2017年一季度降低0.33点（见表13）。与2017年一季度相比，2017年二季度汽车产业一致合成指数的五个指标：汽车产量同比增长5.8%，增速提高2.5个百分点；工业增加值（重点企业）同比增长7.0%，增速提高1.4个百分点；有三个指标增速回落，主营业务收入同比增长11.5%，增速降低1.9个百分点；工业总产值（重点企业）同比增长12.5%，增速降低1.7个百分点；利润总额同比增长7.6%，增速降低4.6个百分点。由上述指标构成的汽车产业一致合成指数小幅下降，汽车产业仍处于平稳运行状态。

（2）汽车产业先行合成指数

2017年二季度，汽车产业先行合成指数为89.06（2010年=100），较2017年一季度降低0.23点（见表13）。与2017年一季度相比，2017年二季度汽车产业先行合成指数的四个指标：汽车类商品零售总额同比增长10.3%，增速提高0.1个百分点；管理费用同比增长9.5%，增速降低1.1个百分点；固定资产净额（重点企业）同比增长5.9%，增速降低5.2个百分点；货币和准货币（M2）供应量同比增长9.4%，增速下降1.2个百分点。由上述指标构成的汽车产业先行合成指数较上个季度小幅下降，波动不大。预计三季度汽车产业运行基本平稳，增速和二季度相比可能出现小幅下滑。

（3）汽车产业滞后合成指数

2017年二季度，汽车产业滞后合成指数为89.71（2010年=100），比上一季度降低5.37点（见表13）。与2017年一季度相比，2017年二季度汽车产业滞后合成指数的三个指标：流动资产平均余额同比增长19.6%，增速提高2.0个百分点；汽油柴油表观消费量同比增长4.0%，增速提高6.5个百分点；亏损面（逆转）同比下降9.1%，增速下降11.6个百分点。由上述指标构成的汽车产业滞后合成指数出现下降态势。

表13　2016年一季度至2017年二季度汽车产业景气指数（ACI）

日期	先行合成指数 （2010年=100）	一致合成指数 （2010年=100）	滞后合成指数 （2010年=100）	景气指数（ACI）
2016Q1	93.46	89.13	87.38	42
2016Q2	91.64	91.54	89.18	50
2016Q3	91.51	92.23	94.55	52
2016Q4	90.23	90.24	99.35	45
2017Q1	89.29	89.67	95.08	42
2017Q2	89.06	89.34	89.71	42
本季度增量	-0.23	-0.33	-5.37	0

3. 三季度汽车产业景气指数

2017年三季度，汽车产业景气指数为42，较2017年二季度增长3点，处于绿灯区的下限（见图5），说明汽车产业处于正常运行状态。

（1）汽车产业一致合成指数

2017年三季度，汽车产业一致合成指数为89.69（2010年=100），比2017年二季度小幅增长0.22点（见表14）。与2017年二季度相比，2017年三季度汽车产业一致合成指数的五个指标：主营业务收入同比增长11.9%，增速提高0.4个百分点；工业总产值（重点企业）同比增长13.3%，增速提高0.8个百分点；工业增加值（重点企业）同比增长7.0%，增速未变；汽车产量同比增长5.5%，增速降低0.3个百分点；利润总额同比增长5.3%，增速降低2.3个百分点。由此判断出2017年三季度汽车产业一致合成指数小幅增长，汽车产业处于平稳运行状态。

（2）汽车产业先行合成指数

2017年三季度，汽车产业先行合成指数为87.55（2010年=100），较2017年二季度降低1.07点（见表14）。与2017年二季度相比，2017年三季度汽车产业先行合成指数的四个指标：固定资产净额（重点企业）同比增长7.4%，增速提高1.5个百分点；管理费用同比增长8.7%，增速降低0.8个百分点；汽车类商品零售总额同比增长9.9%，增速降低0.4个百分点；货币和准货币（M2）供应量同比增长9.2%，增速下降0.2个百分点。

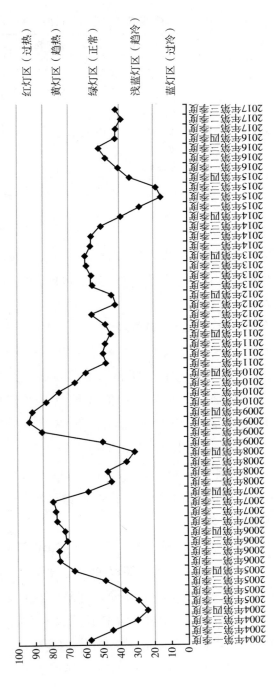

图 5　2017 年三季度汽车产业景气指数（ACI）曲线

由上述指标构成的汽车产业先行合成指数小幅下降，预计四季度汽车产业运行面临一定压力，增速和三季度相比可能出现小幅下滑。

（3）汽车产业滞后合成指数

2017年三季度，汽车产业滞后合成指数为93.42（2010年＝100），比上一季度增长1.68点，出现增长态势（见表14）。与2017年二季度相比，2017年三季度汽车产业滞后合成指数的三个指标：亏损面（逆转）同比下降3.2%，增速提高5.9个百分点；汽油柴油表观消费量同比增长17.7%，增速提高13.7个百分点；流动资产平均余额同比增长17.3%，增速降低2.3个百分点。

表14　2016年一季度至2017年三季度汽车产业景气指数（ACI）

日期	先行合成指数（2010年＝100）	一致合成指数（2010年＝100）	滞后合成指数（2010年＝100）	景气指数（ACI）
2016Q1	93.54	88.97	87.19	42
2016Q2	91.65	91.24	89.12	48
2016Q3	91.55	91.78	94.41	52
2016Q4	90.42	90.00	99.06	42
2017Q1	89.43	89.46	94.81	42
2017Q2	88.62	89.47	91.74	39
2017Q3	87.55	89.69	93.42	42
本季度增量	－1.07	0.22	1.68	3

4. 四季度汽车产业景气指数

2017年四季度，汽车产业景气指数为20，进入"趋冷"与"过冷"区间，处于蓝灯区临界点（见图6）。

（1）汽车产业一致合成指数

2017年四季度，汽车产业一致合成指数为86.33（2010年＝100），比2017年三季度降低2.14点（见表15）。与2017年三季度相比，2017年四季度汽车产业一致合成指数的五个指标：主营业务收入同比增长9.1%，增速降低2.8个百分点；工业总产值（重点企业）同比增长11.5%，增速降低1.8个百分点；工业增加值（重点企业）同比增长3.7%，增速降低3.3

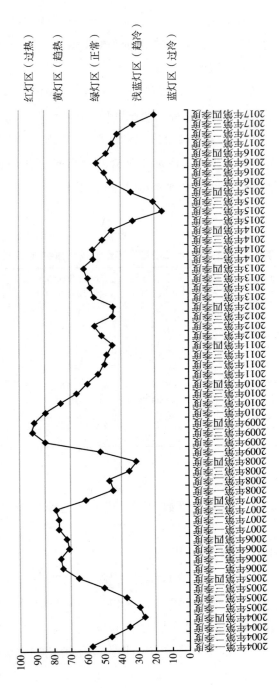

图 6 2017 年四季度汽车产业景气指数（ACI）曲线

个百分点；汽车产量同比增长 - 0.7%，增速降低 6.2 个百分点；利润总额同比增长 0.0%，增速降低 5.3 个百分点。由此判断出 2017 年四季度汽车产业一致合成指数下降，汽车产业处于低位运行状态。

（2）汽车产业先行合成指数

汽车产业先行合成指数与上个季度相比同样下降明显。

2017 年四季度，先行合成指数为 84.02（2010 年 = 100），较 2017 年三季度降低 2.67 点（见表 15）。与 2017 年三季度相比，2017 年四季度汽车产业先行合成指数的四个指标：固定资产净额（重点企业）同比增长 6.6%，增速降低 0.8 个百分点；管理费用同比增长 - 14.6%，增速降低 23.3 个百分点；汽车类商品零售总额同比增长 1.8%，增速降低 8.1 个百分点；货币和准货币（M2）供应量同比增长 8.2%，增速下降 1.0 个百分点。由上述指标构成的汽车产业先行合成指数较上个季度下降明显，预计 2018 年一季度汽车产业仍存在下行压力，增速和 2017 年四季度相比仍可能出现下滑。

（3）汽车产业滞后合成指数

2017 年四季度，汽车产业滞后合成指数为 87.51（2010 年 = 100），比上一季度降低 3.54 点（见表 15）。与 2017 年三季度相比，2017 年四季度汽车产业滞后合成指数的三个指标：流动资产同比增长 17.8%，增速提高 0.5 个百分点；亏损面（逆转）同比下降 11.4%，增速降低 8.2 个百分点；汽油柴油表观消费量同比下降 4.8%，增速降低 22.5 个百分点。由上述指标构成的汽车产业滞后合成指数出现下降态势。

表 15　2016 年一季度至 2017 年四季度汽车产业景气指数（ACI）

日期	先行合成指数 （2010 年 = 100）	一致合成指数 （2010 年 = 100）	滞后合成指数 （2010 年 = 100）	景气指数（ACI）
2016Q1	93.40	88.99	87.67	47
2016Q2	91.55	91.28	89.43	50
2016Q3	91.38	91.99	94.01	55
2016Q4	90.30	90.15	98.58	48
2017Q1	89.33	89.53	95.25	45

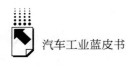

日期	先行合成指数 （2010 年 = 100）	一致合成指数 （2010 年 = 100）	滞后合成指数 （2010 年 = 100）	景气指数（ACI）
2017Q2	88.64	89.68	92.48	42
2017Q3	86.69	88.46	91.05	33
2017Q4	84.02	86.33	87.51	20
本季度增量	-2.67	-2.14	-3.54	-13

纵观 2017 年四个季度，中国汽车产业景气指数分别为 39、42、42 和 20，分别处于趋冷区间（浅蓝灯区）、正常区间（绿灯区）、正常区间（绿灯区）、趋冷区与过冷区间（浅蓝灯区与蓝灯区）临界点。其中，年中的第二季度和第三季度，汽车产业运行正常；第一季度和第四季度汽车产业运行情况欠佳。

景气指数基于经济周期波动理论——经济运行具有周期性，并经过萧条、复苏、高涨、衰退四个阶段。20 世纪 70 年代以来，经济周期波动的分析与预测研究逐渐国际化。直至 21 世纪的今天，景气指数方法已逐渐成为国际通用的经济周期监测预测方法。

汽车产业景气指数反映了汽车产业发展状态和运行状况，可为企业负责人对汽车产业综合情况做出判断提供参考；预测汽车产业未来发展的动向，为企业制定经营方针和提前防控风险提供依据。汽车产业作为国民经济的支柱产业，其发展态势将直接影响国民经济的运行，汽车产业景气指数可作为政府判断我国汽车产业发展情况的参考指标。

六　汽车新技术与新产品

（一）传统动力技术

2017 年是新能源汽车高速发展的一年，产销均接近 80 万辆，同比分别增长 53.78% 和 53.31%，但研究表明在 2025 年前传统动力依旧占据主流市场。因此，如何持续挖掘传统动力的潜力提升内燃机的热效率始终是各汽车厂家追求的目标。

以大众汽车为代表的欧洲汽车企业已不再追求缩小发动机尺寸，而是结合测试循环转变（NEDC 变为 WLTC 和更加激进的 RDE 实际驾车测试循环）、发动机运转工况的上移以及更加接近实际驾车的工况，开发新一代汽油机，使增压直喷汽油机热效率得到进一步的提升（38.5% 有效热效率）。奔驰和宝马汽车同样致力于直喷增压发动机开发，其最新一代汽油机除设计新一代燃烧系统和热管理技术外，更侧重后欧六阶段排放物 PN 解决，持续开发直喷增压汽油机。同时，欧洲的汽车企业也在布局混合动力技术（HEV），其主要开发 48V 系统 P0 或 P1 微混系统，后期再匹配 EAD（P4），满足更加严格油耗法规要求。

以丰田、本田和现代为代表的日韩系汽车企业，则侧重于高效率内燃机的开发，而针对全球不同市场需求，同时还在开发直喷增压发动机。提高发动机热效率不仅对传统动力有用，对于混合动力技术也有用，尤其是在日本市场 ECVT 模式下的全混系统。丰田开发的常规汽油机热效率已达到 40%，混动车型有效热效率可达 41%。除此之外，丰田、本田、日产以及现代汽车，也在开发直喷增压器汽油机，主要针对中国、欧洲市场。日本汽车企业马自达仍然致力于提高汽油机压缩比技术水平，实现 SPCCI（火花辅助压燃），其开发的 SkyActiv-X 直喷机械增压汽油机，压缩比高达 16，指示热效率可达到 44%，预计 2018 年实现量产；而第二代 SkyActiv-X 汽油机，其指示热效率将达到 56%。2017 年底已经量产的日产 VC-T 2.0T 可变压缩比汽油机，实现发动机全工况范围内压缩比可变。即使未来油耗法规更加苛刻，这些高效率发动机可以通过匹配电机，以混动的形式达到目标。

国内有许多汽车企业在积极致力于研发新能源汽车的同时，仍不断加大对传统动力汽车研发投入。在乘用车领域，以长城汽车为例，其自主开发的 GW4D20T 两级涡轮增压器柴油机采用高压共轨系统、两级废气涡轮增压、可变涡流进气歧管+切向与螺旋组合气道、电子节气门、可变排量机油泵、塑料进气歧管/缸盖罩、智能启停等先进技术，具有低速扭矩大、高效节能等优点，排放达到国 V 标准，具备升级国Ⅵ能力。GW4B15 汽油机是自主开发的 1.5L 增压直喷汽油机，排放上满足国 V 要求；燃油经济性上搭载 H6 综合油耗 6.8L/100km。这也是国内首家首次使用了进气全可变气门升程技术，长城汽车拥有该技术完全的自主知识产权。在重型载货车领域，为适应重载、高效运输的需要，大功率（排量）柴油发动机是重型载货车动力发展方向，国内主要重型柴油发动机功率均已超过 500 马力，部分产品接近 600 马力，与国外主流重型载货车产品的差距进一步缩小。鉴于重型载货车采用传统柴油机进行排放升级的技术难度，新能源重型载货车对传统重型载货车的替代效应在短期内不易实现，天然气重型发动机仍将是未来一段时期内满足节能环保发展需求的重要选择。

（二）轻量化

汽车轻量化始于发达国家，最早由传统汽车巨头引领，经过发展已产生一定规模。目前，北美是汽车轻量化材料全球最大的市场，预计该地区的年复合增长率约为 5.6%，在 2021 年达到 362.3 亿美元。欧洲是全球第二大市场，而亚太地区的轻量化材料市场正随着越来越多的乘用车和轻型车需求而增长。未来，亚太地区轻量化材料市场将是这个行业中发展最快的。

德国是当前汽车轻量化材料运用较好的国家，其次是美国和日本。德国汽车工业十分发达，在新材料工业和机械制造领域聚集了世界上最优秀的几家生产企业，具有推动汽车轻量化得天独厚的优势；美国豪华品牌车型也较多，且电动汽车发展很快；日本在碳纤维方面属全球首位，以东丽公司为代表，目前该公司的技术全球遥遥领先。

中国轻量化起步较晚，技术和应用程度都落后于德、美、日等发达国家，但是随着新能源汽车的发展，材料轻量化正在加速进行中。

经过测算，中国在未来 3 年汽车轻量化材料市场规模将逼近 5000 亿元，其中仅在新能源汽车领域就将拥有 350 亿元市场规模。对于先进高强度钢，强度 600MPa 以上的 AHSS 钢应用达到 50%。在 2020 年传统汽车及节能汽车、新能源汽车产销量分别实现 3000 万辆和 200 万辆目标的情况下，先进高强度钢的规模将在传统汽车市场和新能源汽车市场分别达到1320亿元和88亿元市场规模。对于铝合金和镁合金，2020年金属合金的市场空间超过2700亿元，其中新能源汽车领域达到180亿元。对于塑料及复合材料，2020年汽车市场将达到990亿元规模。

在乘用车领域，一些企业在材料轻量化技术开发和应用方面做了大量工作，取得了明显的进步。针对材料轻量化技术开发，长城汽车已经启动研发和开发了10多项专项技术，在镁合金座椅、钢铝复合车门以及自冲铆接、无铆连接等方面采用轻量化材料及技术。以长城汽车2017年底上市的VV7车型为例，高强度钢用量比重为63%，铝合金应用比重为1%，高强钢、轻质合金结合以上轻量化技术的应用极大地提高了长城汽车轻量化水平。

在商用车领域，重型商用车轻量化以新材料开发应用、新工艺研究、新结构综合优化等为主要技术路线。高强高韧钢材料、500MPa钢材料已实现普遍应用，700MPa钢材料应用范围逐步扩大，1000MPa以上钢材料应用取得突破；主要应用于车架总成、车身结构件、支架类零部件等产品。铝、镁合金材料，目前以350MPa铝合金材料为主，主要应用于车轮、车厢、车身、壳体类件等零部件。纤维增强复合材料在汽车动力及底盘系统、车身内外饰件、电气电子部件等方面的应用也取得一定的进展。

新材料应用推动新工艺研究，主要集中于成形工艺，包括冷成形工艺技术（液压成形）、热成形工艺技术和件连接技术等方面，在高强高韧钢材料成形技术方面取得一定进展；解决了铝合金半固态铸造技术、钢铝件连接技术、大型金属件与复合材料连接技术等技术问题。

针对底盘承载件如车桥壳体、车架总成件、前后悬架等零部件，基于NVH特性要求实现新结构综合优化设计与制造，变截面结构件得到广泛应用，国内主要重型商用车公司的主导产品普遍实现减重1吨以上，如一汽J6P车型的驱动桥采用膨胀式优化新结构桥壳等；重汽采用橡胶悬架、空气悬架、少片簧等。

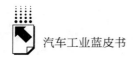

（三）新能源汽车技术

当前，新能源汽车已成为汽车产业发展必然趋势。纵观国际，各主机厂在积极调整战略规划，明确新能源目标。宝马将从 2020 年开始，每一个车型系列中都要开发纯电动版本；奔驰发布 EVA 平台，创建 EQ 家族；大众发布 MEB 纯电动专属平台，建立 I.D 产品系列家族，计划 2020 年陆续上市，续驶里程提升至 600 公里；日产与雷诺三菱联盟，发布"联盟 2022"计划，共享纯电动平台；丰田此前一直以混合动力和燃料电池电动车为主要的发展方向，在动力电池汽车领域起步较晚，面对越来越大的纯电动汽车市场，丰田计划在 2020 年至 2025 年推出超过 10 款纯电动车型。丰田的这些纯电动汽车将会首先在中国市场销售，然后陆续推向日本本土、印度、美国和欧洲等市场。同时，丰田还宣布将在 2030 年前投入 1.5 万亿日元用于下一代动力电池的研发和生产。本田计划 2030 年实现全球汽车销量总数的 2/3 为混合动力车、插电式混合动力车及零排放车型。

在新能源乘用车方面，长城汽车 2017 年推出首款电动车 C30EV 量产车型，续航里程 200 公里；12 月推出 C30EV 升级版续航里程 270 公里，同时对配置、功能进行全面升级，全新改款车型也将于 2018 年中上市，续航提升至 350 公里。长城汽车在混合动力技术开发领域一直进行技术积累，形成了自主的电控、电机、电池等关键领域的研发技术，2017 年主要进行了首款混合动力汽车的功能测试及标定，开启了 2 代 PHEV 及低压四驱混合动力架构产品的开发，完成了关键性能指标及零部件需求定义，并进行了先行功能样车的测试。

2017 年，蔚来汽车发布了面向大众的量产车型 ES8，一款七座纯电动 SUV，综合最大输出功率 480kW，续航里程 355 公里。同时，蔚来汽车还将努力构建包括换电站和充电车在内的电能服务体系。威马汽车在 12 月发布了量产车型 EX5，这是一款强调智能、互联的纯电动 SUV，续航里程达到 600 公里。此外，小鹏汽车与奇点汽车也发布了其量产车型，均为纯电动 SUV。

在新能源商用车方面，受国家相关政策的影响，新能源客车发展迅速，新能源货车尚处于起步阶段。2017 年新能源客车发展重点从底盘、变速箱和发动机等技术转变为电池、电机和电控技术。新能源重型载货车进入选型研究与小批量试产销阶段。

（四）车联网技术

车联网领域成为国内外新一轮科技创新和产业发展的必争之地，车联网技术正朝着智能化、网联化方向发展，车载操作系统、新型汽车电子、车载通信、服务平台、信息安全等关键技术成为研究热点。车联网产业链条长，跨界融合特征突出，ICT 产业与汽车、交通产业走向深度融合，新型汽车电子产品、车/路通信服务正在形成产业规模，汽车和交通服务创新日趋活跃，全新的产业生态即将构建。

2017 年，国内主要的互联网巨头百度、阿里和腾讯均发布了其车联网基础平台。7 月，百度发布 DuerOS 系统，其主打语音操控，是以语音为主流交互方式后的新操作生态。9 月 27 日，阿里巴巴宣布升级操作系统战略，发布全新的 AliOS 品牌。11 月 8 日，腾讯宣布推出腾讯车联 "AI in Car" 系统，全面开放基于 AI 的连接能力和生态资源，致力于和合作伙伴一同为车主打造全方位的智慧车生活。广汽、长安、吉利、比亚迪、东风柳汽五家汽车企业，成为腾讯车联的首批合作汽车企业。

在车载互联的基础通信支持方面，5G 技术研发进展迅速，与汽车和交通应用的结合越来越紧密。目前，汽车联网以 2G/3G/4G 蜂窝通信技术为主，汽车行业已经将联网功能作为汽车产品的重要技术特性，实现了定位导航、远程通信、智能交通、车载娱乐、车辆诊断、远程控制、车队管理和紧急救援等功能。5G 蜂窝通信技术研发进展迅速，行业需求在 5G 技术研发过程中发挥了重要作用，车联网成为 5G 重要应用场景。

（五）自动驾驶技术

自动驾驶距离我们已经越来越近，2017 年已经开始有新的产品展示。奥迪推出了首款 Level 3 级（SAE）自动驾驶车型 A8、凯迪拉克超级巡航（Super Curise）完成脱手驾驶穿越美国之旅、通用汽车 Bolt 无人驾驶测试

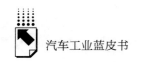

版车型批量下线，这些都让我们看到了自动驾驶从概念向产品的发展趋势。

2017年是我国自动驾驶取得积极进展的一年。4月19日，百度在上海车展推出"阿波罗计划"，宣布开放自己的自动驾驶技术。阿波罗计划是百度将所有与智能驾驶相关的技术打包，然后以阿波罗计划的名义，逐步对外开放。汽车行业以及自动驾驶领域的合作伙伴（车企、供应商和创业公司）能够使用百度开放的软件平台、硬件参考平台，搭建一套属于自己的自动驾驶系统。

2017年，长城汽车智能网联汽车系统及软件开发完成了整体架构的搭建、智能驾驶基础功能设计、人机共驾模式设计、数据融合系统设计和决策控制系统设计。基于快速原型机完成了自动驾驶系统搭建，并进行了约50万公里的随机工况测试以及数千个固定工况测试，整体表现良好。到目前为止，长城汽车在关键传感器测试及数据融合、高精度地图车载应用、智能决策策略制定、智能驾驶车载嵌入式系统开发等方面取得了较为显著的成果。

2017年6月，金旅客车6.2米无人驾驶小巴在上海嘉定国际汽车城——中国首个国家级智能网联汽车试点示范区完成了2公里的场景测试，全程模拟城市道路寻迹行驶、自动避过障碍、自动实现环岛绕行、到站自动停靠、自主变道。

在关键零部件方面，激光雷达是自动驾驶系统中最重要的感知元件，目前的激光雷达主要为机械旋转式，而全固态则是未来的技术趋势，2017年已有数家企业发布了全固态或固态/机械结合式激光雷达。

七 汽车行业热点分析

（一）《汽车产业中长期发展规划》颁布实施

2017年4月25日，工信部、国家发改委、科技部等三部委联合发布《汽车产业中长期发展规划》（简称《规划》），进一步明确汽车产业是推动新一轮科技革命和产业变革的重要力量，是建设制造强国的重要支撑，是国民经济的重要支柱。

《汽车产业中长期发展规划》确定了"力争经过十年持续努力，迈入世界汽车强国行列"的总目标。核心要义就是要做大做强中国品牌汽车，培育具有国际竞争力的企业集团；路线上要以新能源汽车和智能网联汽车为突破口，引领整个产业转型升级；措施上主要包括优化产业发展环境、推动行业内外协同创新、推动全球布局和产业体系国际化。具体就是：一个总目标、六个细分目标、六项重点任务和八项重点工程。

"一"个总目标即建设汽车强国，"力争经过十年持续努力，迈入世界汽车强国行列"。

"六"个细分目标是汽车强国的细化考量指标。核心技术、企业品牌、国际市场份额等汽车强国基本要素逐步成为行业共识，《规划》对应提出了关键技术取得重大突破、中国汽车品牌全面发展、国际发展能力明显提升三个目标，此外，提出了全产业链实现安全可控、新型产业生态基本形成、绿色发展水平大幅提高等三个目标。

"六"项重点任务围绕六个目标提出，是目标实现的重要支撑。

"八"项重点工程是六大任务的重要支撑和抓手。八项重点工程分别对应于六项任务，分别是创新中心建设工程、关键零部件重点突破工程、新能源汽车研发和推广应用工程、智能网联汽车推进工程、先进节能环保汽车技术提升工程、"汽车＋"跨界融合工程、汽车质量品牌建设工程、海外发展工程。

当前，新一代信息通信、新能源、新材料等技术与汽车产业加快融合，产业生态深刻变革，竞争格局全面重塑。我国在新能源汽车发展领域成绩显著，支撑汽车智能化、网联化发展的信息技术产业实力不断增强，这两个方向有望成为抢占先机、赶超发展的突破口。未来一个时期，我国汽车市场将保持平稳增长，加之差异化、多元化的消费需求，将为中国品牌汽车发展提供巨大空间；制造强国战略实施和"一带一路"建设也为产业发展提供了重要支撑和发展机遇。

（二）《乘用车企业平均燃料消耗量与新能源汽车积分并行管理办法》发布

2017年9月28日，工业和信息化部、财政部、商务部、海关总署、国家质检总局等五部门联合公布了《乘用车企业平均燃料消耗量与新能源汽车积分并行管理办法》。主要内容如下：建立积分核算制度和积分管理平台，明确积分核算方法，有条件地放宽小规模企业的燃料消耗量达标要求，设立新能源汽车积分比例要求的门槛，实行积分并行管理，完善监督管理制度。

近年来，国务院印发了《节能与新能源汽车产业发展规划（2012～2020年）》《关于加快新能源汽车推广应用的指导意见》《"十三五"国家战略性新兴产业发展规划》，要求研究实施企业平均燃料消耗量与新能源汽车积分管理制度，建立新能源汽车产业发展长效机制。工信部会同相关部门出台了《乘用车企业平均燃料消耗量核算办法》和新能源汽车推广应用等支持政策，对促进汽车产业健康发展发挥了积极作用。为了进一步推动节能与新能源汽车产业发展，借鉴美欧等国家汽车企业平均燃料消耗量和新能源汽车管理法规的立法经验和做法，结合我国汽车产业发展实际，亟须制定"办法"，以规范和加强乘用车企业平均燃料消耗量与新能源汽车积分管理。

该"办法"的推出是建立节能与新能源汽车管理长效机制的重要措施之一，对促进产业节能减排和健康发展具有重要意义。目前，有关部门正在对"办法"的细则进行全面深入的研究。

（三）《汽车销售管理办法》全面实施

2017年4月14日，商务部正式发布了《汽车销售管理办法》，并于2017年7月1日实施。新办法从销售行为规范、销售市场秩序、监督管理、法律责任四大方面，进一步明确了供应商、经销商、售后服务商等汽车销售市场相关责任主体的权利义务，为维护消费者合法权益、保障销售市场良好秩序、激发汽车市场消费活力提供了支撑依据。办法提出四个突破。

1. 打破汽车销售品牌授权单一体制

实行授权销售与非授权销售并行，销售汽车不再必须汽车品牌商授权，汽车超市、汽车卖场、汽车电商等将成为新的汽车销售形式。

2. 标志汽车流通体系真正进入社会化发展阶段

办法提出国家鼓励发展共享型、节约型汽车销售及售后服务网络，鼓励经销商开展多品牌经营，不同汽车品牌企业可以共建共享销售网络和售后服务体系。

3. 有助于更好地发挥汽车消费的顶梁柱作用

助力汽车流通网络向三、四线城市和农村地区下沉；消费者的选择权、知情权将得到更大程度的保护，消费更加透明、便捷、实惠，消费体验得到提升。

4. 有利于促进汽车流通全链条协同发展

办法积极推动汽车销售和售后服务分开，有助于促进汽车售后服务的专业化、社会化发展。同时也明确供应商不得限制配件生产商的销售对象，不得限制经销商、售后服务商转售配件。

（四）机动车全面实施国五排放标准

为促进机动车节能减排，根据《关于实施第五阶段机动车排放标准的公告》，全国自2017年1月1日起，所有制造、进口、销售和注册登记的轻型汽油车、重型柴油车（客车和公交、环卫、邮政用途），必须符合国五标准要求；全国自2017年7月1日起，所有制造、进口、销售和注册登记的轻型柴油车，必须符合国五标准要求。

在机动车国五排放标准全面实施的同时，《重型柴油车污染排放限值及测量方法（中国第六阶段）》也正公开征求意见。行业认为加强重型车尾气排放的治理迫在眉睫，要打赢蓝天保卫战，提高重型车排放标准势在必行，但标准的制定和实施应当给产业留有客观、科学的开发和认证周期。国六排放标准实施涉及面广，企业在产品研发、试验验证、产品认证、生产准备等

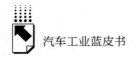
多环节、多要素都需要做大量的准备工作。相关供应商在产品标定及关键零部件开发，检测机构的试验验证、申报审查等方面需要做许多投入，如国六标准提前实施，企业为国五投入的大量研发、生产、配套的资金还未能转化成效益，这给中国品牌商用车企业发展带来新的挑战。

（五）交通运输部《营运客车安全技术条件》正式实施

为进一步加强营运客车安全技术管理，有效遏制和减少客车本质安全性能不足导致的道路运输安全生产事故，切实保障人民群众生命财产安全，交通运输部制定了《营运客车安全技术条件》（JT/T1094 – 2016）行业标准，并于2017年4月1日起正式实施。

新标准立足于车体结构及关键系统，从整车，转向系，制动系，传动系，行驶系车身结构、强度、出口，安全防护装置等方面提出具体要求47条，进一步提高车辆整体安全性能标准，其中，除直接引用现有强制性国家标准13条外，其余34条均为新增或加严条款。标准中关于"客车驾驶区上方不应布置地板"的要求基本上叫停了一层半客车的开发及销售，这对一些厂家销量有所影响。标准对9米以上的营运客车要求必须具备车道偏离预警和前方碰撞预警功能（FCW），交通部此项强制要求是国内首个强制安装ADAS系统的案例，车道偏离预警和前方碰撞预警功能是ADAS的必备基础功能。另外技术条件中提出"营运客车出厂时应装备具有存储和上传功能的车内外视频监控系统，以及具有行驶记录功能的卫星定位系统车载终端"，此项规定具有重大意义，运营与监管同步才会起到"可预防，可追责"的效果。

《营运客车安全技术条件》的实施改变了客运市场的现状。一方面，新标准的实施整体提高了我国营运客车的安全技术水平；另一方面，新标准的严格要求增加了客车企业的生产成本，对客车行业的持续发展产生一定影响。为此，汽车行业建议有关政府部门在制定、修订和完善相关标准的同时，应协同合作、全面考虑，这样才能更好地引导车辆安全技术进步和产业的健康发展。

（六）《机动车运行安全技术条件》（GB7258－2017）标准发布

2017年9月29日，GB7258－2017经国家标准委批准发布，该标准自2018年1月1日起实施。GB7258是我国机动车国家安全技术标准的重要组成部分，是我国机动车安全管理最基本的技术性法规，是公安交通管理部门新车注册登记检验和在用机动车检验、机动车查验等机动车运行安全管理及事故车检验最基本的技术标准，同时也是我国机动车定型强制性检验、新车出厂检验和进口机动车检验的重要依据之一。

新GB7258从不同角度、不同方面进行了有效修订，满足了新时期下的车型发展的各种要求。新GB7258在货车防抱制动和报警提示等方面增加了特殊技术要求，安全性提高是这次标准修订的重要方向；新GB7258在客车车辆制动及稳定性方面、客车结构制造方面以及行李舱及车内物品存放区方面、灭火防护方面等，都做了全面的规划和部署，进一步对我国客车的安全性、舒适性和高端化提出了更高的要求。

除此之外，在专用车、危化品运输车等车型细分领域，能明显看出此次新发布的GB7258－2017较GB7258－2012更重视车辆结构和安装装置的技术要求。新GB7258对车辆安全性提出了新的要求，对减少交通事故有积极的促进作用。

（七）造车新势力开始进入汽车市场

近年来，在新能源汽车和智能网联汽车技术不断发展的背景下，许多造车新势力纷纷进入汽车行业。

2017年5月，小鹏汽车与肇庆市政府共同宣布在肇庆新区投资百亿元打造智能科技产业园；电咖汽车的整车生产基地也正式落户浙江绍兴滨海新城，预计总投入55亿元，设计产能18万辆/年。12月威马也发布了第一款量产车EX5，与此同时，蔚来汽车首款量产车蔚来ES8也正式发布。

互联网造车新势力还体现出它们的许多特点。如威马汽车凭借其自有的

工业 4.0 数字工厂的实力可以让用户从下订单起，就能实时掌握车辆的个性化配置、生产状态及交付周期等信息。拜腾汽车对外发布了它非常特别的车型"用户界面"，其中包括显示内容能与车内其他乘客共享的体验屏，营造出共享客厅的感受；触摸式方向盘，可以让驾驶员实时操控 SED，同时保证安全性；手势识别、人脸识别、情绪识别等功能，提供直觉式的、前所未有的人机互动体验。

2017 年 9 月，广汽与腾讯签署战略合作框架协议，就智能驾驶、云平台、大数据等方面展开全面合作。双方合作的 iSPACE 智联电动概念车正式发布，这也是首款搭载腾讯车联"AI in Car"系统的概念车。总的来说，腾讯、百度、阿里巴巴三大互联网巨头全部涉足汽车行业，成为本次造车新势力运动中的亮点之一。

（八）中国品牌汽车升级发展，产品附加值提高

在《中国制造 2025》国家战略的引领下，中国汽车工业正处在转型升级的关键时期，中国品牌汽车品牌向上的车型逐渐增多。

2017 年，长城汽车和吉利汽车分别推出了 WEY 和领克两个新品牌。长城 WEY 先后推出了 VV7 和 VV5 两款新产品，取得了相当好的成绩，上市 8 个月共销售了 8.6 万辆，尤其是 VV7 这款车都已达到同级别主流合资 SUV 的水平。领克则是由吉利控股集团、吉利汽车集团与沃尔沃汽车合资成立的新时代高端品牌，该品牌集欧洲技术、欧洲设计、全球制造、全球销售于一体，按照与沃尔沃同样的质量标准、制造工艺生产具有世界领先品质的汽车产品。领克品牌在技术与品质上对标豪华品牌，在市场定位和消费群体上对标外资品牌，为消费者创造了全新的品牌体验和价值感。

与此同时，中国一汽及红旗品牌也结合新时代发展需要，大力促进品牌向上，实施科技创新与消费升级，不断开发新的产品形态。H7、L5 车型均加强了营销上的推广，也取得了良好效果。红旗 H5 将于 2018 年的北京车展正式上市，借此打开高端市场。

随着中国汽车工业的稳健发展，中国品牌汽车技术将全面提升、产品定位将不断向上突破，中国品牌与合资品牌将呈现全面竞争态势。

（九）新能源汽车快速发展

为实现我国汽车工业在节能减排要求下的产业转型升级，实现以新能源汽车和智能网联汽车为突破口对发达汽车国家弯道超车，实现国家发布的《中国制造 2025》节能与新能源汽车产业发展战略目标核准，在新能源汽车政策持续引领下，全国各地新能源汽车产业呈现快速发展局面。

2017 年，国家发改委先后批复了福建汽车集团云度新能源汽车股份有限公司、河南速达电动汽车科技有限公司和广东陆地方舟新能源电动车辆有限公司等纯电动乘用车项目核准。

2017 年出现以新能源项目为主的合资潮。大众汽车集团与安徽江淮汽车集团正式签署合资企业协议，成立双方股比各占 50% 的合资企业以研发、生产和销售新能源汽车。福特汽车与众泰汽车举行合资公司工厂项目投资签约仪式，福特众泰汽车有限公司将投资 50 亿元，共建纯电动乘用车生产基地。此外，还有戴姆勒和北汽、雷诺－日产联盟和东风都纷纷牵手合作开发新能源汽车。

在新能源汽车合资项目中，还出现了新合作模式——合资企业导入中方股东产品。由广汽集团主导开发的新能源 SUV，可以说是合资企业导入中方股东产品的首个案例。

新一轮合资潮又面临新的问题。如合资的中方企业多年积累的知识产权、专有技术等将如何保护、如何协调合资双方的技术优势和管理经验，以及中方如何维护自己的权力和利益等。

（十）智能网联汽车加快布局

低碳化、信息化、智能化是未来汽车技术的发展方向，智能网联汽车将成为新常态下中国经济增长动能转换的重要引擎，促进传统价值链的转移及新型价值网络的形成。

目前，大批互联网公司涌入，以跨界合作方式切入智能网联汽车领域，北汽、长安、广汽等企业开始研发、测试和推出智能网联车型。

2017年10月，百度与北汽战略合作。双方表示将展开集团层面的合作，共同打造"AI + 汽车"的生态体系。除了前沿技术方面，北汽集团与百度的这次合作还面向 L3、L4 级别自动驾驶车辆的量产。双方在现场宣布，将以百度 Apollo 开放平台与北汽集团车辆平台为基础，借助百度人工智能核心技术，于2019年前后实现 L3 级别自动驾驶车辆量产，2021年前后实现 L4 级别自动驾驶车辆量产。

长安汽车与阿里巴巴合作。长安汽车将联合阿里巴巴在智能车联网平台、车联网服务以及企业社交领域三大方面展开战略合作，使其在互联网技术方面具备高起点、高标准，同时为用户提供极致的车联网服务。此外，双方将建立联合实验室，进行人工智能、车载应用以及信息安全等相关领域的研究和开发工作。

百度与金龙客车战略合作。双方计划于2018年实现商用级无人驾驶微循环车的小规模量产及试运营。这款无人驾驶微循环车将是国内首款量产的无人驾驶巴士，"Apollo 基因"将注入其研发全流程。Apollo 平台除了提供自动驾驶解决方案外，还涉及整车设计全过程，包括整体车辆外观和内饰设计、人车交互系统的整体设计、特定场景需求架构设计以及微循环车特定的自动驾驶系统设计等环节。

（十一）一汽、东风、长安探索全方位合作模式

2017年12月1日，在武汉，中国第一汽车集团公司、东风汽车集团有限公司、重庆长安汽车股份有限公司签署战略合作框架协议。根据协议，三方将在前瞻共性技术创新、汽车全价值链运营、联合出海"走出去"、新商业模式等四大领域开展全方位的合作。

中国一汽、东风汽车、长安汽车三家央企通过结合各自优势和合作潜力，在产品技术研发、采购、制造、物流、管理、新能源、新业务等方面，加强互动，互补优势，有效优化资源配置，产生良好协同效应，促进共赢发

展。在汽车全价值链运营领域，三方将重点加强传统整车平台和动力总成等方面的协同，开展生产制造领域的合作以及协同采购，并深化在物流领域的协同合作。此外，在拓展海外市场方面，三方将积极践行国家"一带一路"倡议，探索在海外产品、海外终端网络资源、海外商业伙伴、海外制造资源、国际物流等方面的深度合作。这预示着中国三家汽车央企将走上共生共赢之路，共同应对中国汽车产业链转型升级过程中将面临的种种困难。未来三家车企将在新趋势、新目标的要求下，互通技术有无，取长补短，共同完成"互联网＋"、智能化、新能源这几大历史性革新任务。协议的签署只是开始，希望三方的合作能够快速推进，见到实效，为央企抱团取暖探索经验、提供可资借鉴的优秀样本。

这次的强强合作，也将进一步增强自主汽车竞争力，让更多消费者对自主汽车树立起越来越强的品牌信心。

乘用车篇

Passenger Vehicles

B.2
2017年乘用车行业发展报告

摘　要：　本报告描述了 2017 年中国汽车市场乘用车产销情况，分析了
　　　　　轿车、SUV、MPV、交叉型乘用车等四个细分市场较 2016 年
　　　　　度的发展情况和变化趋势；预测了 2018 年乘用车发展形势，
　　　　　提出了乘用车发展的相关建议。

关键词：　乘用车　轿车　SUV　多功能车　交叉型车

一　2017年乘用车发展综述

（一）乘用车市场情况

1. 乘用车市场规模大幅增加

2017 年，中国乘用车市场产销量分别为 2481 万辆和 2472 万辆，同比

增长1.58%和1.40%。2017年宏观经济形势较好，为汽车市场发展奠定了好的基础；但汽车购置税优惠政策对市场的促进作用不及预期，2017年相比2016年促进作用大幅下降；企业对市场预期也比较理性和悲观。因此，2017年市场整体表现偏弱，产销量均是微增长。从增量来看，2016年同比新增销量323万辆，而2017年仅有34万辆，两者相去甚远（见表1）。

表1　2009~2017年乘用车产销量统计

单位：万辆，%

年份	产量	同比增长	销量	同比增长
2009	1038	54.11	1033	52.93
2010	1390	33.83	1376	33.17
2011	1449	4.23	1447	5.19
2012	1552	7.17	1550	7.07
2013	1808	16.49	1793	15.71
2014	1993	10.23	1971	9.93
2015	2108	5.77	2115	7.31
2016	2442	15.84	2438	15.27
2017	2481	1.58	2472	1.40

2. 乘用车市场波动较大

从月度销量增速走势看，2017年乘用车呈现非常复杂的"起起落落"的走势（见图1）。一季度"起"，2016年四季度购置税政策产生透支消费，企业库存大降，补库存行为让2017年一季度市场批发保持较好增幅；二季度"降"，市场库存逐步增大，但零售表现不佳，购置税政策没起到拉动效果，二季度企业又开始降库存，批发销量负增长；三季度"起"，库存下降和零售好转同步，企业批发数量又重回正增长；四季度"落"，购置税政策终结对市场起到影响，但无奈同期基数过高，企业对市场判断偏理性，四季度批发数量稳中有降。总体看，2017年购置税作用不及预期，企业的补库存、去库存的行为对市场影响较大，2017年市场跌宕起伏，但仅仅实现了微增长。

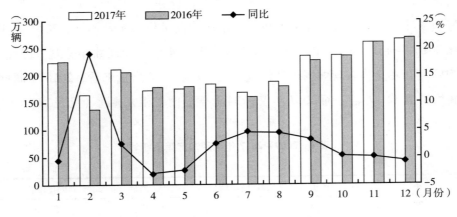

图1　2017年乘用车月度销量走势

3. 乘用车市场 SUV 销量突破1000万辆

从细分市场看，SUV市场快速增长，MPV市场同比下滑，轿车同比小幅下滑，交叉车型同比快速下滑（见表2）。2017年，SUV市场销量达到1025万辆，同比增长13.32%。SUV供需两旺，同比增量达到120万辆，尽管同比增量有所减少，增速有所放缓，但仍是乘用车增长的唯一动力。尽管有购置税优惠的拉动，轿车市场仍同比下降2.48%。轿车市场仍是占比最高的细分市场，但与SUV规模越来越接近。MPV市场下滑超出预期，同比下滑17.05%。交叉车型仍是下滑最严重的细分市场，同比下滑19.97%，市场规模仅有55万辆。

表2　乘用车细分市场销量统计

单位：万辆，%

车型	2017 年销量	2016 年销量	同比增长	销量占比	增量贡献
轿车	1185	1215	− 2.48	47.93	− 30
MPV	207	250	− 17.05	8.38	− 43
SUV	1025	905	13.32	41.48	121
交叉车型	55	68	− 19.97	2.21	− 14

4. 自主乘用车企业销量占比增加

2017 年，乘用车销量排名前十的企业分别为：上汽大众 206 万辆，同比增长 3.14%；上汽通用 200 万辆，同比增速 6.31%；一汽大众 196 万辆，同比增长 4.53%；上汽通用五菱 189 万辆，同比增长 0.88%；吉利汽车 131 万辆，同比增长 63.32%；东风日产 128 万辆，同比增长 11.78%；长安汽车 113 万辆，同比下降 7.48%；长城汽车 95 万辆，同比下降 1.91%；长安福特 83 万辆，同比下降 12.27%；北京现代 79 万辆，同比下降 31.26%（见图 2）。

从销量规模看，排名前十中 7 家企业销量规模突破 100 万辆，上汽大众超过 200 万辆，上汽通用达到 200 万辆。从销量成长性看，排名前十企业中，吉利汽车同比增速最高，同比增长 63.32%；北京现代同比下滑最多，同比下滑 31.26%。

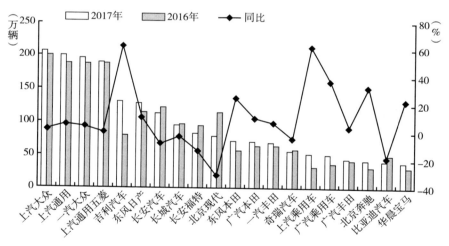

图 2　2017 年企业乘用车销量排名

（二）乘用车区域市场分析

从区域市场看，2017 年东北地区乘用车销量同比下降 2.38%，销售占比仅为 5.94%，销量占比少，同比负增长。东部地区仍是目前规模最大的区域市场，销量占比为 47.82%，但东部市场同比增速为零。中部、西部地区汽车市场成长性好，同比增速分别为 0.47% 和 1.87%，销量占比分别为 23.29% 和 22.96%，中西部地区是汽车市场成长的主要贡献区域（见表 3）。

表 3 2017 年分地区乘用车销量占比

单位：%

区域	同比增长	销量占比
东北地区	−2.38	5.94
东部地区	0.00	47.82
中部地区	0.47	23.29
西部地区	1.87	22.96

注：东北地区包括黑龙江、吉林和辽宁；东部地区包括北京、天津、河北、上海、江苏、浙江、福建、山东、广东和海南；中部地区包括山西、安徽、江西、河南、湖北、湖南；其他划归西部地区。

（三）乘用车进出口情况

2017 年，乘用车进口、出口均实现同比增长。其中，出口 64 万辆，同比增长 34.00%；进口 123 万辆，同比增长 18.3%（见表 4）。

2017 年，汽车进出口均明显好转，进口增速由负转正，出口增速继续增大。

表 4 2009～2017 年乘用车进出口数量及增速

单位：万辆,%

年份	进口	同比增长	出口	同比增长
2009	41	3.46	14	−52.82
2010	78	90.24	26	85.71
2011	100	28.21	48	84.62
2012	108	8.00	66	37.50
2013	116	7.41	60	−9.09
2014	140	20.69	53	−11.67
2015	108	−22.86	43	−18.87
2016	104	−3.70	48	11.63
2017	123	18.30	64	34.00

（四）2018年乘用车发展趋势预测

1. 影响乘用车发展的因素分析

（1）市场有利因素

首先，从汽车产业阶段看，我国处于汽车消费普及期，汽车保有量仍偏低、三、四线城市和中西部地区成长性较好，市场增长潜力大。其次，新能源汽车快速发展，国家新能源补贴和购置税优惠政策对新能源汽车有利，新能源汽车对总量的贡献度将大幅提升。最后，汽车出口形势进一步好转，预期能够带来同比增量。

（2）市场不利因素

首先，2018年宏观经济政策聚焦于"防范化解重大风险、精准脱贫、污染防治"三大攻坚任务，预期宏观经济增速将有所回落，对汽车市场成长性不利。其次，购置税优惠政策退出，2017年底存在部分消费透支的情况，将会严重影响2018年汽车市场需求。最后，共享经济模式和二手车市场快速发展，两者均会影响汽车市场对新车的需求量。

（3）2018年汽车市场出现的消费新趋势

①以90后为代表的年轻用户群体比例增大。2017年，90后消费群体占比约为30%，相比2014年增加接近1倍。与70后、80后群体消费"从众"的特点不同，90后群体消费特点是"从众"，他们希望能够引领汽车消费潮流。

②汽车市场需求高级化。在价格上，8万元以上市场销售份额由2016年的80%上升至2017年的83%；在车级别上，B级以上销量增速明显，高于A级及以下；越来越多消费者经济富足，对有品质的生活有更多的追求和选择。

③新能源汽车低线城市需求释放。低线城市新能源市场销量增速为155%，明显高于一、二线城市。一、二线城市仍是新能源主力销售区域，但限购城市新能源销量份额逐步由2016年的46%下降至2017年的38%，非限购城市新能源市场地位进一步加强。

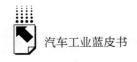

④增换购将逐渐成为消费主力。2017年增换购需求持续扩大，增换购需求占比约为51%，已超过首购需求占比。一、二线城市增换购占比高达74%，引领全国增换购市场。

2.2018年乘用车销量预测

预测2018年乘用车销量为2500万辆，同比增长1.1%。其中，乘用车出口80万辆，同比增长25%。从细分市场看，预期轿车销售1120万辆，MPV 210万辆，SUV 1130万辆，交叉车型40万辆。

二 2017年轿车发展

（一）轿车市场情况

1.轿车市场产销量分析

2017年，轿车实现销售1185万辆，同比下降2.5%，销售减少30万辆，规模又回到2015年的水平，连续5年在1200万辆左右徘徊（见图3）。

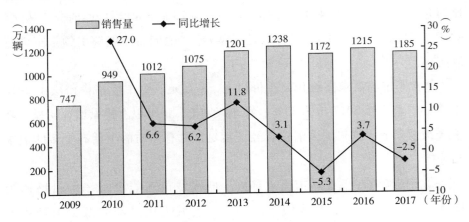

图3 2009~2017年轿车销量增长情况

　　小型轿车、紧凑型轿车、中型轿车市场销量同比下滑，微型轿车、大型轿车以及豪华轿车增长较快（见表5），微型轿车市场在纯电动微型轿车产品拉动下增速尤其突出。从结构占比来看，豪华轿车和微型轿车市场占比较2016年上升相对明显，分别上升了1.9个百分点和1.2个百分点，紧凑型轿车依然占据轿车主导地位，但占比较2016年下降尤其明显，下降了3个百分点（见图4）。

表5　2017年轿车细分市场销量增长情况

单位：万辆，%

细分市场	2017年	2016年	同比增长
微型轿车	37.4	24.7	51.2
小型轿车	125.3	133.0	−5.8
紧凑型轿车	747.7	802.4	−6.8
中型轿车	156.3	159.3	−1.9
大型轿车	10.6	8.8	20.3
豪华轿车	107.6	86.8	24.0
总计	1184.8	1215.0	−2.5

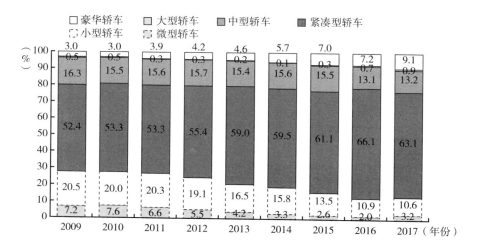

图4　2009~2017年轿车细分市场结构

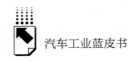

从轿车市场企业销量排名来看，轿车市场销量排名前十的企业依次为一汽大众、上汽大众、上汽通用、东风日产、吉利汽车、长安福特、北京现代、一汽丰田、广汽本田、广汽丰田（见表6）。

上汽大众、一汽大众、上汽通用依然占据前三位，但一汽大众排位超越上汽大众跃居第一，吉利汽车由2016年排名第七上升至第五位，进步相对明显，广汽本田、广汽丰田双双进入前十位。

从增速来看，吉利汽车表现最为突出，实现了15.5%的两位数增长，其次为一汽大众、广汽丰田，增长也相对较快；北京现代降速最为明显，同比下滑27%，其次长安福特、上汽大众下降也相对明显。

从占比来看，一汽大众、吉利汽车、上汽通用较2016年分别上升1.2个百分点、0.8个百分点、0.7个百分点。占比下降最快的为北京现代，下降了1.5个百分点，其次为上汽大众和长安福特。

表6　2017年轿车企业销量排名

单位：万辆，%

序号	企业名称	2017年	2016年	同比增长	2017年占比	2016年占比
1	一汽大众	174.9	165.4	5.7	14.8	13.6
2	上汽大众	156.6	168.5	-7.1	13.2	13.9
3	上汽通用	141.4	135.9	4.0	11.9	11.2
4	东风日产	75.4	72.1	4.6	6.4	5.9
5	吉利汽车	61.5	53.3	15.5	5.2	4.4
6	长安福特	59.7	66.3	-9.9	5.0	5.5
7	北京现代	55.3	75.7	-27.0	4.7	6.2
8	一汽丰田	50.7	48.8	3.8	4.3	4.0
9	广汽本田	42.4	41.8	1.3	3.6	3.4
10	广汽丰田	34.1	32.3	5.5	2.9	2.7

从轿车产品销量排名来看，轿车市场车型销量排名前十的依次为朗逸、英朗GT、轩逸、卡罗拉、速腾、捷达、福睿斯、桑塔纳、宝来和帝豪。朗逸、英朗GT、轩逸继续领跑轿车市场，卡罗拉较2016年上升两位排名第四，进步相对较快，帝豪与宝来跻身前十名，2016年排名第九、第十的朗动、福克斯退出前十名（见图5）。

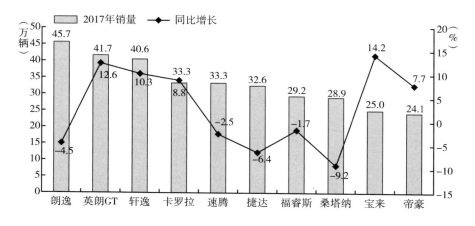

图5　2017年轿车畅销车型前十名

在轿车市场中，欧系品牌销量依然最高，但规模有所萎缩，同比下降
2.2%；日系品牌规模扩大相对明显，同比上升6.6%，市场占比上升最明
显，高达1.8个百分点；由于上汽通用五菱宝骏310产品的突出表现，合资
自主品牌轿车呈高速增长；韩系轿车大幅下滑31%，占比下降2.9个百分
点；中国品牌同比下降6.3%，占比也较2016年下降0.7个百分点；美系品
牌略有下降，与2016年规模基本相当（见表7）。

表7　2017年轿车分国别销量统计

车型系列	2017年销量（万辆）	2016年销量（万辆）	同比增长（%）	2017年占比（%）	2016年占比（%）	占比变化（百分点）
欧系	415.8	425.2	-2.2	35.1	35.0	0.1
日系	252.3	236.7	6.6	21.3	19.5	1.8
中国品牌	206.6	220.5	-6.3	17.4	18.1	-0.7
美系	201.1	202.1	-0.5	17.0	16.6	0.4
韩系	82.0	118.8	-31.0	6.9	9.8	-2.9
合资自主	27.1	11.6	133.1	2.3	1.0	1.3

2017年，区域轿车实销排名前十的分别为广东、江苏、山东、河北、
浙江、河南、四川、安徽、湖南、湖北（见表8）。广东继续领跑，是2017

年唯一规模达到 100 万辆级的轿车市场；江苏超越山东跃居次席，山东连续两年分别让出第一、第二的位置。增速相对明显的区域有广西、海南、西藏、贵州等地，中西部地区轿车市场增长相对较快。

表8 2017 年轿车区域实销情况

单位：万辆，%

排序	区域	2017 年	2016 年	同比增长	排序	区域	2017 年	2016 年	同比增长
1	广 东	116.1	117.8	−1.4	17	北 京	26.1	42.0	−37.9
2	江 苏	98.8	106.4	−7.1	18	广 西	25.7	22.7	13.0
3	山 东	96.7	110.8	−12.7	19	贵 州	24.2	22.2	9.0
4	河 北	85.1	86.6	−1.7	20	云 南	22.6	22.2	1.7
5	浙 江	81.4	81.3	0.1	21	黑龙江	20.8	22.2	−6.5
6	河 南	77.8	76.8	1.3	22	重 庆	20.7	23.3	−10.9
7	四 川	57.3	62.6	−8.6	23	内蒙古	18.8	19.6	−4.1
8	安 徽	44.1	46.0	−4.1	24	吉 林	17.6	19.7	−10.9
9	湖 南	39.9	43.4	−8.0	25	天 津	13.6	16.5	−17.5
10	湖 北	35.9	40.6	−11.5	26	新 疆	10.0	10.3	−3.2
11	福 建	34.1	34.0	0.2	27	甘 肃	9.6	11.7	−18.0
12	上 海	32.9	35.5	−7.2	28	海 南	7.1	6.4	11.3
13	辽 宁	31.9	36.9	−13.5	29	宁 夏	4.4	4.9	−11.0
14	山 西	30.9	34.4	−10.1	30	青 海	3.3	3.8	−12.9
15	陕 西	30.7	33.1	−7.2	31	西 藏	0.4	0.4	9.3
16	江 西	30.5	30.5	0.0		总计	1148.9	1224.5	−6.2

资料来源：上险数据。

2. 轿车各细分市场发展情况

（1）微型轿车

2017 年，微型轿车销量 37.4 万辆，同比增加 12.7 万辆，同比增长 51.2%（见图6），呈高速增长，微轿市场规模经过连续 6 年下降后止跌回升，在狭义乘用车中的占比达到 3.2%，较 2016 年上升了 1.2 个百分点，成为轿车市场的一大亮点（见图7）。

从微型轿车市场车企销量排名来看，排名前三的企业依次为北汽新能源、奇瑞汽车、知豆。北汽新能源异军突起，由 2016 年十名之外跃居榜首，

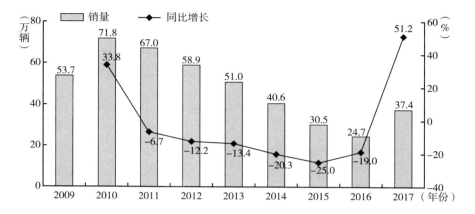

图6 2009~2017年微型轿车销量及增长情况

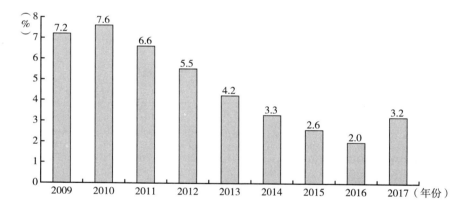

图7 2009~2017年微型轿车占狭义乘用车比重情况

华泰汽车也凭借新能源微轿纯电动车跻身前十名，可见新能源微轿产品在改变微轿市场规模走势的同时也在改变微轿行业的竞争格局（见表9）。

从微型轿车市场产品车型销量排名来看，排名前三的车型依次为EC180、知豆D2、奇瑞QQ，前两位产品均为新能源。排名前十的产品中有7款为纯电的新能源产品，奇瑞QQ、北斗星、新奔奔也含有较大比重的纯电动产品（见表10）。统计显示，纯电动微轿产品销量比重已经由2016年的42.2%上升到2017年的79.2%，电动微轿产品基本占据微轿市场的统治地位。

表9　2017年微型轿车各企业销量情况

单位：万辆，%

序号	企业名称	2017年	2016年	同比增长
1	北汽新能源	7.76	0.41	1792.6
2	奇瑞汽车	4.99	3.35	48.9
3	知豆	4.25	2.03	109.4
4	众泰汽车	3.87	4.35	-11.0
5	长安汽车	3.09	5.10	-39.4
6	昌河汽车	3.07	2.73	12.4
7	江铃汽车	2.79	1.55	79.8
8	上汽通用五菱	1.15	0.50	130.2
9	华泰汽车	1.14	0.0	—
10	比亚迪汽车	1.07	1.08	-0.9

表10　2017年微型轿车各车型产品销量情况

单位：万辆，%

序号	车型名称	2017年	2016年	同比增长
1	EC180	7.76	0.41	1792.6
2	知豆D2	4.23	0.91	364.8
3	奇瑞QQ	3.13	3.33	-6.0
4	北斗星	3.07	2.73	12.5
5	新奔奔	2.26	1.85	22.1
6	小蚂蚁	1.85	0.0	—
7	众泰E200	1.68	1.31	28.2
8	江铃E100	1.58	0.96	64.6
9	江铃E200	1.21	0.59	105.1
10	宝骏E100	1.14	0.0	—

（2）小型轿车

2017年，小型轿车销量125.3万辆，同比下降5.8%，销量同比减少7.7万辆，规模继续萎缩，但萎缩量减小（见图8），在狭义乘用车中的占比为 10.6%，较 2016 年下降 0.3 个百分点，小型轿车市场呈继续下降走势（见图 9）。

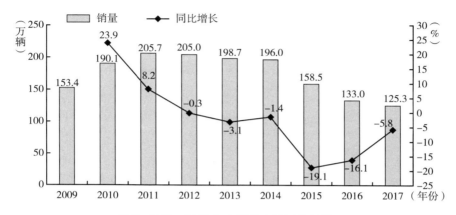

图 8 2009~2017 年小型轿车销量增长情况

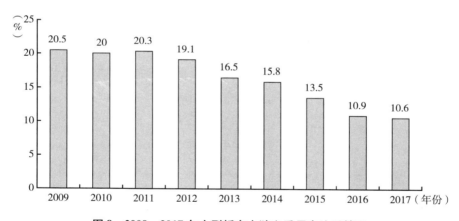

图 9 2009~2017 年小型轿车占狭义乘用车比重情况

从小型轿车市场车企销量排名来看，前三位的企业依次为上汽通用五菱、上汽大众、上汽通用。上汽通用五菱凭借宝骏 310 的优异表现，从 2016 年前十之外跃居第一，韩系品牌的北京现代、东风悦达起亚小型轿车销量同比大幅下降，双双退出前三之列。中国品牌中长安汽车让出了前十排位，奇瑞汽车、吉利汽车虽然排名前十，但降幅明显。总体来看，中国品牌小型轿车市场竞争力有所趋弱（见表 11）。

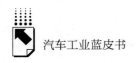

表 11　2017 年小型轿车各企业销量情况

单位：万辆，%

序号	企业名称	2017 年	2016 年	同比增长
1	上汽通用五菱	21.6	5.0	331.0
2	上汽大众	18.8	19.2	-2.3
3	上汽通用	12.9	15.4	-16.1
4	一汽丰田	12.8	11.7	9.3
5	北京现代	12.7	15.7	-19.3
6	广汽本田	11.2	11.8	-5.2
7	广汽丰田	9.4	6.3	48.2
8	东风悦达	6.3	15.5	-59.3
9	奇瑞汽车	4.2	7.2	-41.4
10	吉利汽车	3.7	6.4	-42.3

　　从小型轿车市场产品车型销量排名来看，前三位的车型依次为宝骏
310、Polo、威驰。宝骏 310 实现销量 21.6 万辆，同比增长高达 331%，呈
爆发式增长，跃居首位，可谓小型轿车市场的爆款产品；Polo 销量有所下
滑，退居次席，让出了 2016 年的榜首位置；韩系的起亚 K2、瑞纳两大产品
均呈大幅下降。小型轿车销量前十名已无中国品牌产品（见表12）。

表 12　2017 年小型轿车各车型产品销量情况

单位：万辆，%

序号	车型名称	2017 年	2016 年	同比增长
1	宝骏 310	21.6	5.0	331.0
2	Polo	17.5	18.0	-3.1
3	威驰	12.8	11.7	9.3
4	赛欧	12.6	14.0	-10.4
5	飞度	11.2	11.4	-1.7
6	悦纳	8.3	4.0	106.5
7	致炫	5.5	6.3	-14.1
8	起亚 K2	5.2	15.4	-65.9
9	瑞纳	4.3	11.7	-62.9
10	致享	3.9	0.0	—

（3）紧凑型轿车

2017 年，紧凑型轿车销量 747.7 万辆，同比下降 6.8%，销量下降 54.7 万辆，规模下滑相对明显（见图 10）。

近两年，紧凑型轿车市场波动相对较大，2016 年创历史新高 800 万辆大关，2017 年又较快回落，在狭义乘用车中的占比为 63.1%，较 2016 年下降 2.9 个百分点（见图 11）。

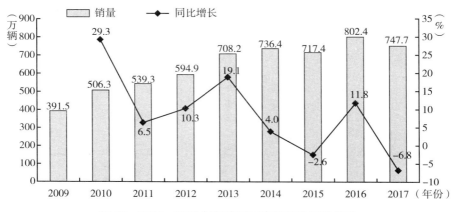

图 10　2009～2017 年紧凑型轿车销量及增长情况

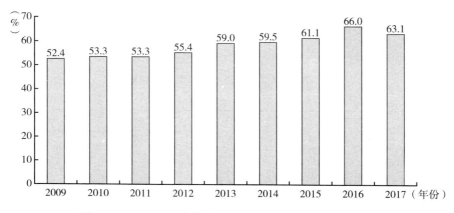

图 11　2009～2017 年紧凑型轿车占狭义乘用车比重情况

从紧凑型轿车市场车企销量排名来看，前三位的企业依次为一汽大众、上汽大众、上汽通用。前三名与 2016 年一致，但一汽大众超越上汽大众跃

居第一；东风本田增长迅速，新进前十名；神龙汽车大幅下滑，退出前十名；吉利汽车也呈快速增长，排名由 2016 年第七跃居第五。增速下降较快的企业有北京现代、比亚迪、长安福特、上汽大众（见表 13）。

表 13　2017 年紧凑型轿车各企业销量情况

单位：万辆，%

序号	企业名称	2017 年	2016 年	同比增长
1	一汽大众	117.2	113.6	3.2
2	上汽大众	116.2	125.9	−7.7
3	上汽通用	88.8	89.3	−0.6
4	东风日产	61.8	60.7	1.8
5	吉利汽车	53.4	41.0	30.4
6	长安福特	46.0	52.3	−11.9
7	一汽丰田	33.6	32.4	3.7
8	北京现代	27.8	41.1	−32.4
9	东风本田	22.5	14.1	59.1
10	比亚迪汽车	19.7	23.8	−17.0

从紧凑型轿车市场产品车型销量来看，排名前三的车型依次为朗逸、英朗 GT、轩逸。前三名座次未变，宝来、帝豪为新进前十车型，福克斯和朗动退出了前十名。前十名中，宝来、英朗 GT、轩逸增速在两位数，增长较快，桑塔纳、捷达增速下降相对明显（见表 14）。

表 14　2017 年紧凑型轿车各车型产品销量情况

单位：万辆，%

序号	车型名称	2017 年	2016 年	同比增长
1	朗逸	45.7	47.9	−4.5
2	英朗 GT	41.7	37.0	12.6
3	轩逸	40.6	36.8	10.3
4	卡罗拉	33.3	30.7	8.8
5	速腾	33.3	34.1	−2.5
6	捷达	32.6	34.8	−6.4
7	福睿斯	29.2	29.7	−1.7
8	桑塔纳	28.9	31.8	−9.2
9	宝来	25.0	21.9	14.2
10	帝豪	24.1	22.4	7.7

（4）中型轿车

2017 年，中型轿车销量 156.3 万辆，同比下降 1.9%，增速小幅下降，同比减少 3 万辆（见图 12），在狭义乘用车中的占比为 13.2%，同比上升 0.1 个百分点，中型轿车市场呈止跌回稳走势（见图 13）。

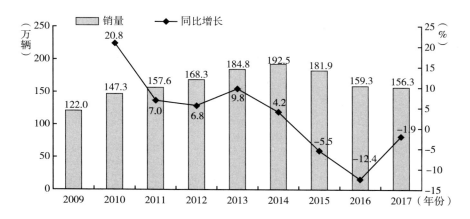

图 12　2009～2017 年中型轿车销量及增长情况

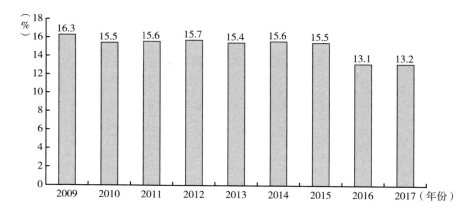

图 13　2009～2017 年中型轿车占狭义乘用车比重情况

从中型轿车市场销量车企排名来看，前三位的企业依次为上汽通用、一汽大众、上汽大众。前十名车企中，一汽大众超越上汽大众跃居第二，一汽轿车为新进前十企业，2016 年排名第九的东风悦达起亚退出前十名。东风日

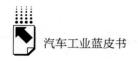
产、上汽通用、一汽大众增长迅速，广汽丰田、北京现代下降较快，中国品牌车企吉利汽车也下降较快，中国品牌轿车面临考验（见表15）。

表15　2017年中型轿车各企业销量情况

单位：万辆，%

序号	企业名称	2017年	2016年	同比增长
1	上汽通用	28.7	23.5	21.9
2	一汽大众	23.3	20.0	16.3
3	上汽大众	20.2	23.0	−12.1
4	广汽本田	15.0	14.2	5.1
5	北京现代	14.9	19.0	−21.6
6	东风日产	11.5	9.3	24.1
7	长安福特	11.1	10.5	6.5
8	广汽丰田	7.4	10.1	−26.1
9	一汽轿车	5.4	5.0	7.8
10	吉利汽车	4.3	5.2	−17.5

从中型轿车市场车型销量排名来看，前三位的车型依次为迈腾、帕萨特、雅阁。迈腾取代帕萨特的领头地位，雅阁超越名图跃居前三之列，前十位产品与2016年一致，但排序变化较明显。前十车型中，迈锐宝、天籁、迈腾、君越增长迅速，凯美瑞、帕萨特等传统老产品则下滑较快（见表16）。

表16　2017年中型轿车各车型产品销量情况

单位：万辆，%

序号	车型名称	2017年	2016年	同比增长
1	迈腾	21.1	17.1	23.2
2	帕萨特	16.0	18.8	−15.2
3	雅阁	15.0	14.3	4.3
4	名图	13.5	14.8	−9.2
5	迈锐宝	12.4	8.5	45.4
6	天籁	11.4	9.0	26.1
7	蒙迪欧	11.1	10.5	6.5
8	君越	10.0	8.1	23.2
9	凯美瑞	7.4	10.1	−26.1
10	君威	6.3	6.9	−8.4

（5）大型轿车

2017年，大型轿车销量10.6万辆，同比增长20.3%，同比增加1.8万辆，在狭义乘用车中的占比为0.9%，同比上升0.2个百分点（见图14、图15）。

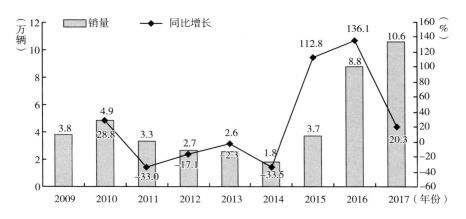

图14　2009～2017年大型轿车销量及增长情况

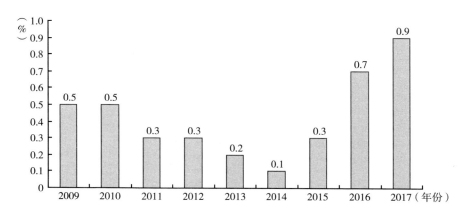

图15　2009～2017年大型轿车占狭义乘用车比重情况

从大型轿车市场车企销量排名来看，前三位的企业依次为一汽丰田、长安福特、上汽大众。一汽丰田超越长安福特跃居第一，上汽大众、上汽通用高速增长，长安福特下降相对明显（见表17）。

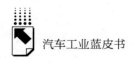

表 17　2017 年大型轿车各企业销量情况

单位：万辆，%

序号	企业名称	2017 年	2016 年	同比增长
1	一汽丰田	3.71	2.99	24.1
2	长安福特	2.53	3.40	−25.5
3	上汽大众	1.35	0.33	309.9
4	上汽通用	1.21	0.58	108.6
5	神龙汽车	0.59	0.41	43.9
6	一汽集团	0.47	0.42	11.9
7	广汽乘用车	0.47	0.28	67.9
8	东风乘用车	0.15	0.17	−11.7
9	江淮汽车	0.13	0.16	−18.7
10	一汽轿车	0.0	0.08	—

从大型轿车市场车型销量排名来看，前三位的车型依次为皇冠、金牛座、辉昂。辉昂、凯迪拉克 CT6 两款产品无论增速还是增量均表现突出，长安福特的金牛座面临挑战（见表 18）。

表 18　2017 年大型轿车各车型产品销量情况

单位：万辆，%

序号	车型名称	2017 年	2016 年	同比增长
1	皇冠	3.71	2.99	24.1
2	金牛座	2.53	3.40	−25.5
3	辉昂	1.35	0.33	309.9
4	凯迪拉克 CT6	1.21	0.58	108.6
5	雪铁龙 C6	0.59	0.41	43.9
6	传祺 GA8	0.47	0.28	67.9
7	红旗 H7	0.46	0.51	−9.8
8	风神 A9	0.15	0.18	−16.6
9	瑞风 A60	0.13	0.16	−18.7
10	红旗 V501	0.01	0.0	—

（6）豪华轿车

2017 年，豪华轿车销量 107.6 万辆，同比增长 24%，销量同比增加

20.8 万辆，豪华轿车突破 100 万辆规模（见图 16），在狭义乘用车中的占比为 9.1%，同比上升 2 个百分点，豪华轿车市场呈现强势突破走势特征（见图 17）。

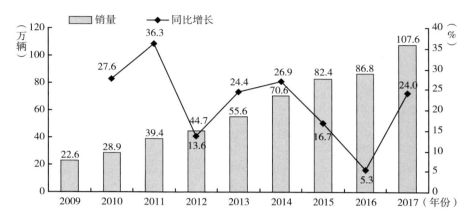

图 16　2009～2017 年豪华轿车销量及增长情况

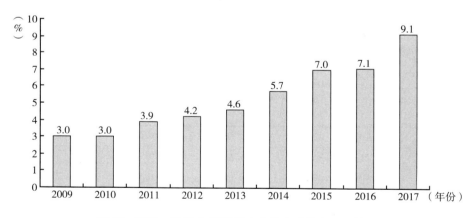

图 17　2009～2017 年豪华轿车占狭义乘用车比重情况

从豪华轿车市场车企销量排名来看，前三位的企业依次为一汽大众、华晨宝马、北京奔驰。前三名与 2016 年一致，北京奔驰、华晨宝马增长相对较快，前三名的销量差距在进一步缩小（见表 19）。

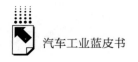
表19　2017年豪华轿车各企业销量情况

单位：万辆，%

序号	企业名称	2017年	2016年	同比增长
1	一汽大众	34.4	31.8	8.1
2	华晨宝马	29.5	25.5	15.7
3	北京奔驰	24.1	16.3	47.9
4	上汽通用	9.8	7.1	37.7
5	大庆沃尔沃	5.3	3.1	72.1
6	奇瑞捷豹路虎	2.2	0.6	263.1
7	东风日产	2.1	1.8	14.2
8	长安标致雪铁龙	0.3	0.6	-51.4
9	广汽本田	0.0	0.0	—
10	长安福特	0.0	0.0	—

　　从豪华轿车市场车型销量排名来看，前三位的车型依次为奥迪A6、奔驰C级、宝马3系。2016年榜首的宝马5系大幅下降，奔驰C级排位第二，宝马3系挤进前三。奥迪A6虽然排在榜首但增速相对缓慢，其销量与第二的奔驰C级差距不明显，面临竞争挑战（见表20）。

表20　2017年豪华轿车各车型产品销量情况

单位：万辆，%

序号	车型名称	2017年	2016年	同比增长
1	奥迪A6	14.2	13.6	4.5
2	奔驰C级	12.8	10.5	21.8
3	宝马3系	12.4	9.7	27.4
4	宝马5系	12.1	14.4	-15.8
5	奥迪A4	11.8	9.7	21.0
6	奔驰E级	11.3	5.7	95.9
7	奥迪A3	8.4	8.5	-1.0
8	凯迪拉克ATS-L	5.6	3.8	48.2
9	凯迪拉克XTS	4.2	3.3	25.8
10	宝马1系	3.5	0.0	—

3. 轿车市场发展特点及趋势

2017年，轿车市场虽然出现小幅下滑，但从连续5年的销量来看，轿车年销量规模基本在1200万辆徘徊。近年来，轿车市场虽然面临SUV市场的竞争替代，但基本上是止住了下滑趋势。随着SUV消费热的逐步趋淡，新能源汽车政策导向下微轿市场的止跌回升以及轿车消费升级加速下中型轿车回稳，豪华轿车的快速扩张，轿车市场有望从拾回升之路。

随着新能源积分政策的实施，市场推广相对容易的纯电动微轿产品依然会是车企的主攻方向，微轿市场有望继续回升。

小型轿车市场依然面临消费升级及小型SUV产品替代的双重打压，但从年销量走势来看，小型轿车规模仍有下降空间。

紧凑型轿车是轿车市场的主导产品，依然是车企产品重点布局市场。该市场产品竞争激烈将加快产品的升级换代，提升产品竞争力，该市场仍具备较大的上升空间。

中型轿车市场销量连续3年下降，但2017年销量降速明显收窄。随着中国品牌高端化的冲击，该市场有望止跌回升，轿车消费升级是趋势，未来中型轿车市场依然看好。

大型轿车市场面临豪华轿车以及中型轿车的双重挤压。短期来看，规模依然较小，在消费升级趋势下，规模将会逐步扩张。

豪华轿车在2017年突破了100万辆规模，规模放大明显，有加速扩张趋势，豪华轿车或将迎来较快扩容期。

随着购置税政策的退出，轿车市场面临考验，预计2018年轿车销量1125万辆。

（二）新产品发展分析

2017年，轿车新品投放总计23款。其中，微轿6款，全部为纯电动微轿产品，小型轿车3款，紧凑型轿车9款，中型轿车2款，大型轿车0款，豪华轿车3款。

2017年，新产品共计销售20.8万辆，占轿车总销量的1.8%，新品对

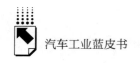

轿车市场的贡献度较弱，2017 年新品对市场的拉动作用不大。

2018 年，预计轿车市场将有 26 款新品投放市场。其中，微轿 3 款，小型轿车 3 款，紧凑型轿车 13 款，中型轿车 5 款，大型轿车 2 款，紧凑型轿车仍将是轿车市场产品布局重点，中型轿车市场产品投放也有望加快（见表 21）。

表 21　2016～2018 年轿车上市及预计上市新品

单位：款

细分市场	2016 年	2017 年	2018 年预计
微轿	8	6	3
小型轿车	5	3	3
紧凑型轿车	12	9	13
中型轿车	2	2	5
大型轿车	6	—	2
豪华轿车	5	3	—
合计	38	23	26

（三）部分主要轿车企业发展概况

1. 上汽大众

2017 年，上汽大众实现轿车销售 156.6 万辆，同比下降 7.1%，较 2016 年减少 11.9 万辆（见图 18）。近年来，销量规模首次回调，朗逸、桑塔纳、Polo、帕萨特等主力产品均全线下跌（见图 19）。

2017 年，轿车产品结构占比同比下降 8.3 个百分点，轿车结构比重首次大幅下降，SUV 产品结构比重上升 9.2 个百分点，呈大幅上升走势（见图 20）。上汽大众轿车的下滑与其在 SUV 发力的结构调整也有一定关系，上汽大众在 SUV 市场发力开始显现。

从 2018 年上汽大众乘用车产品排产计划来看，轿车产品销量仍将继续同比下降，SUV 产品仍是上汽乘用车布局的重点增量市场（见表 22）。

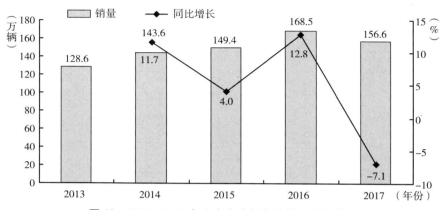

图18　2013～2017年上汽大众轿车销量及增长情况

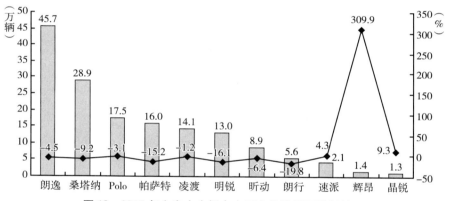

图19　2017年上汽大众轿车主要产品销量及增长情况

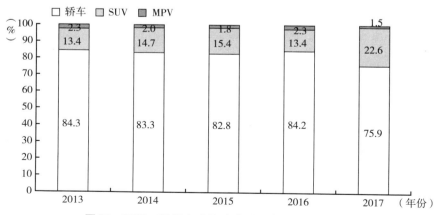

图20　2013～2017年上汽大众乘用车结构比重情况

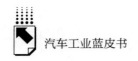

表 22　2018 年上汽大众排产计划

单位：万辆，%

细分市场	2017 年销量	2018 年计划	同比增长
轿车	156.6	151.0	−3.5
SUV	46.7	62.0	32.8
MPV	3.1	4.0	29.9
合计	206.3	217.0	5.2

资料来源：乘联会。

2. 东风日产

2017 年，东风日产实现轿车销量 75.4 万辆，同比增长 4.6%，较 2016 年增加 3.3 万辆（见图 21）。东风日产轿车销量呈稳步回升走势，主力产品轩逸、天籁等均增长迅速，可见东风日产轿车产品的升级换代取得一定成效（见图 22）。

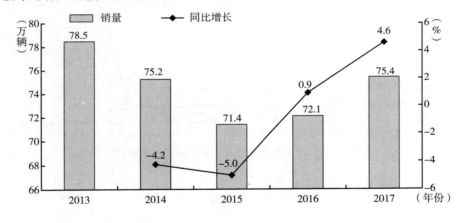

图 21　2013～2017 年东风日产轿车销量及增长情况

2017 年，轿车产品结构占比同比下降 4 个百分点，轿车结构占比持续明显下降，SUV 产品结构比重上升 3.2 个百分点，SUV 结构占比继续较快提升，目前已经达到 40.2%，占比提升幅度有所减小（见图 23），东风日产在提升轿车产品竞争力的同时依然在快速拓展 SUV 的市场空间。

从 2018 年东风日产乘用车产品排产计划来看，轿车产品规模布局与 2017 年基本相当，SUV 产品是东风日产的主要增长点（见表 23）。

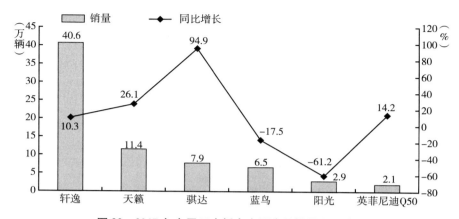

图22 2017年东风日产轿车主要产品销量增长情况

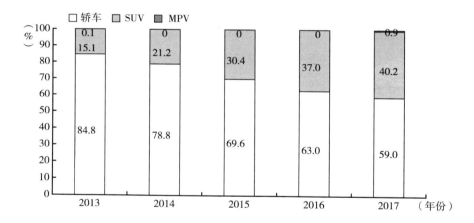

图23 2013～2017年东风日产乘用车结构比重情况

表23 2018年东风日产排产计划

单位：万辆，%

细分市场	2017年销量	2018年计划	同比增长
轿车	75.4	74.8	-0.8
SUV	51.4	61.2	19.1
MPV	1.1	1.0	-10.5
合计	127.9	137.0	7.1

资料来源：乘联会。

3. 吉利汽车

2017 年，吉利汽车实现轿车销量 61.5 万辆，同比增长 15.5%，较 2016 年增加 8.2 万辆（见图 24）。吉利轿车销量实现了连续 3 年的两位数增长，主力产品帝豪继续保持了较高销量的增长，帝豪 GL 增长迅猛，为吉利轿车增量贡献最大的主要产品（见图 25）。

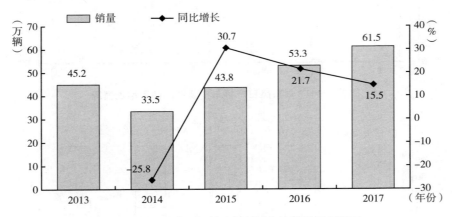

图 24　2013~2017 年吉利汽车轿车销量及增长情况

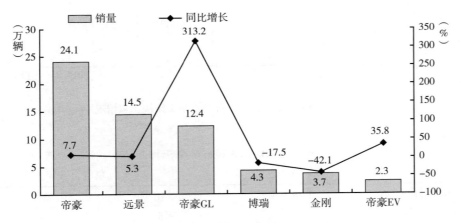

图 25　2017 年吉利汽车轿车主要产品销量增长情况

2017 年，轿车产品结构占比同比下降 20.1 个百分点，轿车结构比重大幅下降，SUV 产品结构比重上升 20.1 个百分点，结构比重达到 50.7%，稳居半壁江山，实现了与轿车结构比重相当的市场格局，吉利汽车在实现轿车规模扩张的同时，加快SUV市场发展步伐，实现轿车与SUV的共同发展（见图26）。

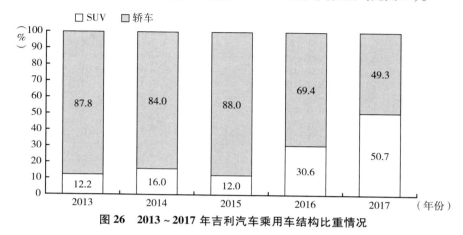

图26 2013～2017年吉利汽车乘用车结构比重情况

从2018年吉利乘用车产品排产计划来看，轿车产品增速有所放缓，但仍呈两位数增长，SUV产品依然呈现快速扩张态势。预计吉利汽车轿车全新产品将推出博瑞GT，强化中级轿车市场，推出领克3，提升在紧凑型轿车市场的品质地位（见表24）。

表24 2018年吉利汽车排产计划

单位：万辆，%

细分市场	2017年销量	2018年计划	同比增长
SUV	63.3	90.0	42.2
轿车	61.5	68.0	10.6
合计	124.8	158.0	26.6

资料来源：乘联会。

（四）轿车产品进出口情况

1. 轿车进口分析

2017年，轿车进口44.8万辆，同比增长18.7%，轿车进口止跌回升（见图27）。

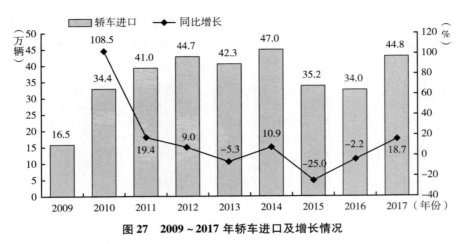

图27　2009～2017年轿车进口及增长情况

2. 轿车出口分析

2017年，轿车出口31.7万辆，同比增长35.1%，同比增量8.2万辆，市场呈快速反弹（见图28）。

图28　2010～2017年轿车出口及增长情况

从细分市场看，增量贡献主要集中在小型轿车和紧凑型轿车两大主力细分市场，分别贡献了12.4万辆、16.4万辆，同比分别增长了72.7%和25.3%（见图29）。

从出口企业排名看，上汽通用、奇瑞汽车、华晨汽车依然位居前三，但上汽通用实现了成倍增长，跃居出口排位第一。前十家出口车企中，除吉利

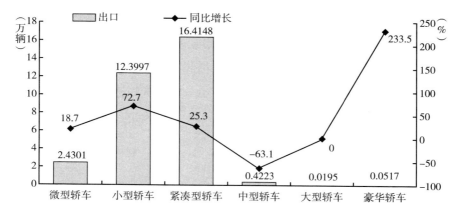

图29 2017年轿车细分市场出口情况

汽车出口大幅下滑外，其余9家均实现了两位数以上增长（见表25）。上汽通用出口的高增长也反映出外资品牌拟将中国纳入向其他国家汽车市场拓展的出口基地，这或许有一定示范作用。

表25 2017年轿车出口车企前十名

单位：辆，%

排序	企业	2017年	2018年	同比增长
1	上汽通用	72665	33844	114.7
2	奇瑞汽车	69209	58820	17.7
3	华晨汽车	48518	41882	15.8
4	东风乘用车	30441	15604	95.1
5	本田中国	18320	11547	58.7
6	众泰汽车	10997	7133	54.2
7	上汽乘用车	9314	5927	57.1
8	力帆汽车	8958	6064	47.7
9	比亚迪汽车	8938	7951	12.4
10	吉利汽车	5763	18308	-68.5

2017年，轿车市场继2016年走强后再次回落，市场依然面临SUV产品市场的替代挤压。同时，合资企业也加快布局发展SUV产品，合资

车企乘用车结构调整有望进一步加快，轿车市场依然面临较大的下降压力。从 2017 年豪华轿车的强势表现来看，轿车市场升级发展机会在加速，吉利汽车在轿车市场连续 3 年较快增长，反映轿车市场对中国品牌而言也存在机会，轿车车企只要把握好消费升级的主线，强化轿车产品的更新换代，不断提升轿车产品品质，轿车市场依然有较大的上升空间。

三　2017 年 SUV 发展

（一）SUV 市场情况

1. SUV 市场表现

2017 年，SUV 继续呈加速扩张态势，运动型多用途乘用车（SUV）连续跨越 900 万辆、1000 万辆整数关口，实现销售 10252674 辆，同比增长 13.32%，是狭义乘用车中唯一呈增长趋势的细分市场，占狭义乘用车的比重由 2016 年的 38.19% 上升到 42.42%，上升 4.23 个百分点，市场继续呈加速扩张势头。

从驱动类型来看，2017 年，两驱 SUV 销售 8821831 辆，同比增长 13.52%，四驱 SUV 销售 1430843 辆，同比增长 12.14%，两驱占 SUV 的比重由 2016 年的 85.90% 上升为 86.04%，四驱由 14.10% 下降至 13.96%。两驱 SUV 主导地位继续巩固（见图 30）。

从排量细分国内销量来看，2017 年，2.5 升 < 排量 ≤ 3.0 升的 SUV 在传统汽油车市场增速最高，为 42.39%（2016 年 2.5 升 < 排量 ≤ 3.0 升的呈负增长，增速为 -39.65%），但由于基数较低，增量仅为 1.38 万辆，大排量 SUV（3.0 升以上）市场增长迅猛是 2017 年 SUV 市场的一大亮点。1.6 升及以下小排量 SUV 品种增速仅低于 2.5 升 < 排量 ≤ 3.0 升的 SUV，增量依然位居首位，增速高达 22.4%，高于 15.77% 的 SUV 增速，增量贡献度高达 79.24%，市场占比由 2016 年的 55.78% 上升至 58.98%，净增 3.2 个百分

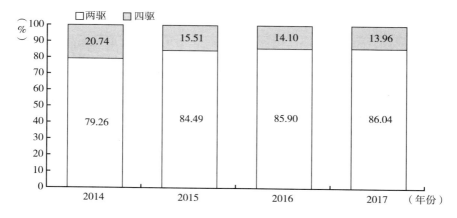

图30　2017年SUV驱动类型占比情况

点，市场占比跃居首位。小排量SUV产品市场已经成为SUV市场举足轻重的细分市场，是2017年SUV市场增长最大贡献市场（见表26）。

表26　2017年运动型多用途乘用车按排量细分国内销量

排量细分	2017年销量（万辆）	2016年销量（万辆）	同比增长（%）	增量（万辆）	增量贡献度（%）	2017年占比（%）	2016年占比（%）	占比差（百分点）
0.0L(新能源)	2.38	0.88	169.66	1.50	1.15	0.25	0.11	0.14
1.0升＜排量≤1.6升	565.64	462.12	22.40	103.52	79.24	58.98	55.78	3.20
1.6升＜排量≤2.0升	356.38	331.28	7.58	25.10	19.22	37.16	39.99	-2.83
2.0升＜排量≤2.5升	28.05	29.23	-4.03	-1.18	-0.90	2.93	3.53	-0.60
2.5升＜排量≤3.0升	4.64	3.26	42.39	1.38	1.06	0.48	0.39	0.09
3.0升以上	1.95	1.64	18.92	0.31	0.24	0.20	0.20	0.01
SUV总量	959.05	828.42	15.77	130.63	100.00	100.00	100.00	0.00

资料来源：乘用车上险数据。

从各系别表现来看，中国品牌SUV继续表现突出，全年共销售555.90万辆，同比增长14.12%，因基数较大，其增速虽仅高于SUV总体增速0.8个百分点，但增量贡献高达57.08%，市场占有率为54.22%，较2016年提升0.38个百分点。中国品牌在SUV市场已占据半壁江山，优势地位在进一步凸显（见表27）。

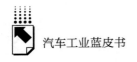

表27 2017年SUV国别细分市场表现

车系细分	2017年销量（万辆）	2016年销量（万辆）	同比增长（%）	增量（万辆）	贡献度（%）	2017年占比（%）	2016年占比（%）	占比差（百分点）
中国品牌	555.90	487.11	14.12	68.80	57.08	54.22	53.84	0.38
日系品牌	161.70	132.18	22.33	29.51	24.49	15.77	14.61	1.16
欧系品牌	147.65	112.42	31.34	35.23	29.23	14.40	12.43	1.98
美系品牌	66.34	73.03	−9.16	−6.69	−5.55	6.47	8.07	−1.60
合资自主	61.22	39.64	54.42	21.57	17.90	5.97	4.38	1.59
韩系品牌	32.46	60.36	−46.22	−27.90	−23.15	3.17	6.67	−3.51
SVU总量	1025.27	904.74	13.32	120.53	100.00	100.00	100.00	0.00

中国品牌中，长城汽车、长安汽车和吉利汽车销量占比最大，占比分别为16.88%、11.62%、11.39%。排名前三之外的中国品牌之间销量占比差值较小，排名前三企业的优势明显。排名前十的中国品牌企业中，长安汽车增速为19.45%，吉利汽车增速为169.96%，广汽乘用车增速为36.43%，上汽乘用车增速为152.61%，东风小康增速为118.44%，这些企业同比增速均超过SUV市场整体水平（见表28）。

表28 2017年中国品牌SUV前十企业表现

单位：万辆，%

序号	企业简称	2017年销量	2016年销量	同比增速	2017年占比
1	长城汽车	93.83	93.80	0.03	16.88
2	长安汽车	64.58	54.07	19.45	11.62
3	吉利汽车	63.30	23.45	169.96	11.39
4	广汽乘用车	46.92	34.39	36.43	8.44
5	上汽乘用车	35.60	14.09	152.61	6.40
6	奇瑞汽车	28.07	24.98	12.34	5.05
7	众泰汽车	24.51	25.38	−3.44	4.41
8	东风小康	18.95	8.68	118.44	3.41
9	北汽银翔	16.72	17.13	−2.37	3.01
10	比亚迪汽车	16.34	24.46	−33.21	2.94

除中国品牌外，日系品牌、欧系品牌和合资自主品牌SUV市场占比也均有所上升。合资自主品牌2015年步入SUV市场，已占据一席之地，其

2017年表现比较抢眼，2017年销售61.22万辆，同比增长54.42%，增速在所有系别中最高；日系品牌和欧系品牌主要靠投放适应市场需求的新产品，市场占比较大。

从企业销量排名来看，SUV销量排名前十企业中，合资品牌与中国品牌各占据5家，长城汽车销量优势依然相对明显，市场占有率为9.15%，排名第一，但市场份额有所下降。2017年中国品牌吉利汽车SUV销量同比成倍增长，同比增长169.96%，市场占有率增长3.58个百分点，扩张强劲；另外一个成倍增长的中国品牌为上汽乘用车，2017年增长152.61%，市场占有率增长1.91个百分点。合资品牌的上汽通用五菱、东风日产、上汽大众、东风本田增长也较快（见表29）。

表29 2017年SUV销量排名前十车企销售情况

车企	2017年销量（万辆）	2016年销量（万辆）	同比增长（%）	2017年占有率(%)	2016年占有率(%)	占比差（百分点）
长城汽车	93.83	93.80	0.03	9.15	10.37	-1.22
长安汽车	64.58	54.07	19.45	6.30	5.98	0.32
吉利汽车	63.30	23.45	169.96	6.17	2.59	3.58
上汽通用五菱	51.40	32.16	59.85	5.01	3.55	1.46
东风日产	51.37	42.34	21.33	5.01	4.68	0.33
广汽乘用车	46.92	34.39	36.43	4.58	3.80	0.78
上汽大众	46.67	26.85	73.81	4.55	2.97	1.58
上汽通用	42.24	44.17	-4.36	4.12	4.88	-0.76
东风本田	38.80	34.22	13.38	3.78	3.78	0.00
上汽乘用车	35.60	14.09	152.61	3.47	1.56	1.91
SUV总计	1025.27	904.74	13.32	100.00	100.00	0.00

从SUV产品销量来看，2017年SUV产品销量排名前15产品由2016年8款合资产品、7款中国品牌变成6款合资产品、9款中国品牌；2016年销量排位靠前的途胜、缤智等合资品牌产品退出前15的排位，宝骏510、博越、荣威RX5、风光580等4款中国品牌入围排名前15，中国品牌的明星SUV产品在增加（见图31）。

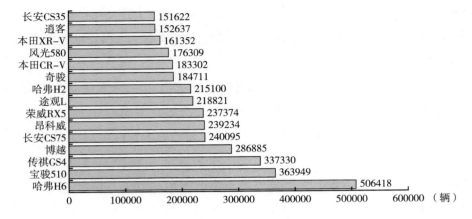

图31 2017年SUV产品销量排名前15

从2017年上险数据来看，有17个省级市场SUV上户增速高于全国SUV上户平均增速，SUV上户量前十区域市场排名变化不大，河南省排名变化相对最大，河南省上升两位跃居第二。在排名前十以后的省级市场中，云南、贵州、陕西、上海、广西、山西、内蒙古、新疆、吉林、天津、海南、西藏12个区域SUV上户增速高过全国平均增速，中西部区域SUV市场呈高速增长态势（见表30）。

表30 SUV区域市场上户情况

单位：万辆，%

省份	2017年	2016年	同比增长	省份	2017年	2016年	同比增长
广 东	95.73	80.04	19.60	福 建	23.96	20.29	18.12
河 南	65.34	54.63	19.61	重 庆	23.40	22.57	3.68
江 苏	63.71	57.73	10.35	山 西	23.21	16.81	38.13
山 东	62.99	54.69	15.17	辽 宁	22.64	20.40	10.96
浙 江	60.98	51.05	19.45	北 京	19.58	25.51	-23.24
河 北	58.07	43.29	34.15	内蒙古	19.15	15.47	23.80
四 川	50.91	46.03	10.59	新 疆	17.58	15.16	15.97
湖 北	42.48	39.14	8.54	黑龙江	16.26	14.88	9.26
湖 南	39.42	35.26	11.81	吉 林	16.05	13.20	21.61

续表

省份	2017 年	2016 年	同比增长	省份	2017 年	2016 年	同比增长
安　徽	35.02	32.21	8.73	甘　肃	15.34	15.21	0.85
云　南	31.32	25.86	21.10	天　津	7.94	6.61	20.10
贵　州	27.42	21.28	28.82	海　南	6.66	4.81	38.61
陕　西	26.63	21.89	21.63	宁　夏	6.00	5.38	11.53
江　西	25.45	22.89	11.18	青　海	4.77	4.42	7.73
上　海	24.83	21.40	16.01	西　藏	2.22	1.63	36.11
广　西	24.00	18.68	28.45	合　计	959.05	828.42	15.77

资料来源：上险数据。

2. SUV 市场消费特征及趋势

近年来，消费者对 SUV 市场的关注度持续上升。2017 年，消费者对 SUV 的关注度为50.21%，较2014 年的38.12%上升12.09 个百分点。与之相对应，消费者对轿车的关注度持续下滑，2017 年消费者对轿车的关注度为46.04%，较2014 年的58.95%下滑12.91 个百分点，SUV 逐渐挤压轿车市场空间（见图32）。

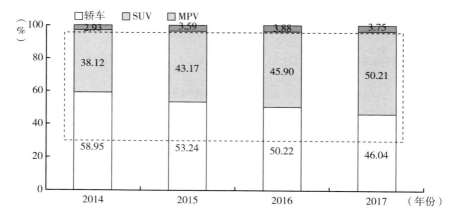

图32　消费者对 SUV 市场关注度变化

资料来源：汽车之家指数平台。

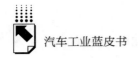
从用户购买原因分析，用户选购 SUV 产品的主要原因是 SUV 车内空间相对宽大，较好的造型、视野和通过性，以及较强的载人载物能力，但油耗是唯一劣势（见图 33）。

从车的功能特征看，SUV 除经济性外其余功能特征都很突出。决定用户选购 SUV 的因素主要包括路况、使用者特点和出行距离。随着节假日的远途出行、自驾游，消费者因为想扩大生活半径而选购 SUV 的比例越来越高，中长途遭遇复杂路况的可能性更大，更能体现 SUV 的功能优势，预计在未来一段时期，SUV 市场份额将继续扩大。

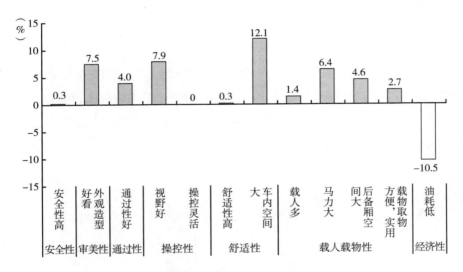

图 33　用户选择 SUV 的理由（与总体减差）

资料来源：国家信息中心《全国乘用车需求动向调查》（2016）。

从供给和需求两方面来看。

供给因素导致小型 SUV 2017 年维持微增长。小型 SUV 市场用户购车最关注的是价格、外观，宝骏 510 完全契合了该市场消费者的需求，月销量突破 5 万辆，加上名爵 MGGS、奔腾 X40 等新产品的供给，为小型 SUV 市场带来不小的增量。用户之所以选择小型 SUV，多受成本与预算限制，随着消费升级，在预算提升后的购买选择上，多数用户会转向更大的车型。因此，远期小型 SUV 市场增速、占比预计均将下滑。

紧凑型 SUV 短期仍以中国品牌产品供给为主，远期合资品牌也将逐渐进入（2018 年预计有 28 款全新产品，较 2017 年的 16 款增加了 12 款，其中合资品牌 3 款，仍是 SUV 中供给量最多的市场，见表 31）。随着更多的新产品进入，月均销量能在 2 万辆以上的产品会更少，增速将下滑；紧凑型 SUV 市场集中度相对仍不高，是轿车消费升级的主要流入市场，用户对紧凑型 SUV 的外观、空间满意度较高，未来仍有较大的需求空间。

表 31　2018 年紧凑型和中型 SUV 市场新品数量

单位：款

细分市场	2018 年全新产品数量	2017 年全新产品数量	同比增量
紧凑型 SUV	28	16	12
中型 SUV	7	14	−7

2017 年，中型 SUV 市场产品供给量较大是该细分市场高增长的一个主要原因。2018 年，预计有 7 款产品上市，较 2016 年减少了 7 款，合资品牌新品较少。由于 2017 年下半年上市的新品也将带来一部分增量，因此从供给因素看，2018 年中型 SUV 市场仍将高速增长，但增速将不及 2017 年。在需求方面，由于全面二孩政策放开，以及自驾游场景多样化，多人出游比例上升，大空间需求增多，特别是 7 座 SUV 需求拉动，未来中型 SUV 市场 7 座产品将成为主要增长点。

中国豪华车市场已经由 21 世纪初的全球第 14 位攀升至目前的第 2 位，这与中国富裕家庭的数量增加相关，中国富裕家庭及新主流家庭数量的迅速增长将推动高端汽车市场的强劲发展。随着更多豪华品牌国产，未来新品数量增多，豪华品牌开始逐渐加大对小型轿车、SUV 市场的投放，从而承接既有消费者的品牌跳跃和首次购车者的消费升级，豪华 SUV 将会是一大增长亮点。

受部分固定消费群（如越野爱好者）的青睐，越野 SUV 近年来始终维持一定的市场份额，主要是因为用户对其关注的用途、动力和空间满意率较

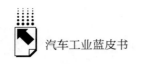

高，2017年呈现正增长的趋势，增速为8.22%。由于越野SUV舒适性差、油耗高，其未来市场份额变化不大。

总体来看，SUV市场仍将是2018年增长最快的市场，市场需求仍比较旺盛，其市场比重仍将会持续提升，但增速将趋缓。2017年，SUV新品投放依然是市场亮点，预计2018年SUV市场仍然是新品投放的主力市场，销量有望突破1100万辆，增速将保持在5%~10%的水平。

（二）新产品发展分析

2017年是SUV新品投放较多的一年，仅国内车企SUV全新产品投放量共计49款，与2016年投放新品数量相当（见表32）。其中，合资品牌投放了12款，较2016年少3款，中国品牌SUV产品投放高达37款，较2016年的34款多3款。新品共实现销售162万辆，较2016年新品销售129万辆多33万辆，新品销量提升仍较明显，2017年新品销量贡献度高达16%，较2016年的14%净增2个百分点，新品持续拉动市场增长。

表32 2016~2017年SUV系列新品投放数量

单位：款

品牌	2017年	2016年
合资品牌（含合资自主）	12	15
中国品牌	37	34
合计	49	49

2017年，SUV新品销量排名前五的分别是上汽通用五菱的宝骏510，实现销售363949辆，位居新品销量第一；上汽大众的途观L，实现销售218821辆，位居第二；接下来依次为长安汽车的CS55，销量为79678辆，位居第三；上汽大众Teramont，销量为76050辆，名爵的MGZS，销量达到70325辆，分别位列第四、第五。

2017年，车长在4.35米及以下的小型SUV新品有17款，4.35~4.70米的紧凑型SUV新品有16款，4.70~5.00米的中型SUV新品有14款，5.00米以上的大型 SUV 新品有 2 款，豪华品牌有 0 款，越野 SUV 有 0 款，新品投放主要集中在小型 SUV、紧凑型 SUV 和中型 SUV 市场，特别是中型 SUV 市场新品投入同比增量较大，可见，小型 SUV 市场、紧凑型 SUV 市场、中型 SUV 市场仍然是 2017 年各企业新品投放、市场争夺的主要细分市场。

从目前市场了解的情况来看，2018 年 SUV 新品投放数量与 2017 年差异不大，预计新品投放数量将为 46 款左右，中型 SUV 市场仍将是增长较快的细分市场。

（三）部分主要 SUV 企业发展概况

1. 长城汽车

2017 年，长城汽车实现汽车销售 1070161 辆，同比下滑 0.40%，近几年首次出现下滑，其中哈弗品牌销售 851855 辆，同比下滑 9.19%，销量净减 86163 辆。哈弗品牌销量结构占比由 2016 年的 87.30% 下滑到 79.60%，净减 7.70 个百分点。新推出的 WEY 的两款高端 SUV 凭借较高市场认可度持续放量已成为长城汽车有力的新增长点，2017 年 VV7 和 VV5 两款新车型分别销售 33658 辆、52769 辆，使其 SUV 整体结构比重较 2016 年保持微增长 0.38 个百分点（见图 34）。

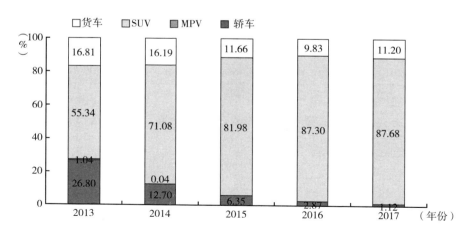

图 34　长城产品结构比重

通过聚焦战略的实施，哈弗品牌打造出众多明星产品，但 2017 年除哈弗 H2、哈弗 H8 和哈弗 H9 外，其他产品均出现不同程度的下滑。2017 年，长城在让利、营销和研发等方面虽然加大投入力度，但在国内 SUV 市场整体增速放缓和密集包围的竞品冲击下，依靠 SUV 产品系列的哈弗已走向被动。好在 WEY 的两款高端 SUV 凭借较高市场认可度持续放量，已成为长城汽车有力的新增长点。

2018 年，长城汽车的年度销量目标为 116 万辆，同比增长 8.39%。

2. 长安汽车

2017 年，重庆长安销售 1317224 辆，同比下滑 3.84%，其中 SUV 销售 645809 辆，同比增长 19.45%，继续呈快速增长。SUV 产品占比结构由 2013 年的 7.95% 上升为 49.03%，净增 41.08 个百分点，继续成为重庆长安产品结构占比上升最明显的产品种类（见图 35）。

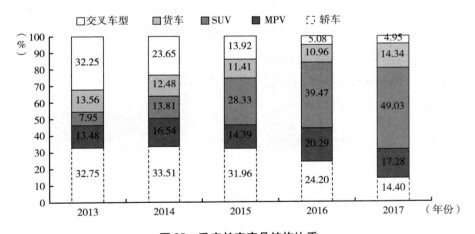

图 35　重庆长安产品结构比重

2017 年，CS75 销售 240095 辆，同比增长 14.68%，位居 SUV 市场第五；2017 年 CX70 销售 91852 辆，虽销量不太理想，但同比增长 13.91%，为长安在 SUV 市场的地位贡献一部分力量；新产品 CS55 上市就表现不俗，已成为长安又一款月销量破万辆的产品；CS35 和 CS15 为两款下滑产品，在小型 SUV 市场老产品整体表现不好的情况下，分别下滑 12.21%、20.90%。

从目前发展态势来看，随着拳头产品长安 CS75、CS55、CX70 的成长成熟以及 2018 年 SUV 新品（长安 CS85 和两款欧尚全新产品）的投放，预计 2018 年长安汽车 SUV 市场将继续高速增长，将成为重庆长安扩张重要的增长点。

3. 吉利汽车

2017 年，吉利汽车实现销售 1305233 辆，同比增速高达 63.3%，其中 SUV 销售 632997 辆，同比增长 170.0%，SUV 产品占比结构由 2013 年的 12.21%上升为 48.50%，净增 36.29 个百分点，几乎要超过轿车成为吉利汽车产品结构中的主要产品（见图 36）。

吉利 SUV 市场的老产品博越、帝豪 GS、远景 SUV 2017 年增速分别为 162.7%、148.8%、156.9%。2017 年全新的远景系列 SUV 产品也带来 6 万多辆的增量。另外，吉利的领克品牌的 SUV 产品领克 01 上市后，表现也不错。吉利新老产品及新品牌产品的合力影响，保证了吉利在 SUV 市场的优异表现。

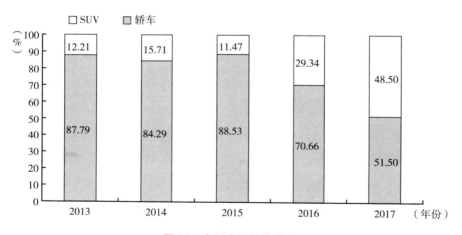

图 36　吉利产品结构比重

4. 广汽乘用车

2017 年，广汽乘用车实现销售 508586 辆，同比高速增长，增速为

37.02%，其中 SUV 销售 469228 辆，同比增长 36.43%。SUV 产品占比结构由 2013 年的 82.03% 上升为 92.26%，净增 10.23 个百分点，成为广汽乘用车产品结构中的领头羊产品（见图 37）。

广汽乘用车 SUV 市场主力产品传祺 GS4 全年实现 337330 辆销量，位居 SUV 产品销量排名第三，成为广汽乘用车的拳头产品；2016 年上市的产品传祺 GS8 表现不俗，2017 年销售 102214 辆，同比增长 1134.95%，是 2017 年传祺的主要增量产品。另外，2017 年上市的 GS3 和 GS7 分别带来 18241 辆和 8262 辆的净增量。传祺 GS4 为广汽乘用车崛起奠定了基础。

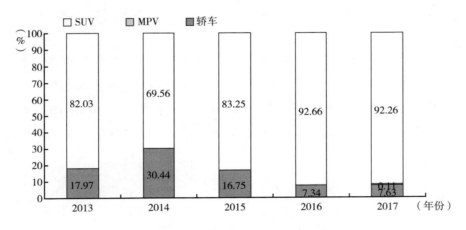

图 37　广汽乘用车产品结构比重

5. 上汽通用五菱

2017 年，上汽通用五菱实现销售 2150018 辆，同比增长 0.93%，其中 SUV 销售 514004 辆，同比增长 59.85%（见图 38）。SUV 产品占比结构由 2015 年的 7.11% 上升为 2017 年的 23.91%，净增 16.8 个百分点，仅次于 MPV 的占比。

新产品小型 SUV 宝骏 510 凭借外观、内饰、性价比等优异的表现，一举成为该市场的领头羊，2017 年销售 363949 辆。

2018 年一季度即将上市的宝骏 530 将会是上汽通用五菱的重点产品，也将成为紧凑型 SUV 市场一匹"黑马"。因此，预计 2018 年上汽通用五菱在 SUV 市场的表现仍然比较抢眼。

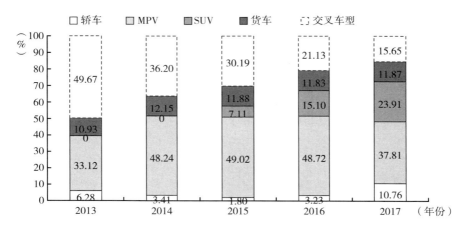

图38 上汽通用五菱产品结构比重

6. 东风日产

2017年，东风日产实现销售1278772辆，同比增长11.78%，其中SUV销售513710辆，同比增长21.33%，属于在SUV市场增速较高的合资企业。东风日产的SUV产品结构比重由2013年的15.15%上升至2017年的40.17%，增长了25.02个百分点（见图39）。

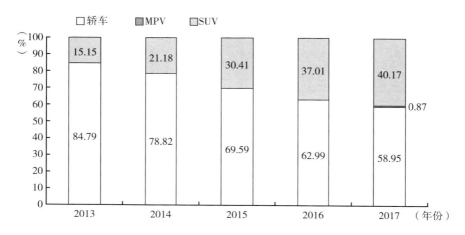

图39 东风日产产品结构比重

奇骏 2017 年销售 184711 辆，同比增长 2.50%，逍客 2017 年销售 152637 辆，增速为 9.27%，成为东风日产增长较快的两款产品。另外，2017 年新上市的小型 SUV 劲客，月销量也突破万辆，将为 2018 年带来不小的增量。

（四）SUV 产品进出口情况

1. SUV 进口情况

2017 年，SUV 进口 52.86 万辆，同比增长 13.49%（见图 40），SUV 进口市场连续两年呈下降趋势后，2017 年快速反弹，但较轿车进口市场比重仍处于下滑趋势（见图 41）。在国产 SUV 进入中低速增长、平行进口车利好政策的持续刺激下，预计 2018 年 SUV 产品进口市场仍将保持增长态势。

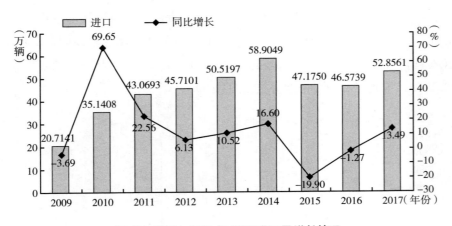

图 40　2009～2017 年 SUV 进口及增长情况

2. SUV 出口情况

2017 年，SUV 产品出口 264965 辆，继 2016 年逆转下滑趋势后，仍呈高速增长态势，增速为 38.92%。出口量排名前十企业中，江淮汽车 SUV 出口量超越上汽通用、力帆汽车，2017 年排名由 2016 年的第三一跃成为第一，出口 41589 辆，同比增速为 44.16%。瑞风 S5 是出口量最大的产品，出

图 41 2009～2017 年 SUV 进口比重

口 22906 辆，也是增量最大的产品，同比增量为 5078 辆，同比增长 28.48%；奇瑞汽车位居出口第二，2017 年出口量为 36729 辆，同比增长 32.38%；上汽通用排名由 2016 年第一位下滑至第三，同比下滑 28.55%，但仍是前十企业中的唯一合资品牌；力帆汽车是前十企业中除了上汽通用外的仅有的第二个出口量下降的企业，出口排名由 2016 年的第二下滑为第七，出口量为 20571 辆，同比下滑 33.48%。增速高于 SUV 出口增速的企业有江淮汽车、华泰汽车、长城汽车、长安汽车、一汽海马、北京汽车（见表 33）。

表 33 SUV 出口企业排名

单位：辆，%

企业	2013 年	2014 年	2015 年	2016 年	2017 年	2016 年同比	2017 年同比
江淮汽车	354	1804	19186	28849	41589	50.36	44.16
奇瑞汽车	39993	29113	24756	27746	36729	12.08	32.38
上汽通用	—	—	446	47126	33671	10466.37	−28.55
华泰汽车	—	15774	11242	12507	29454	11.25	135.50
长城汽车	31734	24123	10958	8820	22758	−19.51	158.03
长安汽车	1709	6497	3117	11590	20781	271.83	79.30
力帆汽车	28693	39180	36631	30923	20571	−15.58	−33.48

企业	2013 年	2014 年	2015 年	2016 年	2017 年	2016 年同比	2017 年同比
一汽海马	1405	477	791	3412	17483	331. 35	412. 40
北京汽车	57	131	129	3102	7654	2304. 65	146. 74
吉利汽车	9352	10094	2765	4767	6366	72. 41	33. 54
总计	127291	142276	122763	190734	264965	55. 37	38. 92

在整体市场微增长的环境下，2017 年 SUV 市场仍保持较高的增长。目前，SUV 市场仍是增长潜力最大的市场，火热之势不减，中长期还将持续，仍是各大企业的主力市场。部分自主品牌为了短期的利益，近几年把几乎全部的资源都放在了 SUV 市场，造成轿车、MPV 市场缺失，SUV 市场打天下的局面。受市场日趋饱和、合资品牌价格的下探等因素影响，SUV 市场红利将逐渐消失，届时产品结构单一化的问题将凸显。因此，中国品牌应在抓住 SUV 市场发展机遇的同时，积极布局其他品类的产品，多条腿走路。

四　2017年 MPV 发展

（一）MPV 市场情况

1. MPV 市场分析

2017 年，MPV 市场销售 207 万辆，同比下降 17.0%，销量下降 43 万辆（见图 42），占狭义乘用车市场的比重为 8.6%，占比同比下降 1.9 个百分点，MPV 市场规模一改上扬走势，呈明显下滑（见图 43）。

从 MPV 各细分市场销量增长来看，小型 MPV 销售 87.8 万辆，同比下降 30.7%；中型 MPV 销售 82.5 万辆，同比下降 13.6%；大型 MPV 销售 34.8 万辆，同比增长 31.6%；豪华 MPV 销售 2.0 万辆，同比增长 92.7%。小型 MPV 市场、中型 MPV 市场呈现两位数快速下滑，小型 MPV 下滑尤其明显，大型 MPV、豪华 MPV 则呈快速增长，豪华 MPV 由于基数较低，增长

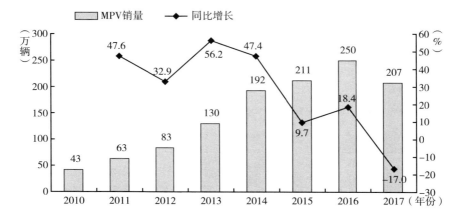

图42 2010~2017年MPV市场销售规模及增速

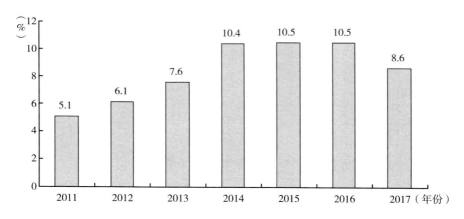

图43 2011~2017年MPV在狭义乘用车市场的占比走势

更加迅速。2017年MPV市场下滑主要是小型MPV市场和中型MPV市场大幅下降（见表34）。

从MPV细分市场占比走势来看，小型MPV市场比重较2016年下降8.3个百分点，继续大幅下降；中型MPV市场比重上升1.6个百分点，呈相对扩张态势，但扩张力度有所减弱；大型MPV市场比重上升6.2个百分点，市场扩张迅速，在2017年MPV市场表现中最为抢眼。总体来看，MPV市场呈升级发展走势（见图44）。

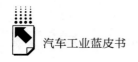

表 34 2017 年 MPV 细分市场销量增长情况

单位：万辆，%

细分市场	2017 年	2016 年	同比增长
小型 MPV	87.8	126.7	−30.7
中型 MPV	82.5	95.5	−13.6
大型 MPV	34.8	26.4	31.6
豪华 MPV	2.0	1.1	92.7
总计	207.1	249.6	−17.0

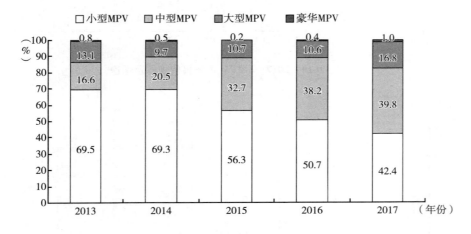

图 44 2017 年 MPV 市场结构

从 MPV 市场车企销量排名来看，前十名的企业依次为上汽通用五菱、长安汽车、上汽通用、北汽银翔、东风柳汽、东风本田、东风小康、江淮汽车、华晨汽车、奇瑞汽车。前十名企业与 2016 年一致，但排名发生了较大变化。前三名企业中，合资企业上汽通用强势增长，从 2016 年排名第六跃居第三，占有率提升 4.7 个百分点，另外一家合资企业东风本田也呈较强的竞争态势，排名由 2016 年的第九位上升至第六位。上汽通用五菱继续排名第一，但销量较 2016 年下降 20 多万辆，增速下降 21.7%，占有率下滑 2.3 个百分点。此外，长安汽车、北汽银翔、东风柳汽、东风小康等 MPV 产品主要车企均大幅下滑（见表 35）。

表35　2017年MPV市场销量前十企业

单位：万辆，%

排名	生产厂商	2017年销量	2016年销量	同比	2017年占比	2016年占比
1	上汽通用五菱	81.3	103.8	-21.7	39.3	41.6
2	长安汽车	22.8	27.8	-18.1	11.0	11.1
3	上汽通用	16.3	8.0	104.3	7.9	3.2
4	北汽银翔	13.8	16.7	-17.5	6.7	6.7
5	东风柳汽	8.6	16.5	-48.1	4.1	6.6
6	东风本田	8.3	6.3	31.2	4.0	2.5
7	东风小康	8.2	16.9	-51.6	3.9	6.8
8	江淮汽车	6.6	6.5	3.0	3.2	2.6
9	华晨汽车	5.9	7.3	-19.6	2.8	2.9
10	奇瑞汽车	3.8	6.2	-39.1	1.8	2.5

从MPV市场车型销量排名来看，前十的产品依次为五菱宏光、宝骏730、别克GL8、欧诺、菱智、幻速H3、欧尚、瑞风、风光、杰德（见表36）。

前十名中：别克GL8表现尤其突出，销量排名由2016年第八跃居第三，同比增长82.3%，市场占有率较2016年上升3.8个百分点；五菱宏光、宝骏730等销量强势产品有较大幅度的下滑。

表36　2017年MPV市场销量前十名产品

单位：万辆，%

排名	产品名称	2017年销量	2016年销量	同比增长	2017年占比	2016年占比
1	五菱宏光	53.7	65.0	-17.4	25.9	26.0
2	宝骏730	27.1	37.0	-26.8	13.1	14.8
3	别克GL8	14.5	8.0	82.3	7.0	3.2
4	欧诺	8.6	15.3	-43.3	4.2	6.1

续表

排名	产品名称	2017年销量	2016年销量	同比增长	2017年占比	2016年占比
5	菱智	7.9	9.1	-12.7	3.8	3.6
6	幻速H3	7.3	10.7	-31.9	3.5	4.3
7	欧尚	6.7	11.8	-43.6	3.2	4.7
8	瑞风	6.6	6.5	2.8	3.2	2.6
9	风光	5.4	9.8	-44.8	2.6	3.9
10	杰德	4.3	3.2	33.2	2.1	1.3

　　从 MPV 排量细分品种来看，2017 年 1.6L 及以下的 MPV 市场占比为 78.9%，较 2016 年同比下降 7.5 个百分点，依然占据主导地位，但市场占比呈下降走势；1.6L＜排量≤2.0L 的 MPV 市场占比为 12.7%，较 2016 年同期上升近 6 个百分点，市场扩张相对明显；2.0L＜排量≤2.5L 的 MPV 市场占比为 8.3%，较 2016 年同期上升 2.2 个百分点，该市场呈缓慢扩张；2.5L＜排量的 MPV 市场呈萎缩态势（见图 45）。

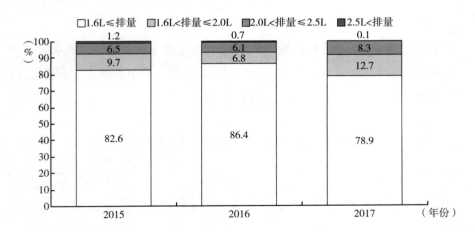

图 45　2017 年 MPV 市场排量分布

资料来源：上险数据。

2017年，MPV市场依然呈中国品牌和以上汽通用五菱为代表的合资自主品牌的竞争格局，但中国品牌市场和合资自主品牌市场销量均呈大幅下滑。中国品牌市场占比为43.7%，较2016年下降4.4个百分点；合资自主品牌市场占比为39.8%，较2016年下降1.8个百分点；美系品牌强势增长，较2016年同比增长104.3%，市场占比较2016年上升4.7个百分点，成为MPV市场亮点；日系品牌小幅增长，欧系品牌有所回落（见表37）。从市场竞争格局来看，MPV市场在未来一定时间内仍将是中国品牌与合资自主品牌的较量，但不可忽视合资品牌的冲击。

表37　2017年MPV市场各系别情况

单位：万辆，%

系别	2017年销量	2016年销量	同比	2017年占比	2016年占比
中国品牌	90.4	120.0	−24.7	43.7	48.1
合资自主	82.4	103.8	−20.6	39.8	41.6
美系	16.3	8.0	104.3	7.9	3.2
日系	12.9	12.2	5.9	6.2	4.9
欧系	5.1	5.7	−10.7	2.5	2.3
合计	207.1	249.6	−17.0	100.0	100.0

2017年，MPV区域销量排名前十的分别是河南、广东、山东、河北、江苏、云南、浙江、贵州、广西、四川，与2016年前十区域基本一致，但排序有所差异，河北超越江苏、云南由2016年第六跃居第四，广西下滑两位排名第九。前十区域MPV销量除河北个位数下降外，其他均呈两位下降。全国31个省份中仅新疆、天津、海南同比增长。总体来看，2017年全国各区域MPV市场基本都呈大幅下降态势（见表38）。

2. MPV市场发展特点及趋势

2017年MPV市场呈明显下滑，占狭义乘用车市场比重下滑至8.6%，

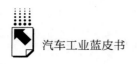
表38　2017 年 MPV 各省份零售情况

单位：万辆，%

销量排名	省　份	2017 年	2016 年	同比增长	销量排名	省　　份	2017 年	2016 年	同比增长
1	河　南	17.8	24.4	−26.8	17	山　西	4.9	5.7	−14.2
2	广　东	16.9	21.4	−20.8	18	北　京	4.5	5.5	−18.4
3	山　东	14.6	18.4	−20.6	19	江　西	3.7	5.3	−29.8
4	河　北	12.6	12.9	−1.8	20	新　疆	3.3	2.9	12.3
5	江　苏	12.6	14.5	−12.9	21	重　庆	3.3	4.8	−31.9
6	云　南	9.8	13.1	−25.5	22	黑龙江	3.2	3.8	−16.1
7	浙　江	9.1	10.1	−10.3	23	福　建	3.1	4.1	−24.1
8	贵　州	7.8	10.0	−22.7	24	吉　林	2.9	3.1	−7.5
9	广　西	7.3	11.3	−35.4	25	甘　肃	2.7	3.9	−30.5
10	四　川	6.8	9.1	−25.1	26	内蒙古	2.1	2.2	−2.2
11	安　徽	6.7	8.1	−17.0	27	天　津	1.4	1.4	3.4
12	湖　南	5.9	8.3	−28.9	28	海　南	1.4	1.1	29.9
13	湖　北	5.6	7.9	−29.2	29	青　海	0.9	1.1	−18.1
14	陕　西	5.5	6.9	−20.9	30	宁　夏	0.7	0.8	−21.1
15	上　海	5.3	5.9	−11.0	31	西　藏	0.5	0.7	−23.1
16	辽　宁	5.2	5.6	−7.0		总计	188.1	234.3	−19.7

资料来源：上险数据。

连续 3 年保持 10% 以上比重地位受到了动摇。从目前的市场分析来看，主要受到 7 座 SUV 市场的竞争替代，MPV 产品对微客市场的替代已经基本进入尾声，MPV 新品投放相对缓慢等诸多因素的影响。

从细分市场来看，小型 MPV 市场规模呈快速下降。近年来，微客市场大幅萎缩，由前几年的 200 多万辆的规模已经下降到 2017 年的 55 万辆，微客用户升级资源已经很少。与此同时，低端 7 座 SUV 产品的大量投放市场，对以商用为主的小型 MPV 市场冲击将更趋明显。基于小型 MPV 向中型 MPV 升级情况，预计 2018 年小型 MPV 市场依然呈下滑走势。从目前 MPV 结构占比趋势来看，小型 MPV 排名第一的位置很可能让位于中型 MPV。

中型 MPV 市场也呈较明显的下滑，主要是中型 MPV 市场的主力产品特点也是满足用户的商乘需求，同样面临低端 7 座 SUV 产品的冲击，同时以宝骏 730 为代表的主要产品相对老化，市场竞争力呈下降走势。随着 2017 年下半年上市长安 A800、别克 GL6、比亚迪宋 MAX 等新品显现出来的良好竞争力，预计 2018 年中型 MPV 市场或将止住下滑趋势。

大型 MPV 市场呈现快速增长，市场占比提升至 16.8%，突破了连续 3 年在 MPV 市场占比 10% 左右徘徊的尴尬局面。从产品表现来看，主要是别克 GL8 实现了 82% 的高速增长，其次艾力绅、大通 G10、长轴瑞风等产品都有不错的表现。据了解，新一代 GL8 所实现的销量当中已经有 50% 是个人用户。随着消费升级，大型 MPV 这个以 GL8 为代表的传统意义上的商务用车市场将彻底改变，个人家用需求的加入将打开该市场的上升通道，如果有更多满足家用需求的新品投放，将会加快该市场的扩张步伐。

此外，MPV 市场还呈现以下特点。

1.5L 排量 MPV 占比为 55%，较上年下降 11 个百分点，但仍占据主导地位。1.5T 市场占比为 7%，上升 4 个百分点；2.0T 占比为 6%，上升 4 个百分点，两类产品有加速扩张态势。涡轮增压发动机产品呈日益明显的扩张趋势。

上险数据显示，2016 年 MPV 纯电动销售 168 辆，2017 年实现销售 6621 辆，新能源物流车的推广应用将进一步促进纯电动 MPV 市场的发展。

预计 2018 年 MPV 销量将达到 210 万辆，与 2017 年的 207 万辆基本持平。

（二）新产品发展分析

2017 年，MPV 上市新车共计 11 款。其中，小型 MPV 1 款、中型 MPV 8 款、大型 MPV 1 款、豪华 MPV 1 款，中型 MPV 是新品投放重点市场。11 款新产品共计销售 15.38 万辆，占 MPV 总销量的 7.4%，2017 年新品对 MPV 市场的贡献度相对 2016 年更强，对市场的拉动作用相对明显。

2018 年，MPV 市场预计将有 11 款全新产品投放市场，其中，小型

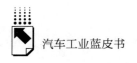
MPV 1 款、中型 MPV 7 款、大型 MPV 3 款（见表39）。

中型 MPV 是企业产品投放的重点市场，大型 MPV 市场也将逐步得到企业的重视。

表39 2016～2018 年 MPV 上市及预计上市新品

单位：款

细分市场	2016 年	2017 年	2018 年
小型 MPV	4	1	1
中型 MPV	6	8	7
大型 MPV	4	1	3
豪华 MPV	1	1	—
合 计	15	11	11

资料来源：据资料统计所得。

（三）部分主要 MPV 企业发展概况

1. 上汽通用五菱

2017 年，上汽通用五菱 MPV 实现销售 81.3 万辆，同比下降 21.7%，较 2016 年下降 22.5 万辆（见图46），五菱 MPV 销量呈大幅下降，主力产品五菱宏光、宝骏 730 均大幅下降（见图47）。

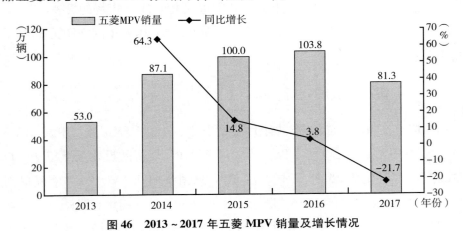

图46 2013～2017 年五菱 MPV 销量及增长情况

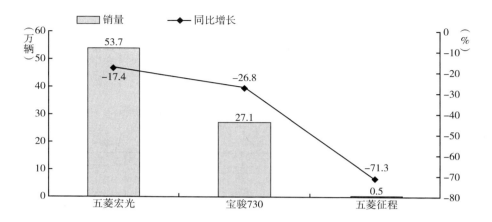

图47 2017年五菱MPV产品销量增长情况

从五菱乘用车产品结构变化来看，MPV产品结构占比虽然仍占据半壁江山，但结构比重下降明显，2017年较2016年下降了20.5个百分点。SUV和轿车结构上升迅速，2017年较2016年分别上升了10.5个百分点和10.1个百分点，五菱正朝着改变单一产品结构、实现乘用车产品结构全面布局的发展（见图48）。

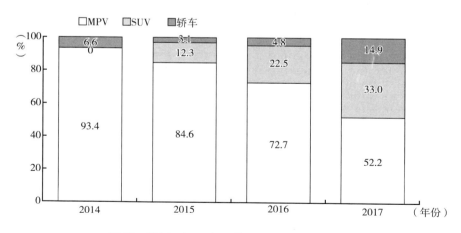

图48 2014～2017年五菱乘用车结构比重情况

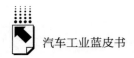

从 2018 年五菱乘用车产品排产计划来看，MPV 产品市场将继续同比下降，五菱仍将在 SUV 产品市场及轿车产品市场发力（见表 40）。预计 2018 年，五菱将在中型 MPV 市场再布局一款宝骏 360 产品，定位低于宝骏 730，有利于提升五菱在 MPV 市场竞争力，止住其下滑走势。

表 40 2018 年上汽通用五菱排产计划

单位：万辆，%

细分市场	2017 年销量	2018 年计划	同比增长
MPV	81.3	72	−11.4
SUV	51.4	58	12.8
轿车	23.1	36	55.8

资料来源：乘联会。

2. 长安汽车

2017 年，长安 MPV 实现销售 22.8 万辆，同比下降 18.1%，呈较明显下降（见图 49）。从其产品表现来看，欧诺、欧尚、欧力威等老产品均呈大幅下降，新品凌轩、欧尚 A800 的上市抑制了长安 MPV 市场的大幅下滑（见表 41）。

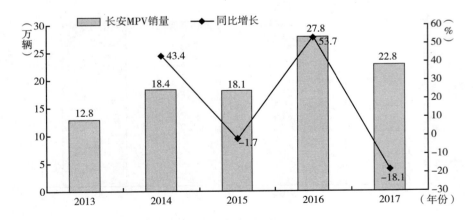

图 49 2013~2017 年长安 MPV 销量及增长情况

表41　2017年长安MPV产品销量增长情况

单位：辆，%

产品	2017年销量	2016年销量	同比增长
欧诺	86490	152607	−43.3
欧尚	66689	118185	−43.6
欧力威	5258	7181	−26.8
欧尚A800	40984	—	—
凌轩	28228	—	—
合计	227649	277973	−18.1

　　从产品结构变化来看，2017年MPV产品结构比重较2016年下降2.8个百分点。近几年，长安MPV结构比重未出现明显的上升与下降走势，SUV占比大幅上升更多的是挤占了轿车市场份额（见图50）。

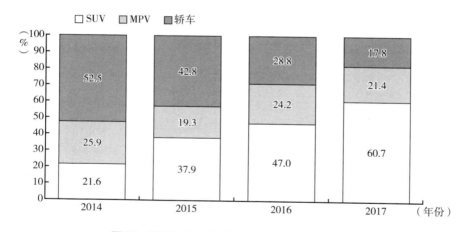

图50　2014～2017年长安乘用车结构比重情况

　　从2018年长安汽车乘用车产品排产计划来看，长安的MPV产品市场将同比下降12.3%，排产将延续下滑走势（见表42）。预计2018年，长安还将推出欧尚A600新品，将进一步提升长安在MPV市场的竞争力。

表42 2018年长安汽车排产计划

单位：万辆，%

细分市场	2017年销量	2018年计划	同比增长
SUV	64.6	71.3	10.4
MPV	22.8	20	-12.3
轿车	19	23.7	24.7

资料来源：乘联会。

3. 东风小康

2017年，东风小康MPV实现销售8.2万辆，同比下降51.6%（见图51），同比大幅下降，东风小康MPV产品下降一半。从其产品表现来看，主力产品风光及风光370均双双大幅下降（见图52）。

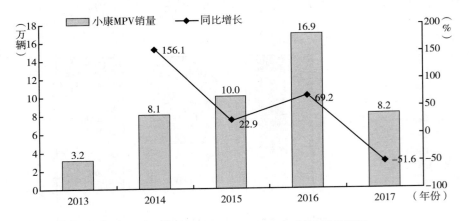

图51 2013~2017年东风小康MPV销量增长情况

从产品结构变化来看，2017年MPV产品结构比重下降35.9个百分点，东风小康MPV结构比重呈大幅下滑，而SUV已经占据近70%的市场比重，东风小康面临放弃MPV产品的局面（见图53）。

从2018年东风小康乘用车产品排产计划来看，东风小康将继续弱化MPV产品（见表43）。

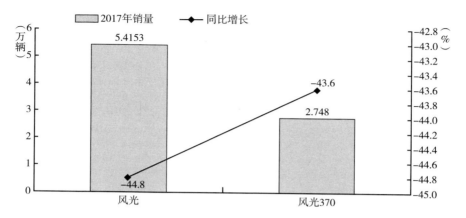

图52 2017年东风小康MPV产品销量及增长情况

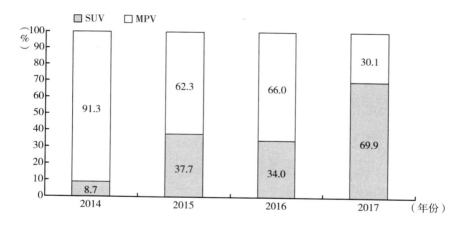

图53 2014～2017年东风小康乘用车结构比重情况

表43 2018年东风小康排产计划

单位：万辆，%

细分市场	2017年销量	2018年计划	同比增长
SUV	19.0	22	15.8
MPV	8.2	5	−39.0

资料来源：乘联会。

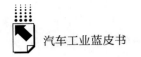
（四）MPV产品进出口情况

1. 进口分析

中国进口汽车市场数据库的数据显示，2017年1~11月MPV进口51254辆，较2016年同期的38632辆增长32.7%，MPV进口市场呈快速增长态势（见表44）。

表44　MPV进口情况

单位：辆，%

车型	11月				1~11月			
	2017年	2016年	同比增长	占比	2017年	2016年	同比增长	占比
乘用车	113516	100188	13.3	100.0	1087416	921482	18.0	100.0
轿车	42035	38643	8.8	37.0	409487	343190	19.3	37.7
SUV	64714	56519	14.5	57.0	626675	539660	16.1	57.6
MPV	6767	5026	34.6	6.0	51254	38632	32.7	4.7

资料来源：中国进口汽车市场数据库。

2. 出口分析

2017年，MPV市场出口19678辆，同比增长79.1%（见图54），继续呈强势增长，主要是小型MPV和大型MPV出口增长迅速，小型MPV出口增长尤其突出（见图55）。

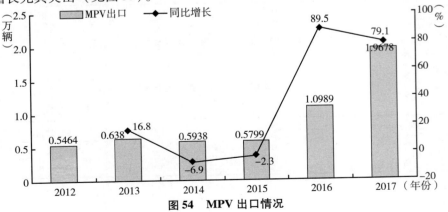

图54　MPV出口情况

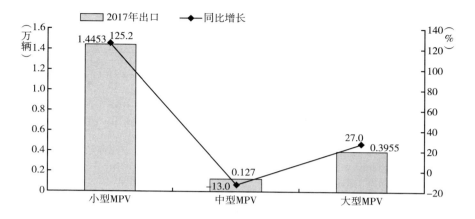

图55　MPV出口结构情况

从产品来看，依然是上汽通用五菱的五菱宏光以及上汽大通的G10出口量较大，其次是福建新马龙的启腾EX80（见表45）。

表45　MPV产品出口情况

单位：辆，%

产品	2017年	2016年	同比增长
五菱宏光	9560	3828	150.0
上汽大通G10	3531	2794	26.0
启腾EX80	1357	551	146.0
欧诺	862	395	118.0
风光	770	0	—
威旺M30	700	288	143.0
福瑞达M50	464	111	318.0
开瑞优雅	316	1010	-69.0
昌河M50	278	0	—
大通D90	258	0	—
总计	19678	10989	79.0

2017年，MPV出口前十名企业分别是上汽通用五菱、上汽大通、福建新龙马、长安汽车、东风小康、昌河汽车、北京汽车、江淮汽车、北汽银翔、东风柳汽。五菱表现抢眼，继续位居出口销量排名第一（见表46）。

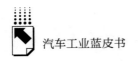

表46　MPV企业出口情况

单位：辆，%

企业	2017年	2016年	同比增长	2017年占比	2016年占比
上汽通用五菱	9560	3828	149.7	48.6	34.8
上汽大通	3789	2794	35.6	19.3	25.4
福建新龙马	1357	551	146.3	6.9	5.0
长安汽车	1003	395	153.9	5.1	3.6
东风小康	770	0	—	3.9	0.0
昌河汽车	748	111	573.9	3.8	1.0
北京汽车	700	288	143.1	3.6	2.6
江淮汽车	538	746	−27.9	2.7	6.8
北汽银翔	433	298	45.3	2.2	2.7
东风柳汽	321	779	−58.8	1.6	7.1
总计	19678	10989	79.1	100.0	100.0

2017年，MPV市场已经呈现明显的下降态势，除受到SUV，尤其是7座SUV冲击外，也与自身产品老化、产品升级换代缓慢也息息相关。从别克GL8、杰德以及新品别克GL6的良好表现来看，具备能满足家用高品质需求的产品将会获得更大的发展，谁在产品升级换代中很好地把握这种变迁的市场机会，谁将会赢得竞争的优势。中国品牌企业一定要正视这种市场变化，努力打造产品品质，加快MPV家用需求的升级发展步伐，否则在MPV市场的主导地位将让位合资车企。

五　交叉型乘用车发展

（一）交叉型乘用车市场情况

1. 交叉型乘用车市场分析

2017年，交叉型乘用车（不含小型MPV）共销售54.7万辆，同比下降

19.97%，与 2016 年 37.81% 的降幅相比，下滑幅度有所减小（见图 56）。2017 年几乎所有的传统微客企业销量都在大幅下滑，另有数家企业停产。

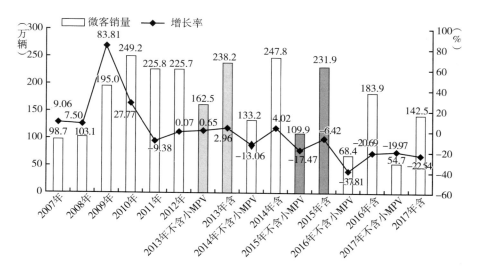

图 56　近年交叉型乘用车整体销量走势

从企业表现来看，销售排名前五的企业分别为上汽通用五菱、长安汽车、华晨汽车、东风小康和北汽银翔，分别销售 33.65 万辆、6.52 万辆、4.94 万辆、4.80 万辆和 1.06 万辆（见表 47）。

表 47　2017 年国内交叉型乘用车企业销量情况

单位：辆，%

企业	2017 年	2016 年	同比增长	2017 年占比
总计	546992	683503	−19.97	100.00
上汽通用五菱	336478	450008	−25.23	61.51
长安汽车	65178	69531	−6.26	11.92
华晨汽车	49433	48876	1.14	9.04
东风小康	47976	51254	−6.40	8.77
北汽银翔	10637	28196	−62.27	1.94
北汽制造	7810	7932	−1.54	1.43
福建新龙马	6684	2737	144.21	1.22

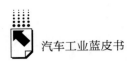

续表

企业	2017 年	2016 年	同比增长	2017 年占比
奇瑞汽车	5933	2507	136.66	1.08
北汽福田	5433	5163	5.23	0.99
一汽吉林	5308	10612	-49.98	0.97
力帆汽车	4541	2512	80.77	0.83
众泰汽车	898	390	130.26	0.16
昌河汽车	464	2023	-77.06	0.08
海马商务	107	600	-82.17	0.02
贵航成功	86	127	-32.28	0.02
浙江飞碟	23	514	-95.53	0.00
广汽吉奥	3	494	-99.39	0.00
东南汽车	0	27	—	0.00

注：不含新型微客，不含微货。

行业排名前五中，除华晨汽车增长 1.14% 外，其他车企同比均下滑，五菱、长安、小康和银翔分别下滑 25.23% 、6.26% 、6.4% 和 62.27% 。2017 年，上述五家企业共销售 50.97 万辆，占交叉型乘用车销售总量的 93.18% ，集中度较上年的 94.79% 略有下滑。

从交叉型乘用车细分品种 2017 年销量来看，过万辆车型仅 10 款，销量最大的前置后驱的五菱荣光 V 有所下滑，前置车型五菱之光 V 进入万辆行列，其他传统微客主力车型大多出现了明显下降（见表 48）。

表 48　2017 年国内交叉型乘用车车型销量情况

单位：辆，%

类别	2017 年	2016 年	同比增长
总计	546992	683503	-19.97
五菱荣光 V	172356	197184	-12.59
五菱之光	82198	135496	-39.34
五菱荣光	71426	113312	-36.97
海星	49433	48876	1.14
长安之星 3	43685	30468	43.3
东风小康 K 系	30710	35935	-14.54

类别	2017 年	2016 年	同比增长
长安星光	19475	17646	10.36
东风小康 C 系	14808	15319	−3.34
威旺 306	10546	27485	−61.63
五菱之光 V	10498	4016	161.40
北汽交叉车	7810	7932	−1.54
启腾 M70	6684	2737	144.21
开瑞优优	5933	2506	136.75
伽途	5433	5163	5.23
佳宝	5308	10612	−49.98
力帆丰顺	4541	2512	80.77
EC36	2302	0	—
新长安之星	2018	6567	−69.27
众泰 V10	898	390	130.26
福瑞达	464	2023	−77.06
EC35	155	0	—
荣达	107	0	—
威旺 206	90	710	−87.32
航天新星	86	127	−32.28
五星	23	514	−95.53
星旺	3	494	−99.39
东风小康 V 系	1	0	—
威旺 205	1	1	0.00
福仕达	0	600	—
开瑞优胜	0	1	—
希旺	0	27	—
长安之星 2	0	6272	—
长安之星 7	0	8578	—

2. 交叉型乘用车市场发展特点及趋势

面对持续大幅下滑的传统微客市场，厂家对开发传统微车新品投入大幅减少，并减产、停产部分车型系列。

随着消费升级和微车企业的重心转移，微车企业推出的 MPV 和 SUV 等车型越来越多，产品持续呈多元化发展趋势。

需要指出的是，小型 MPV 在 2016 年销量首次出现负增长后，2017 年销量大幅下滑。

为此，除向小型 MPV 发展外，微车厂家普遍进入中型 MPV 领域。同时，借 SUV 行业大势，大力开发 SUV 车型，拓展新市场，如五菱推出宝骏 560、宝骏 510、宏光 S3，长安推出 CX70、CX70T、欧尚 A800，小康推出风光 580、风光 560 等相关产品，打开了一定市场，为企业发展转型和开疆拓土做出了积极贡献。

预计 2018 年，交叉型乘用车（不含小型 MPV）将继续下滑，全年预计销售 40 万辆，比 2017 年累计下滑 27% 左右。

（二）主要交叉型乘用车企业发展现状

1. 上汽通用五菱

2017 年，交叉车型销量为 33.65 万辆，同比下滑 25.23%，主力产品五菱之光销售 8.22 万辆，同比下降 39.34%；五菱荣光销售 7.14 万辆，同比下降 36.97%；前置动力车型五菱荣光 V 销售 17.24 万辆，同比下滑 12.59%。2017 年五菱继续向乘用车领域拓展，其新推出的宝骏 510、宝骏 310W 以及年底推出宏光 S3 都取得了很好的销量，表现抢眼，而微客占比进一步减小。

2. 长安汽车

2017 年，长安交叉车型销售 6.52 万辆，下滑 6.26%，主力产品长安之星系列有一定下滑。长安汽车在乘用车领域持续发力，推出的欧尚 A800 MPV、CX70T SUV 等热销车型，继 2015 年、2016 年后，连续三年销量破百万辆，继续领跑中国汽车行业。预计未来，长安汽车将加大向乘用车领域的拓展力度，乘用车占比进一步提升。

3. 东风小康

2017 年，东风小康交叉车型实现销售 4.8 万辆，同比下滑 6.4%，其主力微客东风小康 K 系为 3.07 万辆，同比下降 14.54%。东风小康交叉车型虽略微落后华晨汽车，但小康在向乘用车领域拓展转型中取得了持续效果，继风光 580 之后，其新推出的风光 560 SUV 车型也取得了市场初步认可。预计2018年，东风小康狭义乘用车将实现更多销量。

至此，主要微车企业早已脱胎换骨，实现了向乘用车转型。

（三）交叉型乘用车进出口分析

2017年，交叉型乘用车出口总量为37143辆，同比下降8.22%。其中，销量前三的为华晨出口9561辆，五菱9557辆，北京汽车5699辆，前三名合计24817辆，占比为66.81%，优势明显（见表49）。

表49　2017年交叉型乘用车出口量情况

单位：辆，%

企业	2017年	2016年	同比增长
总计	37143	40470	−8.22
华晨汽车	9561	11012	−13.18
上汽通用五菱	9557	11804	−19.04
北京汽车	5699	2268	151.28
北汽福田	2846	2022	40.75
一汽吉林	2831	2935	−3.5
长安汽车	2813	2950	−4.64
东风小康	2130	4068	−47.64
奇瑞汽车	1472	436	237.61
福建新龙马	147	235	−37.45
北汽银翔	87	542	−83.95
东南汽车	—	25	—
广汽吉奥	—	123	—
海马汽车	—	328	—
力帆汽车	—	1631	—
众泰汽车	—	91	—

（四）交叉型乘用车行业运行分析

随着消费趋势的变化，微车企业的重心已向乘用车转移，产品转型是首要的。受车型结构、用途、价格、用户特征等因素影响，小型MPV市场成为各主力厂家突围转型的首选，如五菱宏光、长安欧诺等车型的迅速崛起带

动了小型 MPV 市场容量的快速扩大。

随着消费升级的趋势变化，在取得小型 MPV 市场的成功后，部分微车企业正在快速向上突破，以 MPV + SUV 的产品组合为企业重心的微车转型正式进入新时代。

当前，MPV 和 SUV 车型已成为企业主力车型，微车企业产品呈多元化发展趋势，而整个传统微客市场进一步持续萎缩。2017 年交叉车型销售过万辆的仅 10 款，销量最大是前置后驱的五菱荣光 V，中置后驱的传统微客车型大幅下滑。

2017 年，交叉车型销量扣减前置动力车型五菱荣光 V、五菱之光 V 后，传统微客仅 36.41 万辆，相比 2016 年的 48.6 万辆少了 10 多万辆，同比大幅下降 25.1%。

从趋势预判，2018 年交叉车型销量会继续下滑，企业的传统微客平台进一步减少。

在现有 17 家微车企业中，年销量过万辆的企业仅 5 家，企业总数和上万辆规模企业数均少于 2016 年，未来还将有企业退出微客市场。

目前，各微车厂家早已转型进行多元化发展，一些企业在目前对品牌敏感度不太强的 SUV、MPV 市场进行拓展收到了较好效果，其中长安、五菱在各自的领域转型是比较成功的，东风小康收到了一定效果，而缺乏乘用车类型产品支撑的企业将前途未卜。

进入狭义乘用车领域后，微车企业面对的竞争将明显升级，狭义乘用车领域竞争态势不容乐观，面对日益激烈的竞争，下列各项值得关注。

第一，结合乘用车市场发展本质及规律，企业需要慎重并滚动审视发展战略，减少战略失误。

第二，发挥成本优势，重视产品差异化风格打造，营销推广也要有创新，以更富有创新的产品和营销获得新发展。

第三，要加强体系建设，高度重视品质，用体系来保证产品开发和制造过程的品质控制；同时，持续重视技术支撑，加大研发的持续投入，满足比微客产品要求更高的乘用车开发需求。

　　第四，重视品牌建设。微车企业转型开发的 MPV 和 SUV 等车型的品牌形象和品牌溢价较低，随着消费升级和产品的丰富，以及合资企业的竞争挤压，缺乏品牌支撑的产品将逐渐被边缘化，大力进行品牌建设尤为重要。一些发展较好的企业，可考虑在适当时机打造新品牌来区隔并提升产品档次和形象。

　　第五，随着用户需求的多元化、共享化、个性定制化、车身形式变化等趋势发展，企业应强化对相关领域的跟踪研究，结合新能源大发展浪潮，跟上时代快速变化要求，在不对称竞争中取得快速发展。

商 用 车 篇

Commercial Vehicles

B.3
2017年载货车行业发展报告

摘　要：　本报告描述了 2017 年中国汽车市场载货车类商用车产销情况，分析了重型载货车、中型载货车、轻型载货车和微型载货车等四个细分市场 2017 年度的发展情况和变化趋势，预测了 2018 年载货车类商用车发展趋势，并提出了相关发展建议。

关键词：　载货车　重型载货车　中型载货车　轻型载货车　微型载货车

一　2017年载货车发展

（一）载货车市场情况

2017 年，载货车市场继续延续 2016 年的增长态势，全年生产

368.27 万辆，同比增长 16.87%，销售 363.34 万辆，同比增长 16.9%，创 2011 年以来行业增速新高（见图 1），总规模是继 2010 年行业顶峰后的次高值。2017 年载货车市场的高增长，得益于宏观经济与行业政策的双轮驱动。首先，2017 年宏观环境稳中向好，好于预期，GDP 增速为 6.9%，为各行业发展提供了有利的基本面支撑。载货车市场方面，典型的利好因素包括以基础设施建设、城市化建设、"一带一路"倡议、区域经济带建设等为代表的新一轮投资的兴起，环保治理对局部煤运市场的刺激，以及消费需求增长拉动的城市物流的发展等。其次，汽车行业内部，政策法规起到了十分重要的推动作用，GB1589-2016 新规调整、治理超载超限常态化等导致换购、增购需求激增。最后，还受到载货车行业自身的更新周期的影响，2010~2011年是行业高峰期，这些车到 2017 年已经六七年，有相当数量到了自然更新期。

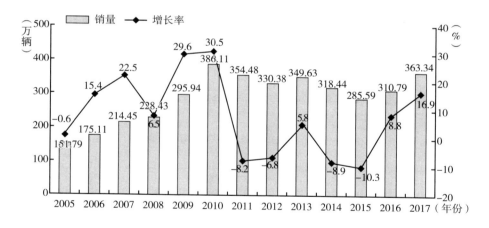

图 1 历年载货车销量走势

从车型看，重型载货车（GVW>14T，包含重型货车、重型货车非完整车辆和半挂牵引车）全年共生产 114.97 万辆，同比增长 55.07%；销售 111.69 万辆，同比增长 52.38%。中型载货车（6T<GVW≤14T，包含中型货车、中型货车非完整车辆）全年共生产 23.40 万辆，同比增长 1.11%；

销售 22.91 万辆，同比增长 0.02%。轻型载货车（1.8T＜GVW≤6T，包含轻型货车、轻型货车非完整车辆）全年共生产 173.83 万辆，同比增长 12.14%；销售 171.89 万辆，同比增长 11.63%。微型载货车（GVW≤1.8T，包含微型货车、微型货车非完整车辆）全年共生产 56.07 万辆，同比下降 10.74%；销售 56.84 万辆，同比下降 6.21%（见图 2）。从上述数据看出，尽管载货车整体销售实现 16.9% 的增速，但内部差异很大，主要源于重型载货车、轻型载货车的高增长拉动。

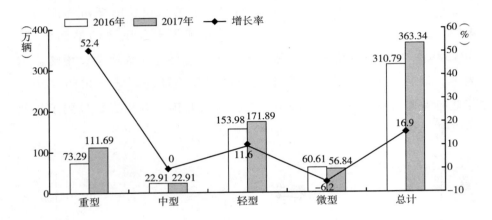

图 2　2016 年和 2017 年载货车各车型销量及增长贡献度

表 1　2017 年载货车各车型销量增长贡献度

单位：万辆，%

分类	2016 年		2017 年			贡献度
	绝对量	比重	绝对量	比重	增长率	
重型	73.29	23.6	111.69	30.7	52.4	12.4
中型	22.91	7.4	22.91	6.3	0.0	0.0
轻型	153.98	49.5	171.89	47.3	11.6	5.8
微型	60.61	19.5	56.84	15.7	-6.2	-1.2
总计	310.79		363.34		16.9	16.9

从月度走势看，前高后低，特别是四季度势头出现显著减弱，月度增长率已经下滑到11月、12月的5.6%和4.3%，是否延续到2018年值得关注（见图3）。

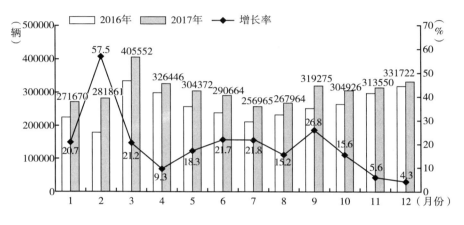

图3　2016～2017年载货车各月销量走势

从载货车内部各车型销售占比结构上看，2017年变化较大的是重型载货车和微型载货车，重型载货车占全部载货车的比重从2016年的23.6%上升到30.7%，增加了7.1个百分点，首次突破30%，而微型载货车占全部载货车的比重从2016年的19.5%下降到15.7%，减少了3.8个百分点。另外，中型载货车和轻型载货车都呈小幅下降。由此可以预测，重型载货车的这一比例结构不具长期性，中型载货车的比例结构基本稳定（见图4）。

2017年排名前五重型载货车厂家市场份额为50.9%，比2016年增加2.5个百分点，市场集中度首次过半，但仍有很大整合空间。其中，东风2017年共销售载货车49.78万辆，同比增长25.2%，占有率为13.7%，比2016年提升了0.9个百分点，排名第一；福田2017年市场表现不尽如人意，全年共销售载货车48.54万辆，同比增长11.5%，占有率为13.4%，同比下降了0.6个百分点，排名第二。

在载货车进出口方面，2017年载货车整车共出口20.53万辆，同比

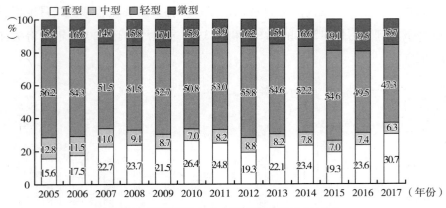

图4 历年载货车各车型销量占比结构示意

增长 10.45%；整车共进口 0.97 万辆，同比增长 25.58%，出口结束 2016 年下降态势，呈一定增长。

（二）市场发展趋势分析

2018 年，影响载货车市场发展的因素主要来自三个方面，即宏观、法规政策、行业更新周期。

1. 宏观经济环境整体弱于2017年，对载货车呈负向影响

载货车作为一种生产资料，其投资属性决定了行业发展状况不可避免地受宏观经济周期波动的影响。2018 年宏观经济运行的政策环境总体偏紧。预计 2018 年，GDP 增速将小幅放缓至 6.5%，固定资产投资增速小幅放缓至 7.0%。在三大类投资中，房地产和基建投资增速将放缓，这对载货车特别是重型载货车是负面因素。

2. 行业法规政策

2016～2017 年政策变化导致车辆集中更换，运力渐趋饱和，预计法规政策的红利渐微，从而将会抑制 2018 年的新车需求量。

3. 行业更新周期

自然更新量在减少，考虑 2017 年的高基数对 2018 年增速的影响。综合来看，2018 年载货车行业增速将可能放缓。

二 2017年中重型载货车发展

（一）中型载货车市场情况

中型载货车是整个载货车行业中规模和份额最小的细分领域，每年需求量相对比较稳定（见表2）。2017年，中型载货车共销售22.91万辆，同比增长0.02%，与2016年基本持平。在载货车全行业增长16.9%的背景下，中型载货车在载货车领域的份额比2016年同期下降1.1个百分点，占到6.3%。

表2 2017年载货车行业分车型结构

载货车类别	2017年销量（辆）	同比增长（%）	市场份额（%）	份额同比变化（百分点）
载货车（含非完整车辆、半挂牵引车）总计	3633351	16.9	—	—
重型	1116851	52.4	30.7	7.2
中型	229113	0.02	6.3	-1.1
轻型	1718943	11.6	47.3	-2.2
微型	568444	-6.2	15.7	-3.9

从历史走势看（见图5），2017年的规模低于2009~2014年水平。从趋势看，行业处于平稳向好的态势。

从车型结构看（见图6），2017年中型载货车整车销售16.84万辆，同比增长15.52%①，占全部中型载货车的比重73.5%，同比增加9.8个百分点；而中型载货车非完整车辆销售6.1万辆，同比降低27.16%（见图7）。中型载货车总体走势与2016年持平，内部构成差异大，非完整车辆下降，完整车辆上升。2017年中型载货车市场未实现增长主要受非完整车辆下滑拖累。

从月度走势看，2017年前三个季度较2015年和2016年总体向好，第四季度后两月出现明显下滑，特别是12月，创三年来低点。这既受宏观面

---

① 同比增长率按辆计算，而非万辆计算，本章同。

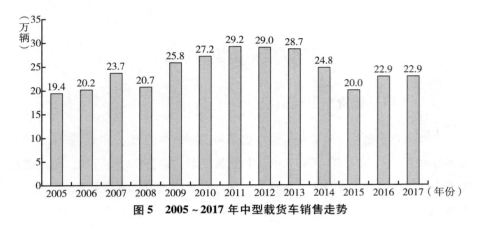

图5　2005～2017年中型载货车销售走势

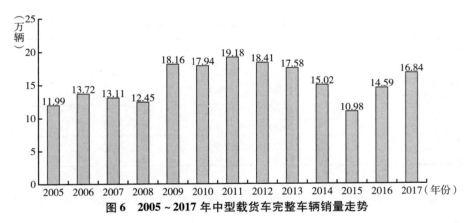

图6　2005～2017年中型载货车完整车辆销量走势

因素影响，也与微观层面某些企业提前完成全年销售指标从而放缓开票进度有关（见图8）。

从企业来看，销量在1万辆以上的企业有8家，排名第一的重庆力帆突破5万辆，第二、第三名分别是传统中型载货车强企东风和一汽，紧随其后的是江淮、大运。行业前三名的企业都出现两位数的下滑，而排名4～10位的企业却都在大幅增长。需要说明的是，一汽下滑35.2%与2017年部分车型调到重型载货车统计有关，实际情况没有这么剧烈。总的来看，中型载货车行业集中度不高，排名前五的市场份额为72%。行业规模不大，涉足者比较多，传统中型载货车主流企业东风、一汽重心向重型载货车转移，为其他企业提供了机会（见表3）。

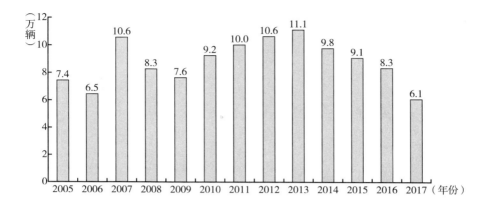

图7 2005～2017年中型载货车非完整车辆销量走势

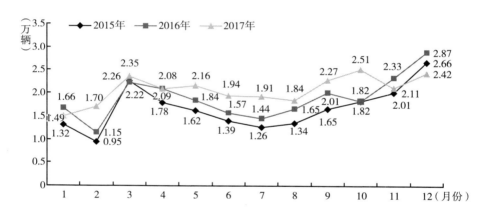

图8 2015～2017年中型载货车月度销量走势

表3 2017年中型载货车企业销量排名

单位：辆，%

排名	1	2	3	4	5	6	7	8	9	10
企业名称	重庆力帆	东风汽车	中国一汽	安徽江淮	成都大运	庆铃汽车	北汽福田	中国重汽	唐骏欧铃	浙江飞碟
销量	57831	41373	24096	23530	18272	17217	14507	12789	9476	3758
同比增长	-17.0	-26.8	-35.2	57.8	63.5	30.8	161.2	64.2	236.9	61.1
市场份额	25.2	18.1	10.5	10.3	8.0	7.5	6.3	5.6	4.1	1.6

一汽、东风、庆铃以提供底盘为主，其中，一汽的中型载货车销量中，底盘占到89%；东风的中型载货车销量中，底盘占到60%；庆铃的中型载货车销量中，底盘占到80%。这三家企业基本包揽了全部中型底盘的供给量。

2017年，受排放升级、GB7258等法规政策的影响，市场上出现不少新产品。福田推出的欧马可全新平台S5就是典型代表，还有瑞沃ES系列超级卡车，在车身、动力、性能上实现全面升级。此外，市面上的主流产品如东风的D560、一汽的J6L系列产品、江淮的格尔发系列产品、柳汽的乘龙、重汽的豪沃等也都有不错的表现。

2017年影响市场的主要因素有两点：一是整体宏观经济形势向好，投资建设项目的实施，对工程类用车形势利好；二是法规政策方面，治理超载超限继续加严，打击非法改装，出台环保政策，调整GB7258、GB1589等。

结合2018年宏观经济形势以及中型载货车行业特性，预计2018年中型载货车市场需求规模有望继续保持平稳发展的态势。

（二）重型载货车市场运行分析

1. 整体销量变化情况

2017年，重型载货车市场自2010年过百万辆以来再次突破百万辆大关，全年销量达到111.69万辆，同比增长52.4%，创下历史新高（见图9）。

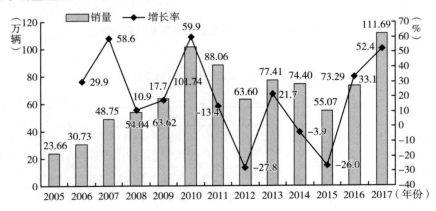

图9　重型载货车市场历年销量走势

从细分市场结构上看，2017 年牵引车占比为 52.2%，同比略有下降，非完整车辆占比自 2010 年以来首次出现回升（见图 10），说明 2017 年工程车市场需求旺盛，也从侧面印证了宏观经济形势的好转，基建投资在经济增长中仍起着重要作用。

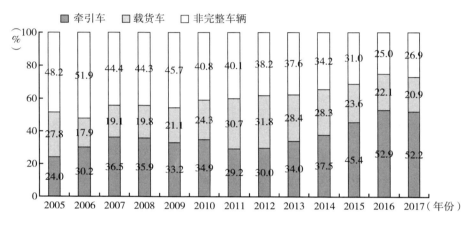

图 10　细分市场历年结构变化

从增长原因上看，2017 年重型载货车市场的暴增是市场与法规环境综合影响的结果。

影响因素 1：2016 年 9 月，GB1589 – 2016 法规的调整带来的运力不足影响。法规的调整使原有车辆单车实际运力下降了约 20%，尤其是占牵引车市场 40% 左右的 6×2 车型，总重由 51～55T 直接降至 46T，轿运车双排改单排，造成了短期内牵引车市场的运力不足。另外，受 8×4 载货车和自卸车总吨位影响，大量需求向牵引车转移，导致牵引车月均销量翻倍增长（见图 11）。

影响因素 2：国家新一轮投资的兴起。虽然国家经济产业结构在调整，固定资产投资放缓，房地产市场持续受到压制，但"一带一路"、区域经济带、新型城市圈建设等带来的基建投资快速增长，拉动了工程运输市场的新一轮增长。

影响因素 3：环保治理。自 2017 年 7 月以来，环保部开展环保督查，天津、河北港口禁汽运煤，采暖季停工限产，京津冀、山东、山西、河南等26＋2个城市和地区环保治理，对煤炭运输市场产生了较大影响，但大幅增长的电力需求使对煤炭的需求量在上升，导致煤炭价格和运费的增长，并带动了南方区域煤运市场的增长。同时，城建渣土车规范管理范围进一步扩大，排放升级需求增加，带动了国5自卸车市场的销售增长。

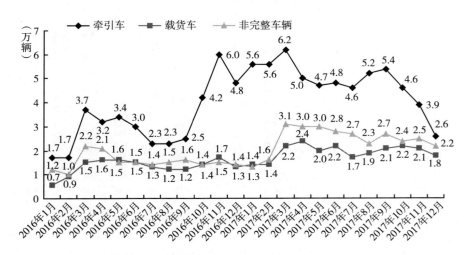

图11　2016～2017年细分市场月度销量走势

从竞争上看，2017年排名前五重型载货车厂家市场份额为83.6%，比2016年增加1.3个百分点，市场集中度继续上升（见图12）。

其中，一汽2017年共销售重型载货车24.08万辆，同比增长62.7%，占有率为21.5%，比2016年提升1.3个百分点，表现最为突出。作为国内重型载货车企业的排头兵，一汽近年来紧跟市场变化，加速转型调整，形成了长春本部与青岛高低搭配的业务布局，通过细分市场需求的研究充分挖掘了J6平台和青岛J5平台产品的应用潜力，打造出能适应不同运输行业、不同运输工况、不同价格区间的产品家族，将产品的价值充分发挥出来。营销与产品的紧密配合，在区域及客户营销上的灵活快速响应，实现了牵引车业务的增长和渣土车市场的突破，是其占有率增长的主要原因。

东风2017年共销售重型载货车21.61万辆，同比增长51.5%，略低于

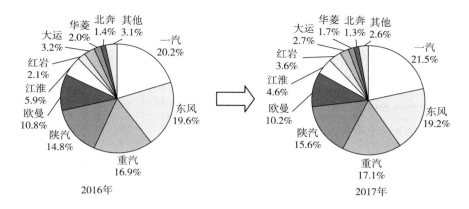

图 12　重型载货车竞争格局变化情况

重型载货车市场 52.4% 的增速，占有率为 19.2% ，比 2016 年下降了 0.4 个百分点。产品升级换代，重型发动机资源对东风的整体竞争力产生了积极影响，随着天龙旗舰产品的逐渐成熟以及沃尔沃技术资源的引进与吸收，东风未来仍有进一步提升的潜力。

重汽 2017 年共销售重型载货车 19.03 万辆，同比增长 54.9% ，占有率为 17.1% ，同比上升 0.2 个百分点，排名第三。重汽在产品上充分发挥了曼技术的优势，通过几年的调整和市场推广，客户对其产品的性能及质量表现认可度提高，尤其是在高效物流牵引车市场上，汕德卡 C7H 和豪沃 T7H 取得了较大的突破。此外，重汽始终保持着其在自卸车和搅拌车市场的领先地位。

陕汽 2017 年共销售重型载货车 17.31 万辆，同比增长 60.2% ，增速仅次于解放，占有率为 15.6% ，同比上升 0.8 个百分点，缩小了与重汽的差距，同时也拉开了与福田欧曼的差距，站稳了第四的位置。拥有潍柴、陕齿、汉德等核心资源的陕汽，在上半年供不应求的局面下充分发挥了产能优势，借助 X3000 新产品的推广以及潍柴发动机的油品适应性和可靠性优势在煤炭及重载运输牵引车领域取得了显著的突破，并在油气价格变化无常的LNG 市场上把握住了机会，取得了 2017 年的骄人业绩。

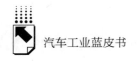

福田欧曼2017年市场表现不尽如人意，全年共销售重型载货车11.43万辆，同比增长44.6%，占有率为10.2%，同比下降了0.6个百分点，是前五大企业中增幅最小的企业。在重型载货车客户需求升级，产品变化日新月异的趋势下，福田欧曼在产品更新上也出现了问题，老产品竞争力下降，新产品刚刚上市还不够成熟，再加上部分核心零部件依赖外供，产能受限，市场份额出现下滑并不难理解。

（三）重型载货车细分市场运行概况

1. 半挂牵引车市场

2017年，半挂牵引车市场再次创下历史新高，全年销售58.33万辆，较2016年增加了近20万辆，同比增长50.3%（见图13）。除了补充运力带来的净增长以外，载货车和自卸车市场向牵引车的转化，以及法规适应性更新需求共同成就了牵引车市场的高增长。

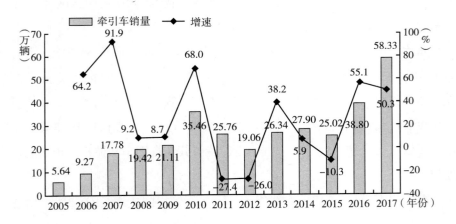

图13 半挂牵引车年度走势变化情况

从月度走势上看，法规对牵引车的影响十分明显。2016年10月牵引车月销量较9月增加了1.7万辆，2016年10～12月月均销量为5万辆；2017年3月更创下6.2万辆新高，之后市场趋于理性，月均销量稳定在4.5万辆左右；9月以后受北方采暖季停工、限产、限煤影响，市场开始出现下滑（见图11）。

从吨级结构上看，2017 年 40 吨以上和 25 吨及以下市场占比均出现了增长（见表4），其中受快递市场、轿运市场的高速增长影响，25 吨及以下 4×2 牵引车市场增幅达到了 113.2%。长途运输及重载工程运输需求的增长带动了 40 吨以上牵引车销量和占比的上升。

表4　2017 年牵引车各吨级销量及比重变化

吨级	2016 年		2017 年			
	销量（辆）	占比（%）	销量（辆）	同比增长（%）	占比（%）	占比变化（百分点）
40 吨＜准拖挂车总质量	92275	23.8	142990	55.0	24.5	0.7
25 吨＜准拖挂车总质量≤40 吨	244861	63.1	331928	35.6	56.9	−6.2
准拖挂车总质量≤25 吨	50844	13.1	108386	113.2	18.6	5.5
合计	387980		583304	50.3		

2017 年排名前五的牵引车生产企业市场集中度为 88% 左右，一汽解放在牵引车市场遥遥领先，2017 年共销售牵引车 17.3 万辆，同比增长 51.6%，占有率为 29.7%，比第二名陕汽高出近 12 个百分点。陕汽实现牵引车销售 10.3 万辆，占有率为 17.6%，重汽、东风紧跟其后，销量分别为 9.2 万辆和 8.3 万辆，占有率分别为 15.8% 和 14.3%。其中，重汽占有率较 2016 年大幅提升了 1.6 个百分点。福田继续延续下滑趋势，占有率下滑 1.9 个百分点，跌至 10.6%，全年销量 6.2 万辆（见表5）。

表5　2017 年牵引车市场主要企业销量及占有率变化

企业	2016 年		2017 年			
	销量（辆）	占有率（%）	销量（辆）	同比增长（%）	占有率（%）	占有率变化（百分点）
一汽	114197	29.4	173083	51.6	29.7	0.3
陕汽	67824	17.5	102830	51.6	17.6	0.1
重汽	55254	14.2	91874	66.3	15.8	1.6
东风	53733	13.8	83354	55.1	14.3	0.4
福田	48577	12.5	61727	27.1	10.6	−1.9
其他	48523	12.5	70389	45.1	12.0	−0.5
合计	388108		583257	50.3		

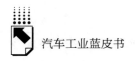

2. 重型货车市场

受法规影响，中长途运输载货车在快速向牵引车转移，但由于中型车升级、快递市场、中置轴轿运市场等新增需求的支持，重型货车整体销量仍出现了增长。2017 年，重型货车市场共销售 23.31 万辆，同比增长 44.4%（见图 14）。

从月度销量走势上看，法规的调整对重型货车总量影响不大。从 2017 年 3 月起市场开始出现增长，且后续市场一直稳定在 2 万辆左右（见图 11），比 2016 年月均销量增加了 0.5 万辆左右。

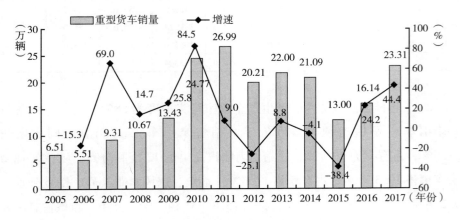

图 14　重型货车年度走势变化情况

重型货车市场集中度相对比牵引车低，前五大企业占 80% 左右，2017 年占比达到 80.5%，比 2016 年增加了 3.1 个百分点。其中，重汽以 23.8% 的占有率稳居第一位，全年销量 5.5 万辆；江淮位居第二，全年销量 4.1 万辆，占有率为 17.7%，较 2016 年下滑了 6.4 个百分点；福田、陕汽、东风 2017 年占有率分别提升了 4.2 个百分点、3.8 个百分点和 2.6 个百分点，进一步缩小了与江淮的差距（见表 6）。

3. 非完整底盘市场

非完整底盘市场 2017 年共销售 30.05 万辆，同比增长 63.8%，增长率高于重型载货车市场，主要源于基建及城建工程需求的增长和大型矿区开工率的提高，自卸车、搅拌车、环卫车需求出现明显增长（见图15）。

表6 2017年重型货车市场主要企业销量及占有率变化

企业	2016年		2017年			
	销量（辆）	占有率（%）	销量（辆）	同比增长（%）	占有率（%）	占有率变化（百分点）
重汽	39910	24.7	55403	38.82	23.8	-0.9
江淮	38923	24.1	41173	5.78	17.7	-6.4
福田	16765	10.4	33879	102.08	14.5	4.2
陕汽	15124	9.4	30647	102.64	13.2	3.8
东风	14213	8.8	26544	86.76	11.4	2.6
其他	36502	22.6	45406	24.39	19.5	-3.1
合计	161437		233052	44.36		

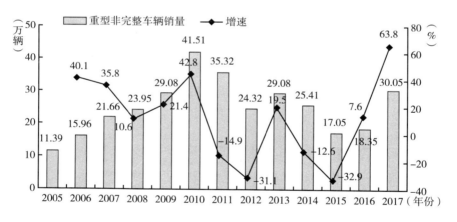

图15 重型非完整车辆销量年度走势变化情况

从月度走势上看，非完整车辆与重型货车走势相似，总量受法规影响较小，从2017年3月开始出现需求增长并保持基本稳定，从2017年8月开始有所下降并呈波动态势（见图11）。

从各企业市场表现上看，一汽解放和红岩表现抢眼，解放J6自卸、红岩杰狮自卸在城建渣土车市场的良好表现得到了客户的认可，占有率均增长了 4 个百分点左右；东风占有率下滑了 5.4 个百分点，但由于其在专用底盘尤其是环卫车领域具有绝对领先优势，2017 年仍处于绝对领先地位，全年销量 10.6 万辆，占有率高达 35.3%；福田占有率继续下滑，已被红岩赶超，排名跌出前五，2017 年占有率仅 6.2%，销量 1.9 万辆（见表 7）。

表 7　2017 年非完整底盘市场主要企业销量及占有率变化

企业	2016 年		2017 年			
	销量（辆）	占有率（%）	销量（辆）	同比增长（%）	占有率（%）	占有率变化（百分点）
东风	74694	40.7	106187	42.2	35.3	−5.4
一汽	32248	17.6	64962	101.4	21.6	4.0
重汽	27686	15.1	42403	53.2	14.1	−1.0
陕汽	25112	13.7	39616	57.8	13.2	−0.5
红岩	6696	3.6	23309	248.1	7.8	4.1
福田	13145	7.2	18672	42.0	6.2	−0.9
其他	3921	2.1	5346	36.3	1.8	−0.4
合计	183502		300495	63.8		

（四）重型载货车新技术和新产品应用情况

1. 整车进一步轻量化

法规调整后，重型载货车总重降低了 14%～20%，市场对经济性和装载量的要求进一步提高，整车各系统也发生了明显的变化。新型结构的 459、440、425 后桥，新结构的平衡轴，镁铝钢圈，新结构轻量化转向系统，850～1000L 大容量 LNG 单罐等模块及新材料的应用使重型载货车底盘自重进一步降低了 50～400kg，如 6×4 牵引车重型底盘由 8.8T 降至 8.4T，准重型底盘由 8.1T 降至 7.8T。

2. 动力进一步升级，13L 及以上大排量、500PS 及以上大动力发动机应用加速

2017 年，随着客户对大动力带来的效率提升和收益增长优势的快速认可，重型载货车尤其是牵引车动力升级进一步加速。在陕汽潍柴 13L/15L、

重汽曼13L、东风康明斯ISZ13L的基础上，解放也推出了其13L的CA6DM3和15L的CA6DN2大排量发动机，最大马力超过650PS。陕汽、东风、重汽更是在500PS以上市场取得了成倍的增长。

3. 新一代产品陆续上市，产品平台化、模块化程度明显提升，产品性能质量水平上了一个新台阶

解放J7、陕汽X6000、江淮K7、福田H5等新一代产品陆续推出，各厂家在新一代产品设计上充分借鉴了欧洲最新一代产品的成功经验，从设计之初就考虑产品的平台化、系列化、模块化开发，使整车零部件数量大幅降低，产品可选装配置模块大幅增加，在大幅降低制造成本的同时，也提高了产品的可靠性，最大限度地满足了各类客户的个性化需求，并将推动国内重型载货车产品及技术的整体升级换代。

4. 现有产品适应性改进，更加关注客户的细节需求

液力缓速器、1000L大油箱、220V电源、独立空调、加宽卧铺、LED昼行灯、180AH免维护电池、通风座椅、内外饰升级等新的配置模块正在得到广泛应用，也为各厂家推出更丰富的产品组合提供了技术支持。解放、陕汽、福田、东风、重汽纷纷推出了北方版、南方版、高原版、寒区版、启航版等各种不同版本的产品，以满足不同区域、不同工况、不同用途、不同文化客户的个性化需求。

5. 智能化、车联网应用进一步扩大

继福田推出超级载货车、重汽推出智能载货车之后，解放也释放出J7自动驾驶试验的信息。虽然大多数关于智能化、车联网的新产品仍处在概念阶段，但相关的技术应用正在加速，如自动变速箱、空气悬架、电控转向机等新技术的应用正在逐步解决整车主要模块的自动控制及执行问题，EBS、AEB、车道偏离、ACC等新技术的应用，正在逐步解决纵向、横向主动安全问题，GPS监控、整车远程控制、车队管理系统等新技术的应用正在逐步解决车辆与管理者的通信与互动问题。随着技术的发展和需求量的增长，这些新技术的应用逐渐成熟，应用成本大幅降低，为后续大规模的应用做好了准备。

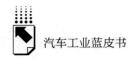

（五）重型载货车市场存在的问题和发展趋势

1. 重型载货车市场存在的问题

（1）数据统计失真

2016 年，法规的调整导致各厂家销量大幅超出预期，部分厂家将部分超出计划销量统计数据保留至 2017 年一季度，导致 2016 年四季度、2017 年一季度统计数据与实际市场不符，数据失真，影响对市场的预期与判断。

（2）法规执行标准不统一

部分地方性法规、安全技术法规不切实际，有失公平。如 4 轴载货车总重标准，法规要求 31 吨，部分区域考虑实际情况按 36 吨、37 吨执行。深圳、北京等地推出国 V 标准，要求加装 DPF 等，虽然出于保护环境的初衷，但由于适用周期短，技术实现难度大，且实际环保改善效果有限，反而大幅增加了生产制造认证和客户的购买及运营成本。

（3）市场饱和度提升，加剧竞争

重型载货车市场饱和度大幅提升，进一步加剧了运输市场的无序竞争。法规调整对车辆需求结构造成了巨大影响，尤其是牵引车 6×2 和 6×4 需求结构，大量 6×2 车型由于法规允许总重大幅度减小，被迫转向 6×4，但由于车辆大多未到报废年限，且二手车处理难度大，只能暂时停运或勉强运营，影响了物流市场竞争秩序。

（4）市场的急速增长增加了产品生产质量及产能风险

2017 年，重型载货车市场的增长主要集中在受法规影响较大的煤炭及散货运输行业，这些市场对产品价格敏感度较高，导致市场中低端产品占比大幅上升。同时，严重的产能不足，导致零部件和整车厂对产能做出了相应调整，对产品质量的管控有所松懈，增加了车辆运营及售后服务风险。

（5）法规的影响分散了行业对实际物流需求变化的关注

2017 年，重型载货车市场创造了历史最高纪录，拉高了整个行业对市场的需求预期，而实际法规影响红利在一季度末已基本结束，后续市场的增长主要来源于工程运输的高速增长以及国家对环保治理造成的煤炭运输市场的影响，实际消费物流增速在放缓，后续市场可持续性发展仍存在较多不确定性因素。

2. 后续市场发展趋势

（1）市场总量将出现下滑

法规红利基本结束，宏观经济持续转型，投资增速放缓，经济增长带来的物流需求增幅有限，2017年市场剧增带来运力过剩，重型载货车周期性更新高峰期结束等，在这些综合因素影响下，2018年市场总量将可能出现下滑。

（2）部分细分市场仍存在增长机会

国家正在推动物流效率提升、物流成本降低、安全与质量水平提升，同时相关技术标准和法规也在逐步完善，这些环境的变化将推动重型载货车市场结构的调整并带来部分细分市场的增长机会。2018年，快递快运、冷链等与消费相关的市场仍将保持稳定增长，受法规影响的中置轴轿运车、城市与城建物流黄标车置换等细分市场仍有增长机会。此外，受国家"一带一路"倡议带动，跨境运输、对外援建市场仍将得到快速发展。

（3）竞争进一步加剧，产业加速整合

2017年，重型载货车市场的快速增长及后续需求的下滑造成市场库存同比增长接近40%，加大了后续市场的竞争压力。随着技术的快速升级、质量的快速提高和竞争的加剧，重型载货车产业门槛大幅提升，未来产业的集中度将进一步提高，大量千台以下企业将被整合或转型退出。重型载货车市场未来的主要竞争者必须具备强大的资源和技术支持。

（4）新能源和自动驾驶成为新热点，但距离市场化商业化仍有较大差距

随着环保治理的加严，安全技术标准的提高，以及新兴产业技术的发展，新能源和自动驾驶成为汽车行业新热点，商用车领域对新能源和自动驾驶的关注度也在快速提升。对重型载货车产品来说，由于其特殊的使用工况和应用场景，对产品的技术、成本、可靠性要求相对较高，电池技术、整车

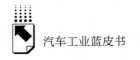

平台技术、传感及自动控制技术及相应可靠性、成本、产业配套仍处在瓶颈期，要实现商业应用至少需要三到五年时间。短期内，新能源重型载货车仍将处于概念阶段，产品仍以过去在传统重型载货车平台上开发的过渡性产品为主，应用场景也将集中在短途配送及场地运输市场。传统重型载货车产品将重点解决辅助驾驶技术的应用问题，如自动挡变速箱、空气悬架、盘式制动器、电控转向系统、EBS 等技术的商业化应用。

三　2017年轻型载货车发展

（一）轻型载货车市场情况

2017 年，轻型载货车销售 171.9 万辆，同比增长 11.63%（见图 16）。其中轻型货车销售 162.22 万辆，同比增长 11.1%；轻型货车非完整车辆销量 9.68 万辆，同比增长 22.0%。从历史走势看，轻型载货车自 2010 年达到 202.6 万辆的销售规模后，其市场需求总量一直在减少，与整个载货车的走势一致，直到 2017 年出现明显反弹。

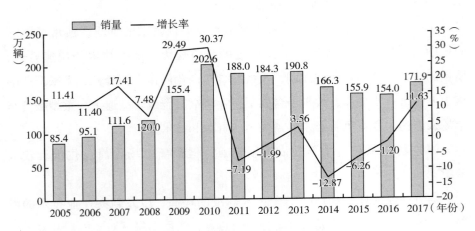

图 16　轻型载货车历年销量增长情况

从车型结构看，轻型载货车非完整车辆占比不断下降，从 2005 年的 11.6% 下降到 2017 年的 5.6%（见图 17）。这一趋势很可能还将延续。

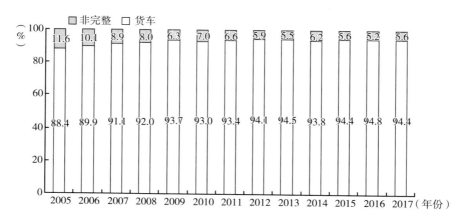

图17 轻型载货车分车型历年销量结构占比情况

从企业来看，销售前五名的分别为：北汽福田汽车股份有限公司，全年共销售轻型载货车 30.38 万辆，同比增长 12.73%，市场份额 17.68%，同比增加 0.18 个百分点；安徽江淮汽车集团股份有限公司，全年共销售轻型载货车 18.24 万辆，同比下降 1.35%，市场份额为 10.61%，同比减少了 1.4 个百分点；江铃控股有限公司，全年共销售轻型载货车 18.08 万辆，同比增长 8.8%，市场份额为 10.52%，同比下降了 0.27 个百分点，东风汽车集团有限公司，全年共销售轻型载货车 15.61 万辆，同比增长 22.46%，市场份额为 9.08%，同比增长了 0.8 个百分点；长城汽车股份有限公司，全年共销售轻型载货车 11.98 万辆，同比增长 13.47%，市场份额为 6.97%，同比增加了 0.11 个百分点（见表8）。

值得指出的是，在轻型载货车 2017 年增长 11.63% 的背景下，安徽江淮汽车集团股份有限公司同比下降 1.35%，表现欠佳，一直占据轻型载货车最大市场份额的北汽福田汽车股份有限公司，2017 年销量和份额实现双增长，龙头地位进一步巩固。

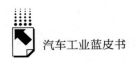

表8　轻型载货车主要企业销量和市场份额情况

排名	企业名称	2017年累计销量（辆）	2016年累计销量（辆）	同比增长（％）	2017年份额（％）	2016年份额（％）	份额增减（百分点）
1	北汽福田汽车股份有限公司	303838	269531	12.73	17.68	17.50	0.17
2	安徽江淮汽车集团股份有限公司	182364	184862	−1.35	10.61	12.01	−1.40
3	江铃控股有限公司	180764	166142	8.80	10.52	10.79	−0.27
4	东风汽车集团有限公司	156096	127472	22.46	9.08	8.28	0.80
5	长城汽车股份有限公司	119846	105621	13.47	6.97	6.86	0.11

　　轻型载货车历来市场集中度不高，销量排名前五的企业，整体市场份额只占了全部轻型载货车的55.2%，相对于重型载货车前五的企业占据80%以上的市场份额来说，市场集中度相距甚远。

　　从车型看，轻型载货车整车销售前五名的企业为：北汽福田汽车股份有限公司，全年销售了30.32万辆，同比增长12.49%；安徽江淮汽车集团股份有限公司，全年销售了18.24万辆，同比下降1.35%；江铃控股有限公司，全年销售了18.07万辆，同比增长8.8%；长城汽车股份有限公司，全年销售了11.98万量，同比增长13.47%；东风汽车集团有限公司，全年销售了10.86万辆，同比增长16.56%。轻型载货车非完整车辆，销售过万辆的企业包括东风汽车集团有限公司，全年销售了4.75万辆，同比增长38.48%；中国第一汽车集团公司，全年销售2.29万辆，同比增长38.64%，庆铃汽车（集团）有限公司，全年销售1.97万辆，同比下降6.78%。这三家企业占据了底盘销售的93%。

（二）轻型载货车新技术和新产品发展

　　2017年，轻型载货车新产品以产品性能高端化升级为主。

　　2017年，北汽福田陆续推出高端化升级新品，如欧马可超级卡车、奥铃 CTS、TS、福田时代 M3 等高端系列轻型载货车。超级载货车系列秉承德系载货车研发设计理念，采用欧洲底盘设计和研发制造标准，通过 20 余处人机工程优化，以及定速巡航系统等多项配置升级，给客户带来了轿车化驾乘体验。领先的模块化结构设计不仅使车辆的承载能力得到大幅提升，还使轻量化效果提升 20%，整车性能提升 1.5 倍。在智能汽车方面，福田发布轻型商用车辅助驾驶智能安全技术，囊括 LDW、AEDS、ACC 等以及 IOV（车联网）和 AMT（智能手自一体化变速箱）等。

2017 年江淮推出帅铃轻卡 H330，围绕智能安全、智能驾驶、智能舒适、智能互联、智能节油、智能服务。该车三大件"HFC DE1‑1D 国五发动机 + ML642A 变速箱 + 292 后桥"形成黄金传动系。同时，该车型发动机采用轻量化设计，整备质量为 3.4 吨，车货总重最高达 5.5 吨，还大幅提升了柴油燃油效率，实现节油 10% ~ 20%。

东风在 2017 年下半年推出 2018 款凯普特、2018 款多利卡。其中，凯普特三大总成采用 ZD30 发动机 + 德纳车桥 + 法士特变速箱，经历四大性能 56 项升级，品质全面提升。多利卡主打玉柴发动机 + 万里扬变速箱 + 邦乐车桥，同时可以选配东风 D28 发动机、朝柴发动机、云内发动机以及全柴发动机，也进行了诸多升级，整车的防锈工艺提升；采用断气刹、排气制动、部分车型搭载前盘后鼓制动方式等，行车更安全。

（三）轻型载货车市场存在的问题和发展趋势

1. 存在的问题

（1）政策执行力度不均

环保排放、超载超限、一致性检查等一系列法规政策对引导行业向节能、环保、安全方面发展起到积极推动作用。这些政策法规在中心城市普遍落实执行得比较好，但在城乡、村镇、县域和一些边远地区则存在执行不严的情况，为一些不达标的企业提供了可乘之机，市场竞争环境有失公平。

（2）挂靠扰乱市场

因个人办不了营运证，需要挂靠公司，于是社会上涌现出专门办理挂靠

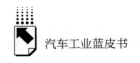

业务的组织，收取高昂的挂靠费，扰乱了市场秩序。

2. 发展趋势

轻型载货车行业总体已进入成熟期，市场需求总规模将保持相对稳定，影响市场需求的主要因素已由新增需求为主转向更新需求为主；同时，技术升级、法规政策的影响也不容忽视，某些时候还是引起市场波动的主因。轻型载货车承担了消费性物流与生产性物流工具的功能，所以对宏观环境变化的敏感度不及重型载货车。

2018 年轻型载货车市场需求主要受以下因素影响。

（1）宏观经济走势

2018 年宏观经济增速预计将呈回落趋势，这一基本面对各行业的支撑作用将弱于 2017 年。轻型载货车作为工业制造品载体和为各实体行业提供物流服务的工具，将受到一定负面影响。中美贸易战对中国进出口贸易的影响不容忽视，长三角、珠三角的外向型经济可能会受到较大影响，这两个地区向来是轻型载货车消费的主力区域，预计轻型载货车需求受到波及。

（2）日益严格的行业监管政策和持续升级的技术、安全法规

轻型载货车市场最直接的影响是轻型载货车的成本进一步上升，如GB－7258要求 3.5 吨以下车型加装 ABS 等。2017 年国 V 的实施，使一部分需求提前释放，并将抵冲 2018 年的需求。

综上，预计 2018 年轻型载货车市场增速将回落，甚至不排除同比略有下滑的可能。

轻型载货车还会呈现其他方面的一些趋势。

（1）高端化

随着消费升级和法规推动，市场结构出现明显的变化。主要体现在产品由中低端向中高端升级，中高端市场保持快速发展，低端产品下降明显。受节能减排、汽车尾气排放要求不断升级、社会需求不断细化等因素的影响，轻型载货车产品持续升级，发动机从国一跃升至目前的国五排放标准，价位也随之"水涨船高"。车辆的排放升级不仅带来发动机的技术升级，还会促进排量小型化以及车型系列更精简，随着车辆制造工艺提升与材料科技的进

步，产品可靠性也得到提高。

（2）专业化

随着城市化进程不断加快，中短途货运需求不断增加，同时城市高效物流和电商物流快速发展，推动了专业化物流公司的发展，促使用户需求向专业化、特殊化发展。客户需求由之前的一个产品满足所有需求逐渐向专业需求、专业定制方向发展。

（3）随着物流成本，特别是人工成本增加，轻型载货车呈现向宽车身大货箱发展趋势

轻型载货车新款驾驶室宽体由 1995mm 升级到 2060/2080mm，中体由 1800mm 升级到 1880/1900mm，窄体由 1695mm 升级到 1730mm。货厢尺寸同步加宽。2600/2800 轴距段产品受排放升级影响，产品成本持续增加，产品竞争力下降，逐步被微型载货车后双胎替代。3800 轴距以上产品需求呈现大幅下降态势，主要因为客户需求向宽体大货箱转移、中型载货车产品下延，同时还有排放升级和安全法规的影响，使得轻型载货车产品价格竞争力减弱，功能满足不具备优势，从而逐步被中型载货车替代。

（4）新能源化

2017 年新能源汽车销量持续快速增长。在政策刺激（补贴、路权等）、电池成本降低、风险资金涌入多重因素影响下，产业规模呈现爆发式增长。2020 年补贴退坡后，面临的挑战是和传统燃油车比，全生命周期成本的优势如何。

（5）智能化、网联化

伴随 5G 网络布局，汽车的智能化、车联网将出现突破性发展，高效物流的发展和智慧物流的推出促使车辆向智能化、网联化发展。

四 2017年微型载货车发展

（一）微型载货车市场情况

2017 年，微型载货车全年销售 56.84 万辆，同比下降 6.21%。自 2010

年以后，微型载货车销量大体保持在 50 万辆左右，市场规模处于历史相对高位水平（见图 18）。

图 18　2005～2017 年微型载货车的销售量和增长率

（二）主要微型载货车企业发展概况

上汽通用五菱汽车股份有限公司继续一枝独秀，占据了近一半的市场份额，2017 年全年销售 25.52 万辆，同比增长 1.29%，市场份额为 44.9%，同比增加了 3.32 个百分点。

重庆长安汽车股份有限公司全年销售 8.71 万辆，同比增长 2.42%，市场份额为 15.32%，同比增加 1.29 个百分点。

东风汽车集团有限公司全年销售 8.43 万辆，同比增长 18.55%，市场份额为 14.82%，同比增加了 3.10 个百分点。

北汽福田汽车股份有限公司全年销售 5.28 万辆，受产品升级速度影响，同比下降 35.41%，市场份额为 9.29%，同比减少 4.20 个百分点，这种下滑是暂时性的，2018 年即将推出的福田祥菱新产品，主打"舒（配置真一流舒适新感受）、省（油耗低一升收益看得见）、质（品质胜一筹安全更省心）、载（拉货度一吨胜似小轻卡）"四个核心卖点，预计重拾丢失的份额。

山东凯马汽车制造有限公司全年销售 2.03 万辆，同比增长 30.45%，市场份额为 3.57%，同比增加 1 个百分点（见表 9）。

表9　微型载货车主要企业销量和市场份额情况

排名	企业名称	2017年累计销量（辆）	2016年累计销量（辆）	同比增长（%）	2017年份额（%）	2016年份额（%）	份额增减（百分点）
1	上汽通用五菱汽车股份有限公司	255237	251981	1.29	44.90	41.58	3.32
2	重庆长安汽车股份有限公司	87061	85003	2.42	15.32	14.03	1.29
3	东风汽车集团有限公司	84257	71073	18.55	14.82	11.73	3.10
4	北汽福田汽车股份有限公司	52824	81782	−35.41	9.29	13.49	−4.20
5	山东凯马汽车制造有限公司	20300	15561	30.45	3.57	2.57	1.00
6	重庆力帆汽车有限公司	18928	26947	−29.76	3.33	4.45	−1.12
7	金杯汽车股份有限公司	17332	15623	10.94	3.05	2.58	0.47
8	四川现代汽车有限公司	12262	25438	−51.80	2.16	4.20	−2.04
9	奇瑞汽车股份有限公司	9915	17754	−44.15	1.74	2.93	−1.19
10	山东唐骏欧铃汽车制造有限公司	5700	5605	1.69	1.00	0.92	0.08
11	中国第一汽车集团公司	4428	7975	−44.48	0.78	1.32	−0.54
12	北汽银翔汽车有限公司	120	678	−82.30	0.02	0.11	−0.09
13	四川南骏汽车集团有限公司	80	—		0.01		0.01
14	广州汽车集团乘用车（杭州）有限公司	—	638	—		0.11	−0.11
	合计	568444	606058	−6.21	—	—	—

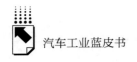

2017年，微型载货车的新产品主要集中在国五排放升级方面，汽油动力产品率先升级至国五排放，柴油动力产品在下半年陆续推出。全新推出的新产品主要是长安跨越新豹T3，实现了比较好的增长，直接拉动了长安市场份额的提升。

五　2017年皮卡车发展

（一）皮卡车市场情况

2017年，全国主要15家皮卡车生产企业产量为415540辆，同比增长19.8%；销售量为410065辆，同比增长18.2%（见图19），实现了连续两年两位数的同比增长，成为两年来国内汽车市场的亮点之一，有力地推动了中国汽车工业的发展，并成为拉动商用车市场的助力器。国产皮卡车市场是结构型增长，汽/柴油机型及各驱动形式、手动/自动挡与单双排皮卡全部实现增长，充分证明了在有限有效政策的鼓励下，以及在各大皮卡车企对细分市场需求的精准判断下，2017年整体皮卡车市场再现两位数的快速增长。

2017年，国产皮卡车市场的增长态势要强于整体汽车市场的增长，基本上与商用车行业的市场产销量增长同步，再次显示出皮卡车市场强旺的生命力。整个皮卡车行业的产销基本保持在一个平衡点上运行，这充分说明各大车企的产品适销对路，库存量也在一个合理的范围内，从另一个方面证明了中国皮卡车行业已经走向成熟。由于车管歧视政策因素，皮卡车型一直处于小众车型而难以做大做强。而与此相反，皮卡车在海外任何一个国家和地区，都是主流主销车型。

从皮卡车月度走势图上看，除1月负增长，3月和10月增长率呈现个位数增长外，其他月份都呈现两位数的快速增长。受经济好转、经济结构持续改善、城镇化不断推进、农村基建持续投入、政策利好等因素的影响，2017年皮卡车呈现同比增长的趋势（见图20）。

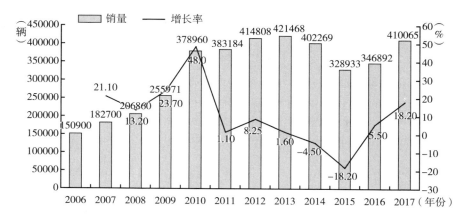

图19　全国主要15家皮卡车生产企业皮卡车历年销量增长情况

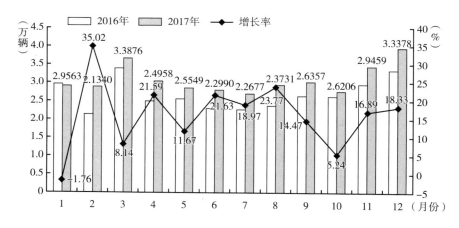

图20　皮卡车2016年和2017年各月销量走势示意

资料来源：保险数。

从企业销量来看，皮卡车市场销量可分为五个台阶：第一台阶为长城皮卡，年产销量在10万辆以上；第二台阶为江铃皮卡，年产销量在7万辆左右；第三台阶为郑州日产和中兴皮卡，年产销量在4万辆左右；第四台阶为江西五十铃、江淮汽车、黄海汽车和北汽福田，年产销量在2万~3万辆；第五台阶在1万辆以下。其中前四台阶的市场销量及份额占据整体皮卡车市场的九成左右。从市场份额比重图（见图 21）可以看出，各品牌皮卡车市场销量与市场份额占比虽然仍处于此消彼长中，但第一和第二台阶基本上还是在维持原有的市场生态格局，变化最大的是第三和第四台阶，尤其是近年来杀入皮卡车领域的新锐品牌皮卡车对整体皮卡车传统市场格局产生了冲击。

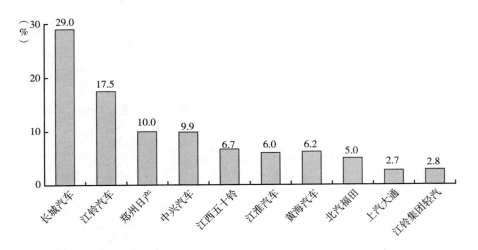

图 21　2017 年皮卡车分品牌市场份额占比

资料来源：保险数。

（二）皮卡车进出口分析

进口方面，我国进口皮卡车基本上都是平行进口车，数量少。出口方面，按照海关的统计数据，2017 年我国皮卡车共出口 25438 辆，同比增长 64.5%。目前，我国皮卡车出口产品呈现"多元性、层次化"的现象，皮卡车不但在功能上趋于多样化，在设计和操作性能上也逐渐趋于豪华。在排放技术上，已完全与国产乘用车同步发展，发动机尾气排放标准从国一至国六不断更新，其无人驾驶技术也正在研发中。在功能性配置上，卫星导航系统、DVD 播放机、电动八向调节座椅、ABS、环保型空调、中控锁、动力转向、可调式方向盘、电动升降玻璃、电动后视镜、铝合金轮毂、真皮座椅、安全气囊、电动天窗等过去只能在豪华 SUV 车上才能看到的配置，如今在国产皮卡车上越来越多地出现。

目前，中国品牌皮卡车已出口到全球 100 多个国家和地区，覆盖了非洲、中东、中南美、澳大利亚、欧洲及亚洲等地区。非洲主要是南非、塞内加尔、尼日利亚、喀麦隆、阿尔及利亚等国；中东主要是伊拉克、沙特、伊朗等国；中南美主要是智利、秘鲁、乌拉圭等国；还有俄罗斯、澳大利亚和欧洲部分国家以及东南亚所有国家。

长城汽车自 1998 年首辆长城皮卡车出口非洲，开启国际市场大门，到如今已敲开世界上含金量最高的欧盟市场。作为出口量最大的皮卡车品牌，目前长城风骏皮卡车在海外的保有量占到中国皮卡车出口总量的 80%。现阶段，江铃汽车系列皮卡车产品也已经覆盖非洲、中东、南美洲、南亚和东南亚等区域，作为主打车型的柴油型皮卡车，出口量一直位居中国柴油皮卡车行业出口的前三位。近些年来，郑州日产、福田、中兴等企业皮卡车出口量也在保持稳步增长。

（三）皮卡车市场发展趋势

2017 年国内皮卡车市场始终以高速增长的态势发展，2017 年是皮卡车市场快速变革的一年。在销量方面，皮卡车创下了近年的新高；在行业政策、新款产品、用户消费观念等方面，皮卡车也有全新的变化。皮卡车一系列全新的变革，使得汽车市场中刮起了一阵皮卡车热的风潮，皮卡车成为当前汽车市场中最具有潜力的细分板块。预计 2018 年，随着宏观经济继续好转，政策法规的进一步开放，市场供需求的扩大，皮卡车产销将为 45 万辆左右。

我国皮卡车市场的需求主要受三个层面因素的重要影响。

1. 宏观经济层面

国民经济保持稳中求进的总基调，继续实施积极的财政政策和稳健的货币政策，2018 年 GDP 有望保持 6.5% 的中高速增长。2018 年投资环境趋紧，整体投资呈缓中趋降态势，基建投资受地方政府债务风险防范和融资手段规

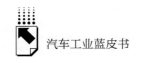

范化管理的影响，难以上行；房地产方面，虽然去库存已经基本完成，但是房地产调控长效机制仍在建立，限购限贷将延续，预计房地产投资继续下行。目前来看，建材家居需求占了皮卡车运输场景的49%，这一部分2018年将受部分影响。

2. 产业政策层面

国内对于皮卡车的利好政策逐步推出，除了六省解禁，我国皮卡"多用途货车"的概念逐渐明晰，并在粘贴反光条、车身喷字等方面进一步与普通货车进行区分管理。2018年国内有关皮卡车的利好政策将更加凸显出来，除了皮卡车解禁进城政策有望进一步扩大以外，总质量4.5吨及以下普通货车的道路运输证和驾驶员从业资格证将被取消，这有利于所有的轻型商用车，但可以说，皮卡车是最大的受益车型。利好政策会增强和放大皮卡车型在乘用车领域与SUV、轿车、微客的间接竞争能力，直接增加与小轻卡和微型载货车的竞争，对中国皮卡车行业来说，无疑是个福音。皮卡车标准也在紧锣密鼓地制定中，预计2019年可以完成。随着政策的逐步放开，皮卡车市场逐渐趋于成熟，皮卡车在国内将逐渐回归"多用途"的功能取向，让皮卡车摆脱"泥腿子"的固有形象。

3. 市场需求层面

从市场需求层面来看，皮卡车的配置不断向乘用车靠拢，这也将吸引部分高收入、个性玩车、需求强的乘用车车主增购皮卡车。随着经济的不断发展，物流快递行业的快速增长，相比其他车型的优势和产品日益增强的短途物流舒适性，促使皮卡车成为城市短途物流的一个好选择。目前，皮卡车主要分布在东南沿海的发达地区和西部落后地区，随着"一带一路"政策的铺开，未来西部地区经济快速增长，基建需求持续增加，对未来皮卡车市场形成支撑。从供给层面看，2017年主流厂家纷纷推出新款车型并增加产量，预计未来皮卡车的更新换代速度会进一步提升，对皮卡车市场销量产生正向作用。

新车是最能反映市场变化的"晴雨表"与"风向标"，它们既契合了当下市场与广大用户的需求，又预示着未来市场细分的走势。2017年，皮卡车在国产汽车所有车型品系中新款车相对发布最多，新技术运用最广泛，皮卡车从社会与市场低端边缘的车型开始加速升级，相信成为主流车型已经为期不远了。

（1）汽油皮卡车占据主导

2017年以来，面对国五排放标准实施的巨大压力，无论是主流还是非主流皮卡车企，无论是有自制发动机能力或无自制发动机能力的整车主机生产厂家，都在研发汽油机型皮卡车，加大在汽油机领域的市场份额。与此同时，这些涡轮增压汽油机型皮卡车在配置上也较高，处于中高端档次产品。

（2）低排量大升功率将成发展趋势

2017年以来，以合资品牌皮卡车为标志，其发动机呈现体积小型化、低排量和高升功率的变化，提高了低转速动力性和高燃油经济性，成为节能环保和能轻而易举升级国六的产品。这种发动机不仅可以免交排量税，而且动力强劲、油耗低、噪音小、燃油效率高，在重载、高速、爬坡及低速段加速等状态下有极高的稳定性。

（3）AT和6MT产品已成市场发展潮流

2017年，自动挡以及6MT车型开始扎堆入市，正式迈入起步阶段，并不断扩容增量，这恰恰是国内皮卡车行业发展的缩影。随着皮卡乘用车趋势的增强和利好政策的推进，皮卡新车外形更加时尚，内饰更加精良，配置更加高端，性能更加齐全，产品重心向中高端与人机一体的人性化方向转移。

（4）皮卡车高端化成发展趋势

2017年，在众多合资与自主品牌中高端新锐车型品系中，新车在功能性配置和内饰上进行了较大升级和革命性变化，更加偏向于乘用舒适性和多功能方面。如在一些中高端皮卡车产品上分别列装有多功能方向盘、MP5影音系统、2WD/4WD转换钮、智能行车电脑、车载智能互联系统、一键启动、ABS＋EBD、ESP车身稳定控制系统等，此外还包括上坡辅助（HAC）、刹车辅助（EBA）、后桥差速锁、牵引力控制系统（TCS）、胎压

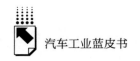
监测、陡坡缓降、自动空调、AFS 随动转向 LED 大灯、车道偏离预警、感应雨刷、适时四驱系统、360°全息影像、倒车雷达、后视镜加热＋电动折叠、感应大灯、四轮碟刹、座椅加热、铝合金轮圈等，这些乘用车化十足的设计在轿车和 SUV 上也属于高端配置。由此可以看出，国产皮卡车正在向更高端、更智能、更多元的方向发展。这些高科技的加入，在保障舒适驾乘的同时，可为驾乘者带来更智能的驾乘体验，并进一步提升车辆的安全性能、通过性能和越野性能，让皮卡车彻底摆脱载货工具车的样子。

（5）皮卡车新能源化趋势渐起

国外新款新能源（清洁能源）皮卡车较多，主要涵盖氢燃料皮卡车、混合动力皮卡车、插电式皮卡车等，绝大多数是与整车配套研发生产的全新新能源皮卡车。我国相关新能源皮卡车基本上是在原型车上改装而成的，是以技术含量低、上马快的纯电动皮卡车为主，品系较为单一，虽然也出现了 CNG 双燃料皮卡车、插电混合皮卡车等，但基本上还处于展示的样车状态，不具备成熟的平台，离量产化还相差甚远，然而这在很大程度上也促进了皮卡车行业探索新能源领域的进程。

（四）皮卡车发展政策建议

从六省份开展放宽皮卡车进城限制试点效果来看，皮卡车解禁政策开放后，不仅没有造成道路交通拥堵，其带来的积极市场效应正在逐渐显现，不仅提高了绝大部分车企的市场销量及份额，而且对汽车行业及企业产品的发展，乃至地区经济发展、税收和就业等方面都会起到了一定推动作用。因此，建议政府尽快全面放开皮卡车进城限制，满足城市对皮卡车的需求，同时更好地促进我国汽车产业健康稳定向上发展，更加有效地促进社会和谐以及经济繁荣。

无论国际还是国内，皮卡车都有着广阔的市场需求及应用场景。为有效开展皮卡车行业供给侧结构性改革，有效引导及促进皮卡车行业发展，使其尽早实现"创新驱动、转型升级"，带动消费向更高层次迈进，国家应将皮卡车从货车类别划归为乘用车类别管理，实现"跨界融合"式发展。希望国家加大对皮卡车型的政策扶持，支持引导企业加大皮卡车型的研发投入，推动皮卡车产品多元化发展，有力促进皮卡车型在城市物流等共享市场的推广。

（五）部分主要皮卡车企业发展概况

1. 长城汽车

2017年皮卡车型累计销量11.9万辆，同比增长13.47%。两款产品风骏5和风骏6仅两驱柴油版本销量分别下降4.52%和微增1.53%之外，其余版本车型增速均超过10%。风骏5两驱汽油车型增幅高达32%；风骏6四驱柴油和汽油车型分别增长90%和40%，表现抢眼。产品线丰富，适应市场，使得长城皮卡车系列继续引领市场增长。出口方面，累计销量9039辆，同比增长70%。随着皮卡车政策松绑加码，皮卡车市场将被大幅激活，2018年长城汽车皮卡车产品研发力度回归，或将引领皮卡车市场进一步增长。

2. 江铃汽车

2017年皮卡车型累计销量7.2万辆，同比增长18.6%。宝典皮卡车累计销量3.9万辆，同比下降1.4%。2017年下半年，江铃汽车新推出的全新域虎和经典域虎产品亮点较多，大大提升了域虎产品竞争力，垂直换代的意向明显，有战略性加码高端皮卡车的布局。2017年域虎产品全年累计销量3.1万辆，同比增长57.9%。出口方面累计销量1551辆，同比增长37.3%。

3. 郑州日产

2017年皮卡车型累计销量4.1万辆，同比增长2.33%。老品牌锐骐皮卡车市场销量呈持续下跌之势，2017年上半年上市的新锐品牌尼桑纳瓦拉皮卡呈现超高速增长趋势，出口形势也很好。纳瓦拉累计销售1.37万辆，同比增长34.49%，表现出色；锐骐皮卡车累计销量2.7万辆，同比下降8.51%，在皮卡车型大幅增长的2017年，锐骐皮卡车竞争力堪忧。2017年四季度全新单排座锐骐皮卡车通过工信部审核，搭载采用德国博世电控高压

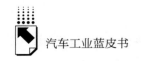

共轨技术的 ZD25T5 发动机，功率 103kW，扭矩 305N·m，排放达到国五标准，上市后有望挽回锐骐皮卡车市场销量走势。

4. 中兴汽车

2017 年中兴皮卡车累计销量 4.06 万辆，同比增长 7.31%。旗舰和威虎系列近年来一直处于下挫状态，11 月，中兴停止了此两款车型的生产。2017 年上市的领主成为主力车型，将逐步取代威虎汽柴油两驱和四驱车型。2018 款领主皮卡车包含国五柴、汽油版，共计 12 款车型，在发动机和车辆配置上重点改进，竞争力提升明显。此外，中兴汽车还推出了领主皮卡车的柴油大双排车型，货箱长度达到 1810mm。与此同时，中兴汽车已正式向工信部报批了一款国五排放的中兴威虎平底货箱双排皮卡车。

5. 江西五十铃

2017 年江西五十铃累计销量 2.74 万辆，同比增长 69.3%。无论合资品牌 D－MAX 还是合资自主品牌瑞迈皮卡持续呈超高速增长的发展态势。江西五十铃 2018 款全新瑞迈国五柴油皮卡车已于 2017 年 11 月份上市，其搭载意大利 VM 技术平台的涡轮增压发动机，传动系统升级为格特拉克的手动六速变速箱，其具有更高的燃油经济性和驾乘舒适性。2018 款 D－MAX 双排标准货箱中型皮卡车已于 8 月上市，与前款产品使用同一平台，在车身尺寸方面没有变化，与日产纳瓦拉和丰田海拉克斯同级别，拥有黄金尺度和协调的比例，满足大多数用户的使用需求。

6. 江淮汽车

2017 年江淮皮卡车累计销量 2.5 万辆，同比增长 34.5%。除市场销量极小的汽油双排四驱市场下滑外，其他车型全呈快速增长之势，尤其是柴油双排四驱超高速增长引人关注。目前，江淮皮卡车已经挤入市场销量前六名，继续充当皮卡车行业内的"黑马"。江淮 V7 皮卡车于 2017 年 12 月上市，是江淮汽车 2017 年新推出的一款车型，囊括柴油、汽油车型在内的共计 8 款车型。该车售价为 7.18 万~8.38 万元，价格定位于经济型皮卡车市场，但外观趋近高端皮卡车型的 V7 和性能比较高的发动机可以给江淮汽车在国内经济型皮卡车市场中增加强而有力的竞争筹码。

7. 黄海汽车

2017 年黄海皮卡车累计销量 2.55 万辆，同比增长 19.51%。N1 系列产品市场销量继续呈下降之势，N2 系列产品市场销量继续呈快速增长的态势，替代 N1 系列的趋势较明显。2018 年，黄海 N1S 国五柴油系列产品将适时推出，其动力搭载绵阳新晨动力代号为 XD25T5 的柴油国五排放标准发动机，排量为 2.5L，最大功率为 103kW。此外，黄海 N3 宽体皮卡车 2017 年已在上海车展正式上市，该车搭载 DK48 柴油发动机和三菱 4K22D4T 汽油发动机两种动力系统，其 1950mm 宽度的车身尺寸创我国国产皮卡车宽度之最，1715mm 长的货箱进一步满足用户对多拉货的需求。与此同时，黄海 N2 纯电动皮卡车是在黄海 N2 的基础上研发而成的，运用高能量密度的韩国三星技术三元锂离子电池，满足多种使用环境的需求。在动力方面，黄海 N2 纯电动皮卡车采用了高效永磁电机，峰值扭矩为 530N·m，额定功率为 40kW，最大功率可达 80kW。

8. 北汽福田

2017 年北汽福田皮卡车累计销量 2.06 万辆，同比下降 13.97%，市场销量持续呈两位数的下降速度。尽管近年北汽福田皮卡车市场表现不尽如人意，但其新锐车型却不断下线上市。2017 年在广州车展上搭载 6AT 康明斯发动机的拓陆者 S 皮卡车，采用全新平台，属于偏乘用的多功能用车，功能趋向于 SUV，主要以休闲、越野等乘用功能需求为主。该车外观宽大饱满、轿车化内饰赏心悦目，特别是在配置和内饰上进行了升级和改善，如改善 ABS + EBD、ESP、陡坡缓降、自动空调、货厢宝、铝合金轮圈和行车电脑等配置。该车康明斯 2.8L 柴油机配 6 速手自一体变速箱这套动力总成，可以满足越野、个体经营、自用用户和小型单位所需。

9. 上汽大通

2017 年上汽大通皮卡车产销量 1.14 万辆，2017 年市场销量超万辆创造了皮卡车行业纪录。2017 年四季度，上汽大通 T60 汽油版横空出世，其车型售价为 8.38 万 ~ 21.38 万元，价格区间大且型谱宽，分高低底盘、四驱两驱、两种发动机系统和手动自动挡车型，按配置不同又细分为舒适版、精

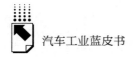
英版、旗舰版，可充分满足不同用途需求的消费者。格外引人注目的是，T60 汽油版拥有天窗、EPS 电子助力转向系统、发动机智能自动启停系统、ABS + EBD、ESP、陡坡缓降、自动空调、货箱宝等高端皮卡车配置。据了解，未来，上汽大通 T60 皮卡车将会在各类专用车和改装车上全线发力，如房车及各类城市建设工程专用车型，与此同时，将加速对海外市场的扩张。

　　10. 江铃集团

　　2017 年江铃集团轻汽皮卡车产销量 1. 15 万辆，同比微增 4. 63％。江铃集团轻汽骐铃 T7PLUS 国五新车型采用绵阳新晨 D20 发动机，采用高压共轨 + 增压中冷 + EGR + DOC + DPF 技术，最大功率 90kW，最大扭矩 265N·m，动力强劲，油耗低，噪音小，燃油效率高，在重载、高速、爬坡及低速段加速等状态下稳定性较强。在功能上，该车具有乘用车化配置，如多功能方向盘、折叠钥匙、无骨雨刷等。

B.4

2017年客车行业发展报告

摘　要：　本报告阐述了2017年我国客车行业总体销量、行业竞争形势以及政策的变化情况，并介绍了客车行业的新技术的发展。基于对客车行业发展趋势的判断，预测了客车市场的发展方向，并就进一步推动客车行业发展提出了建议。

关键词：　客车　纯电动客车　传统客车　混合动力客车

一　2017年客车发展

（一）客车市场情况

行业总体：2017年1~12月，大中型客车销售17.9万辆（含出口），同比下降5.3%（受新能源补贴政策调整影响，12月公交市场呈现较大增幅，2017年全年销量降幅较1~11月收窄3.1个百分点），其中大型客车销售9.4万辆，同比增长4.4%；中型客车销售8.5万辆，同比下降14.1%；轻型客车销售34.8万辆，同比小幅下降1.7%，详细情况如表1所示。

表1　2017年1~12月客车销售情况

单位：万辆，%

车型类别	销量	同比增幅
大中型客车	17.9	−5.3
大型客车	9.4	4.4
中型客车	8.5	−14.1
轻型客车	34.8	−1.7

注：表中轻客包含传统的小轻客、大van、骨架车身轻客，以及轻客改装的专用车等。

根据 2017 年客车行业总体销售情况，行业整体继续下滑，降幅为 10.7%，其中，大中型座位客车下滑幅度有所减小，城市公交客车主要是受 2016 年底政策调整需求前拉的影响，2017 年整体较 2016 年仍有所下滑，但下滑幅度减小，但是校车下滑幅度增加（见表 2）。从产品类型的推广情况来看，城市公交的总体推广仍然以新能源为主，大中型座位客车新能源推广的数量有明显增加，市场对新能源的接受程度进一步提高，新能源车型的需求逐步释放，尤其是受沃特玛联盟、中植（舒驰）等推广模式的影响，新能源座位客车的推广较 2016 年有所提高。客运细分市场主要仍然是传统燃料车型，销量集中在 3 月、9 月释放。

表 2　客车行业 2017 年各细分市场销量及同比增幅情况

单位：辆，%

时间	细分市场	销量	同比增量	同比增幅
2017 年 1 ~ 12 月	大中型客车(不含校车)	156804	−18418	−10.5
	大中型座位客车	58597	−10665	−15.4
	大中型城市公交	98207	−7753	−7.3
	校车(含 5 米以上)	21714	−2913	−11.8
	客车行业总体	178518	−21331	−10.7

（二）客车行业竞争态势

2017 年 1 ~ 12 月，从大中型客车销量情况来看，前十品牌行业集中度为 76.8%（苏州金龙、厦门金龙、厦门金旅按一家公司计算），2017 年 1 ~ 12 月，大中型客车行业同比下降 10.7%（见图 1）；除中车、珠海银隆和申龙外，其余品牌均出现较大幅度下滑。而轻型车（不含校车）整体销量的集中度进一步提高，前 15 集中度达到 89.8%，轻型客车行业销量方面，2017 年 1 ~ 12 月行业同比下降 21.3%（见图 2），其中传统轻客较 2016 年同期增长 1.3%。

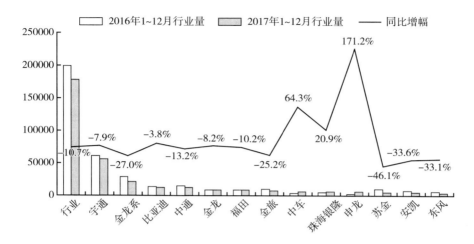

图1　2017年1～12月主要厂家大中型客车销量及同比增幅情况

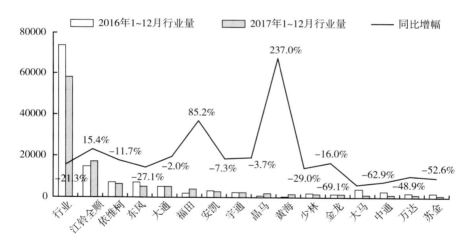

图2　2017年1～12月主要厂家轻型客车（不含校车）
销量及同比增幅情况

1. 公交细分市场

　　随着城镇化、城乡公交一体化改造以及公交都市建设的逐渐开展，公交细分市场仍然是客车行业最有增长潜力的，同时，随着国家对环境保护要求的不断提高，新能源城市公交客车仍然会稳定持续增长。根据

2017 年公交细分市场的保险数据统计情况：纯电动公交方面，宇通客车仍然是推广数量最高的，为 17449 辆，市场占有率为 25.6%，福田和中车有较大幅度增长；插电式混合动力方面，排名前三的分别是宇通、金龙（含苏州金龙、厦门金龙和厦门金旅）和黄河，宇通销量较 2016 年略有下降；传统公交车方面，主要为宇通、金龙系、福田等厂家竞争，宇通占有率为 21.6%（见表 3、表 4、表 5）。

表 3 2017 年 1～12 月纯电动公交市场推广及市场份额情况

单位：辆，%

排名	纯电动公交					
	品牌	2016 年销量	份额	品牌	2017 年销量	份额
1	宇通	18466	27.1	宇通	17449	25.6
2	比亚迪	10727	15.7	比亚迪	11042	16.2
3	中通	8481	12.4	中通	6092	8.9
4	广通	3671	5.4	中车	4768	6.9
5	金旅	3125	4.6	广通	4385	6.4
6	安凯	3041	4.5	福田	3039	4.5
7	中车	2559	3.7	金旅	2682	3.9
8	亚星	2101	3.1	金龙	2463	3.6
9	福田	2088	3.1	东宇	1606	2.4
10	黄河	1920	2.8	安凯	1543	2.3
	其他	12072	17.7	其他	13173	19.3
	总计	68251		总计	68242	

表 4 2017 年 1～12 月混合动力公交市场推广及市场份额情况

单位：辆，%

排名	混合动力公交					
	品牌	2016 年销量	份额	品牌	2017 年销量	份额
1	宇通	4899	30.0	宇通	4474	30.6
2	金龙	1954	11.9	黄河	1560	10.5
3	中通	1642	10.0	福田	1176	7.9
4	苏金	1264	7.7	金龙	1156	7.8
5	福田	1183	7.2	中通	1132	7.6

续表

排名	混合动力公交					
	品牌	2016 年销量	份额	品牌	2017 年销量	份额
6	中车	1002	6.1	金旅	1031	6.9
7	金旅	747	4.6	苏金	617	4.1
8	亚星	630	3.9	中车	596	4.0
9	黄海	608	3.7	安凯	483	3.2
10	安凯	600	3.7	黄海	414	2.8
其他		1828	11.2	其他	2246	15.1
总计		16357		总计	14885	

表5　2017 年 1 ~ 12 月传统公交市场推广及市场份额情况

单位：辆，%

排名	传统公交					
	品牌	2016 年销量	份额	品牌	2017 年销量	份额
1	宇通	1697	21.5	宇通	2057	21.6
2	福田	1081	13.7	福田	1588	16.7
3	苏金	1033	13.1	金旅	751	7.9
4	金龙	743	9.4	金龙	711	7.5
5	安凯	450	5.7	安凯	706	7.4
6	恒通	403	5.1	苏金	421	4.4
7	金旅	368	4.7	中通	420	4.4
8	东风	261	3.3	解放	288	3.0
9	中通	244	3.1	蜀都	268	2.8
10	黄海	232	2.9	象牌	266	2.8
其他		1382	17.5	其他	2048	21.5
总计		7894		总计	9524	

2. 座位客车细分市场

座位客车方面，随着高铁网的逐渐布局和私家车保有量的不断提升，中长途客运销量下滑较多，虽然团体租赁用途的车辆也随之增加，但是座位客车细分市场整体仍然下滑。传统座位客车方面，2017 年较 2016 年降幅仍然超过 1 万辆，降幅为 17.6%，宇通仍然占据主要地位，虽然销量下降，但是市场占有率进一步提升，达到 48.5%；纯电动座位客车方面，市场集中

度不高，前8名市场份额总额为69.4%（见表6、表7）；插电式混合动力方面受实际使用工况影响，推广数量很少，因此在此不做分析。

表6　2017年1～12月传统座位客车市场推广及市场份额情况

单位：辆，%

排名	传统座位客车					
	品牌	2016年销量	份额	品牌	2017年销量	份额
1	宇通	27214	46.8	宇通	23232	48.5
2	苏金	5365	9.2	金龙	3350	7.0
3	金龙	4850	8.3	柯斯达	3207	6.7
4	金旅	3612	6.2	苏金	3134	6.5
5	柯斯达	2856	4.9	金旅	3067	6.4
6	东风	1958	3.4	中通	2621	5.5
7	安凯	1869	3.2	安凯	1502	3.1
8	中通	1462	2.5	东风	1404	2.9
9	晶马	1222	2.1	福田	1071	2.2
10	福田	1049	1.8	晶马	1066	2.2
	其他	6724	11.6	其他	4292	9.0
	总计	58181		总计	47946	

表7　2017年1～12月纯电动座位客车市场推广及市场份额情况

单位：辆，%

排名	纯电动座位客车					
	品牌	2016年销量	份额	品牌	2017年销量	份额
1	福田	2574	13.5	申龙	2514	15.6
2	宇通	1994	10.4	宇通	2342	14.6
3	东宇	1880	9.8	东宇	1387	8.6
4	广通	1597	8.4	广通	1378	8.6
5	安凯	1376	7.2	南车时代	1074	6.7
6	金旅	1339	7.0	舒驰	853	5.3
7	长江	1292	6.8	比亚迪	845	5.3
8	舒驰	1251	6.5	中植汽车	768	4.8
9	比亚迪	968	5.1	福田	644	4.0
10	中植汽车	894	4.7	中通	620	3.9
	其他	3936	20.6	其他	3657	22.7
	总计	19101		总计	16082	

（三）客车行业政策发展情况

客车行业正朝着绿色、智能、网联化发展，这个发展趋势也在国家、部委层面持续强调，逐渐成为行业的共识。

党的十九大报告提出"必须树立和践行绿水青山就是金山银山的理念，坚持节约资源和保护环境的基本国策"，"实行最严格的生态环境保护制度，形成绿色发展方式和生活方式"，并且明确要求"开展绿色出行"行动，环境保护和节约资源上升到基本国策的高度。

2017年10月，中国提交WTO公示的《新能源汽车动力蓄电池回收利用管理暂行办法》明确汽车生产企业承担动力电池回收的主体责任，电池生产企业保障动力电池的有效利用和环保处置，鼓励电池生产企业与综合利用企业按照先梯级利用后回收利用原则，对废旧电池进行多层次、多用途的合理利用。

在绿色交通、电动化方面，国家层面推出了购置、税收、应用等多个层面的政策予以支持。2017年，随着新能源汽车，尤其是新能源客车市场和产业的进一步完善，国家对新能源政策的调整也更趋向于应用层面，新能源汽车的购置补贴资金进一步减少，而对车辆使用环节的运营补贴逐渐步入正轨，并且对电动汽车产业中的电池回收也提出了相应的政策指导。2017年国家出台的主要新能源政策如表8所示。

表8　2017年国家主要新能源政策

序号	发布时间	名称	发布部门	内容简介
1	2017.01.06	《新能源汽车生产企业及产品准入管理规定》	工业和信息化部	自2017年7月1日起施行新的《新能源汽车生产企业及产品准入管理规定》
2	2017.01.05	关于调整《新能源汽车推广应用推荐车型目录》申报工作的通知	中机中心	非快充纯电动客车、快充纯电动客车和燃料电池汽车需要分别满足"系统能量密度"、"快充倍率"、"燃料电池系统额定功率"和"燃料电池汽车纯电续驶里程"的要求

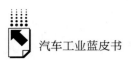

续表

序号	发布时间	名称	发布部门	内容简介
3	2017.02.20	《促进汽车动力电池产业发展行动方案》	工业和信息化部、国家发展和改革委员会、科学技术部、财政部	到2020年,新型锂离子动力电池单体比能量超过300Wh/kg;系统比能量力争达到260Wh/kg,成本降至1元/Wh以下
4	2017.04.25	《汽车产业中长期发展规划》	工业和信息化部、国家发展改革委、科技部	到2020年,新能源汽车年产销达到200万辆,到2025年,新能源汽车占汽车产销20%以上,动力电池系统比能量达到350Wh/kg
				到2020年,汽车DA(驾驶辅助)、PA(部分自动驾驶)、CA(有条件自动驾驶)系统新车装配率超过50%,网联式驾驶辅助系统装配率达到10%,满足智慧交通城市建设需求
5	2017.06.13	《关于征求〈国家车联网产业体系建设指南(智能网联汽车)(2017年)〉(征求意见稿)意见的通知》	工业和信息化部办公厅、国家标准化管理委员会办公室	到2020年,初步建立能够支撑驾驶辅助及低级别自动驾驶的智能网联汽车标准体系;到2025年,系统形成能够支撑高级别自动驾驶的智能网联汽车标准体系
6	2017.08.13	公安部将在全国逐步推广新能源汽车专用号牌	公安部	2017年12月底前,除直辖市、省会市、自治区首府市启用外,各省(区)至少还有1~2个城市启用新号牌;2018年上半年,全国所有城市全面启用新号牌
7	2016.12.01	对《新能源汽车动力蓄电池回收利用管理暂行办法》(征求意见稿)公开征求意见	工业和信息化部	明确了动力电池企业设计阶段要求、准入阶段要求、生产阶段要求、销售阶段要求、维修更换阶段要求、回收阶段要求、报废阶段要求、所有人责任要求、收集要求、贮存要求、运输要求、阶梯利用要求、阶梯利用电池产品要求、再生利用要求等

二 2018年客车行业发展趋势

（一）客车行业发展存在的问题

目前，行业面临的一个重要问题就是安全问题。传统客车主要面临的问题是传统燃料客车如何提高产品的安全性配置，包括主动和被动安全配置，以及对驾驶员的疲劳监测要求等；新能源客车所面临的问题是2010年开始批量推广的新能源客车因为当时的电池等技术不成熟，要加强监管，保证其在生命周期内的安全运营。

因此，客车行业应继续以提升安全运营能力和运营服务的可靠性为核心，不断优化交通管理的顶层设计，加强实施效果的评估和监测，完善技术管理、安全管理，对新能源车辆推广和新技术应用成效好的地区形成试点，并辅助以相应的配套奖励政策，加快新能源客车的全面推广、可持续发展，推动创新性技术的应用。

客车行业要抓住汽车低碳化、信息化和智能化的发展方向，继续加大对创新性技术研发的投入，通过开发集成新能源、网联、智能技术的客车，使客车具备成为引领智能交通发展的重要元素，引领客车向高品质发展。

（二）客车行业发展趋势

2018年，汽车行业在新能源＋智能网联的技术发展推动下，将继续保持健康稳定发展。随着碳强度降低40%～45%的目标（2020年）确立，新能源汽车推广应用政策不断完善，尤其是随着国家在公共领域运营支持和推广目标的建立，新能源汽车在替代传统汽车的进程中仍将快速前行。随着动力电池能量密度的不断提升和成本的不断降低，基础设施不断完善，新能源汽车的发展仍将是2018年客车行业的主旋律。网联化技术的应用也会带来新的机遇，例如，自动驾驶技术的不断成熟带来的车辆使用场景和商业模式的创新，车路协同技术的应用对交通行业中的"路"侧的认识和关注提高

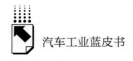

到一个新的层次。

在具体的技术发展趋势上，新能源客车将围绕三个重要的方向快速发展。

第一，动力电池能量密度的提升，在比能量提升的同时，使用寿命的延长和成本的降低对纯电动车替代传统客车也至关重要。

第二，整车节能水平的提升，整车轻量化技术、高效电驱动技术和整车精细化集成控制技术等是进一步提升整车经济性的重点方向。

第三，智能网联技术的应用，整车智能化传感器设备的搭载、高清地图技术应用以及车路协同技术的应用将重新定义下一代交通场景。

B.5
2017年房车（旅居车）发展报告

摘　要：　本报告综合描述了当前国内外的房车工业的总体发展情况和现阶段房车产品发展态势；分析了国内房车发展存在的不足，标准体系发展情况，以及国内外房车露营的情况；提出了房车产业发展的相关建议。

关键词：　房车产业　房车产品　房车露营　房车标准

一　房车总体发展综述

（一）欧美房车发展情况

1. 美国房车行业现状分析

美国是目前世界上使用房车最多的国家，房车旅行在美国是一种非常便宜、便捷的旅游休闲形式，每逢节假日，人们乘房车穿越各州或旅行度假或探亲访友，或留宿露营地，或驻扎于沿途景区。

根据美国房车工业协会的统计数据，美国约有房车旅行爱好者3000万人。截至2017年可查数据，美国房车保有量已达到1180.5万辆，家庭房车拥有率已接近10%，也就是说，仅在美国，拥有房车的家庭就近900万户。

美国的房车生产制造、零配件供应、销售服务等产业链发展已十分成熟，成为国家经济的重要组成部分。美国拥有数百家旅居车生产厂家，零部件产业完整，涵盖了旅居车的所有零部件总成件的生产与销售。美国还有多家专门的房车租赁公司、房车经销商和露营地。

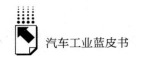

根据美国房车工业协会公布的数据，2017 年美国房车总销量为 504599 辆，比 2016 年的 430691 辆增长了 17.2%，房车工业已经出现了明显的增长迹象。随着信贷能力、消费信心指数等的提升，房车工业实现稳健的增长势头是可以肯定的。

2. 欧洲房车行业现状分析

目前，欧洲在世界房车工业排名榜上位列第二。由于欧盟国家间的公民往来互免签证，车辆免办通关，欧洲房车旅游市场发展迅速。据欧洲房车协会统计，2017 年欧洲自行式房车和拖挂式房车市场都有极为出色的表现，销量增长率均达到史上最高。2017 年欧洲房车销量达到 190565 辆，比 2016 年增长了 12.1%。

2017 年欧洲房车销量呈现创纪录的增长，这种强劲的增长趋势是从 2007 年开始的，已经保持了 10 年。欧洲房车销量的增长主要是受德国房车销量的推动。2017 年德国房车销量创下了新的纪录，总销量达到 63264 辆，比 2016 年增长了 15.3%。2017 年欧洲房车市场中排名第二和第三的是英国和法国。2017 年英国房车销量达到 38958 辆，比 2016 年增长了 9.1%；法国的房车销量为 29528 辆，比 2016 年增长 7.6%。

随着经济形势的复苏，整个欧洲房车市场都呈现全面增长。西班牙 2017 年房车总销量比 2016 年增长了 40.3%，达到 5721 辆；挪威房车总销量增长了 16.5%，达到 6591 辆；意大利房车总销量增长了 16%，达到 5810 辆。

2017 年，欧洲自行式房车总销量为 110817 辆，比 2016 年增长了 14.9%，这是欧洲自行式房车年销量首次突破 10 万辆大关，这样成绩的取得主要是由欧洲各国房车市场销量全面增长所促成的。例如，除了德国和英国房车市场以外，瑞典、瑞士、比利时和西班牙 2017 年自行式房车销量均创下新的销量纪录。总体来说，欧洲共有 11 个房车销售市场达到两位数的增长，而对成绩卓越的欧洲自行式房车市场销量贡献最大的则是德国，德国自行式房车销量增长了 15.5%，达到 40568 辆。法国自行式房车销量排名第二，为 21396 辆，增长了 8.6%。紧随其后的是英国，自行式房车销量为 14147 辆，比 2016 年增长了 14.7%。其他销量增长明显的国家还包括西班牙，增长了47.8%；荷兰，增长了21.3%；瑞典，增长了20.6%。

2017年，欧洲拖挂式房车增势也同样强劲。拖挂式房车销量达到79748辆，比2016年增长了8.4%，这是近30年来销量最高的一次。欧洲主要房车销量市场的表现中也可以反映这一趋势。在以传统房车市场主导的英国，拖挂式房车销量为24811辆，增长了6.2%；德国拖挂式房车销量为22696辆，增长了14.9%；法国拖挂式房车销量为8132辆，增长了5%。

3. 加拿大房车行业现状分析

加拿大也是一个房车发展比较迅速的国家。根据加拿大房车经销商协会统计的数据，加拿大房车保有量为100万余辆，房车家庭拥有率为14%；加拿大约有12家房车生产商、670家房车经销商；房车露营地约3000个。截至2017年12月31日，加拿大房车总销量比2016年增长28.3%。

数据显示，各类型房车都呈现明显增长：拖挂式A型房车增长27.48%，拖挂式B型房车增长26.87%，所有自行式房车增长45.02%，拖挂式C型房车增长25.34%，拖挂式D型房车增长15.08%。

加拿大房车协会公布的房车总销量为54300辆，超过加拿大房车经销商协会公布的零售销量49114辆，这说明库存量有所增长。之前加拿大房车库存量偏低，因此库存量增长被认为是好现象。

（二）国内房车发展现状

我国的房车产业仅有十几年发展历程，由于历史较短，房车在中国还处于起步阶段。我国从2002年左右开始引进国外技术并开始生产，房车产业发展比较缓慢。2002～2006年，由于国外经济发展比较好，旅游业发展旺盛，房车行业在国外受到热捧。国内受市场体系不完善、政策标准法规跟不上需要、消费观念未被提升、国内生产基础薄弱、配套体系跟不上等多重因素影响，大部分企业维持1～2年的时间后，生产热情急剧衰退，企业基本处于停产状态，如廊坊京联专用汽车有限公司、中汽商用汽车有限公司等。2007年后，在中国市场经济经历自2003年的新一轮扩张高速发展后，随着社会财富分配的"二八效应"，以及国内旅游业的兴起，房车和高级商务车

又进入了缓慢的重启阶段。至此，国内商务车市场增量加大，中欧、新凯公司产品的市场销量增加迅速。自2011年起，中天和长城房车的销量均以100%的速度高速增长。

在经历市场的洗礼和变革过程中，仅有少部分企业坚持下来，如以高级商务车为代表的中欧汽车有限公司、新凯汽车集团有限公司；以房车为代表的中天高科特种汽车有限公司、河北长城汽车有限公司；以出口为导向的顺德康盈交通设备制造有限公司；其中后进入者，且在市场上稍有影响力的，如江苏中意、中誉汽车、上海顺旅等。

此外，近五年，国内集聚了一批优秀的经销商公司，主要代理国际一些知名的品牌。在国内商务车和房车发展落后的局面下，这些公司均取得了较好的市场业绩，如星客特、大连骏奇、大连和合等。

进入"十三五"后，随着我国经济快速发展，以及对旅游行业持续鼓励刺激政策，国内旅游产业规模不断扩大，普通消费者对自驾旅游这种形式逐步认可。随着互联网思维打破传统销售模式，房车租赁、共享房车等模式的兴起推动了新一轮的产品需求。从目前房车市场来看，国产房车成为市场主流产品，许多房车企业已逐步推出了房车自动挡底盘，其定位及定价已基本能被普通民众所接受。据统计，2017年房车在产企业有128家，累计产量7247辆，其中自行式房车6291辆，拖挂式房车956辆（见表1）。

表1　2017年我国房车主要生产企业统计

单位：辆

序号	企业名称	拖挂式房车	自行式房车	总计
	行业合计	956	6291	7247
1	上海汽车商用车有限公司	—	1529	1529
2	郑州宇通客车股份有限公司	3	472	475
3	东风汽车股份有限公司	—	368	368
4	十堰汇斯诚专用汽车有限公司	351	—	351
5	河北览众专用汽车制造有限公司	—	336	336
6	江西江铃汽车集团改装车有限公司	—	318	318
7	丹东黄海汽车有限责任公司	—	213	213

续表

序号	企业名称	旅居挂车	旅居房车	总计
8	河南新飞专用汽车有限责任公司	36	164	200
9	唐山亚特专用汽车有限公司	3	147	150
10	中天高科特种车辆有限公司	12	136	148

现阶段，房车生产主要根据终端客户的不同，分为模块化生产及定制化生产两大方向。中低端消费者对产品价格比较敏感，对产品功能合适性相对要求较弱，因此生产企业针对此类人群开发出模块化组件，通过批量化生产降低产品成本，从而在满足功能性需求的同时兼顾成本考虑。根据市场统计分析，现阶段房车购买还是以用于普通家庭自驾出行需求的产品为主。

定制化生产主要针对集团企业、高端人群等客户。这类客户个性化需求比较强，对产品功能比较看中。因此，生产企业针对此类人员在产品开发设计生产上的周期性较长，产品兼顾舒适性、私密性、个性化等多重要素。

（三）国内房车发展存在的问题

1. 消费观念尚须培育

旅居房车是近年来新兴消费车型。根据在各大专业车展上的调研情况，看的人多，真正下订单进行购买的比较少。首先，对于房车的消费观念，消费者购买习惯还没形成；其次，目前购买房车的渠道还很狭窄，相对于乘用车来说，车展成了房车销售的主要渠道；最后，百姓接触到的房车信息封闭单一，多是通过身边朋友口口相传，加之主流媒体等信息窗口对于房车的介绍少之又少，导致终端客户体验式消费模式未形成规模。

值得庆幸的是，近年来互联网思维对汽车产品销售模式进行了丰富，房车共享、租赁等方式拉近了普通消费者与旅居房车的距离。

2. 产品需求结构单一

目前，国内房车的产品形式较全，但市场化程度低。自行式、拖挂式等

各类产品在我国都已经出现，其中，70%为国产，30%为进口产品。

在房车发达的西方国家，拖挂式房车的数量约占总房车数量的80%。而国内却相反，拖挂式房车的低廉价格、超大空间、可与牵引车分离等优势并没有成为国内拖挂式房车发展起来的理由。房车本身的上牌上路难问题、停放和补给问题制约了房车在国内的发展。根据《机动车驾驶证申领和使用规定》要求：长度在6米以上，根据拖挂车长度、重量，应分别持A1、A2、B驾照；重量在4500千克、长度在6米以下的拖挂式房车持C1驾照。因此，在现行政策下，普通消费者想要驾驶拖挂式房车还存在政策门槛。

3. 旅居房车营地建设步伐还须加快

露营地的发展与房车旅游发展相辅相成，但近些年我国露营地建设的速度并不快。露营地建设还存在用地属性有待理清，以及营地消防缺少可操作的具体规定等问题，如不少地方把营地作为建设用地管理，导致营地用地成本过高，影响企业投资积极性，制约了露营地的建设和发展。

4. 缺乏高端设计人员

目前，我国房车设计一是以房屋装修为基本理念进行房车设计；二是借鉴高端游艇设计理念，缺乏专业性的设计团队及人员。部分生产、设计人员本身不具备产品使用感受，从而生产的房车产品体验度不佳，不能引导客户进行体验购买。

二 房车标准化发展情况

房车英文全称 Recreational Vehicle，简称 RV，是一种适用于娱乐、休闲、旅行的汽车。其雏形源于吉卜赛人的大篷车，兼具"房"与"车"两大功能，是一种可移动、具有居家必备设施的车种。

根据国标 GB7258 - 2017 对旅居车辆术语及其定义的规定，旅居车（motor caravan）：装备有睡具（可由桌椅转换而来）及其他必要的生活设施、用于旅行宿营的汽车。

现阶段，行业内形成了一套自成体系的产品划分，但是我国与房车配套的相关体系还不完善，标准、法规还不健全，因此，行业内对旅居房车分类基本参照美国分类标准，将旅居房车分为自行式房车及拖挂式房车。此外，根据终端使用情况，开发了一种主要用于营地内的特殊产品移动房屋。

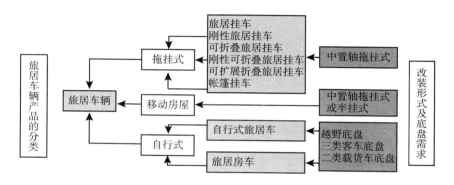

图1　房车主要产品分类

自行式房车：以汽车底盘为基础，可依靠自身动力，独立行驶。具有房车基本功能，车上配有动力系统、行驶系统、供电系统、照明系统、空调系统、供水系统、燃气系统、报警系统、废水处理系统、卫生系统等。自行式房车车内空间较小，设计紧凑、实用，便于移动，适合郊外或长途旅行。

拖挂式房车：自身不带动力，需要其他车辆牵引才可行驶，具有房车基本功能，有行驶系统、供电系统、照明系统、空调系统、供水系统、燃气系统、报警系统、废水处理系统、卫生系统等。拖挂式房车一般来说车内空间较大，宽敞、舒适，但移动性较差，牵引时难度大，安全性要求高，需要一定的挂车驾驶技术。

（一）欧美房车标准体系

1. 美国房车标准体系

在美国，房车市场成熟，产业规模大，配套的法规和标准比较完善，产品与配套体系的标准化、通用化、系列化水平很高。美国的房车标准主要包

括房车特有的安全类法规、消费者权益保护标准及法规、美国房车工业协会（RVIA）标准等。

（1）房车安全和消费者权益保护标准及法规

房车安全和消费者权益保护标准及法规包括房车安全技术法规、房车销售和消费者权益保护法规。安全标准主要针对车辆的总重量和牵引安全做出了严格的规定，此标准和法规的制定者为联邦交通部和各州交通主管部门。房车销售和消费者权益保护法规涵盖了房车在新车销售、二手车销售、售后服务、房车生产企业的责任等多个方面，严格保护消费者的合法权益。

（2）美国房车工业协会标准

在美国，房车英文术语为 Recreational Vehicles，房车除满足作为车辆应该满足的相应法规外，美国房车工业协会主要在房车生产制造领域制定和监管房车生产企业的整个产品设计、生产流程、质量管控和零部件采用等。采用的主要标准和法规有 NFPAII92、ANSI/RVIA－12V、ANSI/RVIA－120V、NFPAII94、NFPA70 等和美国消防协会标准、美国房车工业协会标准。

2. 欧洲房车标准体系

欧洲房车的快速发展与其完备的标准与法规是不可分割的。欧洲各国在汽车强制性认证方面执行 EC 指令和 EEC 法规，各国不再制定各国自己的法规项目。标准化方面，由欧洲标准化组织制定相应的 EN 标准，欧洲各国结合 EN 标准并结合自己国情制定本国的标准。现阶段，适用于休闲旅居车辆的相关欧洲标准主要由 CEN/TC245 "休闲旅居车辆" 技术委员会编制。以下介绍房车几项主要标准内容。

（1）休闲旅居车辆－自行式房车第 1 部分：与健康和安全相关的居住要求

标准由 CEN/TC245 "休闲旅居车辆" 技术委员会编制，并由欧洲标准委员会批准。主要是规定了与健康和安全相关的居住要求，涵盖了休闲旅居车辆的居住因素，其中包括 11 份规范性附录和一份资料性附录。在设计生产、饮用水供应及废水处理、电暖设备、通风防火装置等方面做了详尽的阐述。

（2）休闲旅居车辆及其他道路车辆居住用液化石油气系统装置规范

标准详细列出涉及材料甄选、元件及设备选择、设计依据、装置可靠性测试以及用户手册内容的安全与健康要求。

（3）休闲旅居车辆 – 安全通风规范

欧洲标准规定了休闲旅居车辆的最低安全通风要求，提供了计算或测试的替代方法。

（二）我国房车标准体系建设情况

房车是一种特殊车辆，对于车辆相关的强制性标准必须要满足。目前国家标准、行业标准层面尚未形成系统的房车标准体系。除相关的汽车强制标准外，现行涉及或有关房车方面的国家标准主要包括以下几个。

（1）GB/T3730.1 – 2001 汽车和挂车类型的术语和定义

基础类通用标准，给出了旅居车、中置轴挂车的术语和定义，是最早提出旅居车概念的标准，有利于房车标准的制定和规范化，但该标准并未对房车相关的术语和定义进行细化。

（2）QC/T757 – 2006 乘用车列车通用技术条件

标准主要规定了可牵引挂车的乘用车及乘用车列车的要求及试验方法，并对乘用车和挂车之间的球头连接装置做出了要求，涉及房车相关要求。

（3）QC/T776 – 2007 旅居车

标准主要规定了旅居车的分类、要求、试验方法、检验规则等，主要适用于定型底盘或整车改装的旅居车。

（4）GB/T22550 – 2008 旅居车辆术语及定义

标准等同采用 ISO7418：1989《旅居车辆术语及其定义》。它定义了旅居车辆作为临时住所的相关术语以及影响旅居车辆作为整车满足道路使用目的的术语。

（5）GB/T22551 – 2008 旅居车辆旅居挂车居住要求

标准等同采用 ISO7422：1991。主要规定了旅居挂车居住方面的功能要

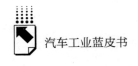

求和安全要求。

（6）GB/T22552－2008 旅居挂车、质量/尺寸术语和定义

标准等同采用 ISO7237：1993《旅居挂车质量和尺寸词汇》。该标准规定了 GB/T3730.1 所定义的旅居挂车的质量和尺寸的术语和定义。

（7）GB/T25980－2010 旅居挂车和轻型挂车的连接球尺寸

标准等同采用 ISO1103：2007，规定了旅居挂车和轻型挂车与牵引车之间采用连接球牵引时机械连接装置的尺寸。

（8）GB7258 机动车运行安全技术条件

该标准是我国机动车运行安全管理的强制性标准，是所有在产车和在用车辆必须执行的标准。该标准针对旅居车的特点，对旅居车乘员数核定、室内专用设备设施、产品使用说明书、汽车安全带、座椅等方面给出了相应的规定。

从上述国内现行的旅居车相关标准来看，仅限于基础术语和定义，部分零部件等方面给出的规范性要求，大多等同采用国际标准，没有体现出中国房车产业的产品特点标准，远远不能满足目前房车产业的需求。为此，加快我国房车标准化制定工作十分迫切。

另外，开展房车团体标准化制定工作，可有效发挥市场在标准化资源配置中的重要作用，激发企业主体和社会团体的积极性，可增加标准的有效、及时供给，并与国家标准、行业标准互为补充、衔接配套，对促进房车健康快速发展意义重大。目前，中国汽车工业协会及其房车委员会已经组织行业开展了房车团体标准化体系的研究工作，开展了一系列有关房车基础标准、整车、系统标准的研究和制定工作。

三　国内外房车露营发展综述

房车和营地是紧密相连的，房车旅游离不开营地的支撑，营地不仅作为房车（汽车）的停车地，而且还是一个综合旅游度假地。营地往往建设在靠近自然，空气清新，使人感觉自由、放松、惬意的地方，带给人不同于快节奏城市生活的休闲娱乐体验。完整的露营地为游客提供生活所需的住宿、餐饮、服务、休闲、娱乐等设施场地，可以被视为一个小型休闲社区。

国际上根据所处环境类型将露营地分为山地型营地、乡村型营地、森林型营地、湖畔型营地、海滨型营地、海岛型营地（见图2）。

山地型营地

乡村型营地

森林型营地

湖畔型营地

海滨型营地

海岛型营地

图 2　房车营地分类

（一）国外房车露营地概况

在发达国家，房车已经成为人们日常休闲旅游的交通工具，为完善

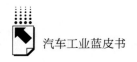
房车这个蓬勃发展的大市场，欧美国家已建立起许多个与之配套的房车露营地。美国房车工业协会与露营地协会统计数据显示，美国大约有公立或私有露营地 16500 个，这些露营地种类繁多，分布广泛，大都位于景色优美的国家公园或风景名胜景区，为房车旅行爱好者提供完善的服务。

澳大利亚有着庞大的房车营地网，有专门的房车公园"Caravan Park"，澳大利亚的上百个国家公园都设有房车营地，驾车出行每隔五六十公里便可遇到一个。澳大利亚的房车营地是收费的，营地可以把水和电接入房车，晚上可用交流电提供电器及照明用电，并给蓄电池充电。4～5 星级的营地，有可租住的木屋，有冷热水淋浴、洗衣房、烧烤区、游泳池和儿童乐园等设施。

欧洲也已建立起两万多个房车露营地，拥有 85 万名俱乐部会员，以及 3000 多个俱乐部露营地。这些营地从最早的只是提供加油、加水和停车等简单服务，发展到现在复合型多功能营地，成为食宿、游乐、休闲度假、汽车保养与维护、汽车租赁等功能齐全的房车旅游接待地。

1. 美国拉斯维加斯 KOA 房车营地

美国拉斯维加斯 KOA 房车营地是美国最大的私人房车露营地。在 KOA 营地，露营者可以来到拉斯维加斯顶尖的家庭度假村：马戏团。它有一个室内主题公园，除了每天的马戏节目外，还有游泳池、SPA 和屡获奖项的餐厅。当天可以前往胡佛水坝、火峡谷州立公园，或去查尔斯山远足。KOA 房车营地拥有 366 个装置齐全的露营位，豪华营位还有 60～80 英尺高的草坪、露天平台和家具。在大房间，你可以看大屏幕电视，在咖啡酒吧享受美味的咖啡或者在电话亭聊天。KOA 还设有专门可以遛狗的公园，提供免费上网服务等。

2. 奥地利 Hermagor 五星级 Schluga 露营地

坐落于奥地利南部 Hermagor 的五星级 Schluga 露营地已有 50 年经营历史，位于 Hermagor 郡东部 12 公里处 Gail 山谷阿尔卑斯 Carnic 山脉中心位置，露营地依山傍水，地理位置极其优越。总占地 12.5 公顷，含有多个宽敞舒适的帐篷、500多个房车露营位，面积广阔的露营地里面设施、建筑、日常供应等方面丝毫不逊色于大城市，更有多种多样的户外活动可供人们选择。如冲浪、摩托艇、汽艇、登山、攀岩、探险等。更有攀岩、网球、日耳曼式散步、迷你高尔夫球场、幼儿园、宠物园、儿童娱乐厅、电影院、操场、攀岩壁、足球场等，营地还专门准备了每周都不同的短途旅行、节目活动等。

美国拉斯维加斯KOA房车营地　　　　奥地利Hermagor五星级Schluga露营地

图3　国外房车营地

（二）国内房车营地建设现状

我国风景资源丰富，随着房车旅行爱好者的增多，目前国内很多省、市、知名景区周边都配有房车营地，涵盖海滨型营地、山地型营地、森林型营地、乡村型营地和湖畔型营地，尤其是在各个大中城市周边，房车营地更为集中，例如，北京周边已经有北京密云港中旅南山房车小镇、北京怀北国际汽车营地、丰台区北京国际汽车露营公园、北京朝阳区蟹岛国际汽车露营港、北京房山北京房车露营公园等10余个颇具规模的汽车营地。国内很多知名景区周边也建设了房车营地，如大连金石滩汽车露营地、青海湖露营地、松兰山海滨型汽车露营地、新疆喀纳斯露营地、广州惠州凤谷湖畔露营地等20余个露营地，其中部分房车营地已经建设和运营得比较成熟，但其质量远不及国际标准。我国的房车露营及营地的建设仍有很长一段路要走，但其潜力不可忽视。

表2 国内主要房车露营地统计

区域	省份	名称	位置	面积（公顷）	房车营位（个）	汽车营位（个）	帐篷（顶）	木屋（个）	类型
环渤海区域	北京	怀北国际汽车露营地	九谷口自然风景区	12	80	320	2000	—	乡村型
		港中旅南山房车小镇	密云区河南寨镇	190.5	300	—	—	—	山地型
		国际汽车露营公园	丰台区南苑乡	40	300	—	150	—	乡村型
		露营公园"桃花深处"汽车营地	南苑乡平谷区山东庄镇	9	30	—	50	36	山地型
		蟹岛国际汽车露营港	朝阳区蟹岛度假村	13.3	298	—	—	100	乡村型
	天津	山野运动露营地	蓟县下营镇环秀湖水	11.33	10	—	—	—	山地型
	辽宁	金石滩度假区国际房车露营地	大连金石滩黄金海岸	100	60	500	—	—	滨海型
东南沿海区域	浙江	松兰山滨海旅游风景区房车营地	象山县松兰山滨海旅游度假	20	40	500	—	—	滨海型
	江苏	瓜州国际露营地	扬州滨江湿地森林公园	106.7	10	—	—	—	森林型
	福建	漳州火山岛房车营地	漳浦火山岛自然生态风景区	—	184	242	—	—	滨海型
珠三角地区	广东	凤谷湖畔露营地	惠州罗浮山景区显岗水库	49.5	—	—	—	—	湖畔型
	海南	中天行假日海滩露营地	海口市	3.33	42	—	—	—	滨海型
西北地区	陕西	浙桥区白鹿原房车营地	西安	27.3	200	—	—	—	
	新疆	喀纳斯营地	新疆喀纳斯湖	0.67	10	—	—	—	湖畔型

1. 大连金石滩黄金海岸国际汽车露营地

大连金石滩黄金海岸国际汽车露营地位于国家 4A 级旅游景区的大连金石滩黄金海岸，拥有一流的环境和山海奇石风光，汽车露营地包括海滨、沙滩、草地、森林等区域，分为海洋娱乐、沙滩休闲、汽车营地、帐篷营地、服务保障五大功能区。可同时接纳房车 60 辆，自驾车 500 辆，露营者 2000 余人。目前已建好的房车营位有 20 个，每个营位长宽各 10 米，带有水电接口。据悉，随后还将接入有线电视接口、上网端口等。

2. 天津蓟县山野运动露营地

营地坐落于天津蓟县的下营镇山林中，分别与北京和河北接壤，交通便利。位于蓟县风光旅游景区的黄金段，基地占地面积 170 多亩，场地四面环山，悬崖绝壁林立，形成了理想的天然户外运动领地。营地建设可容纳近千人露营的帐篷营地，设立了 10 个车位的专业房车营地和近百个汽车露营车位。以营地为平台，借助周边的自然资源开发出了山谷定向穿越、山地自行车、漂流、溯溪、垂钓、扎筏竞渡及潜水、山地马拉松、登城等十几个运动项目。

3. 中天行假日海滩露营地

营地位于海口市西部，东起西秀海滩，西止五源河口，北临琼州海峡，南至滨海大道。中天行假日海滩房车露营地长约 1 公里，占地 50 亩，距海口市中心 11 公里，是具有热带海滨城市风光特点的休闲度假场所。露营地可划分为自驾房车停靠区、露营地房车住宿区、帐篷露营区、生活服务区、沙滩日浴区、海上娱乐区等功能区域。目前露营地拥有自行式房车 10 辆、拖挂式房车 32 辆，可满足 200 余名游客留宿。

4. 新疆喀纳斯营地

喀纳斯湖位于布尔津县境北部，是一个坐落在阿尔泰深山密林中的高山湖泊，是新疆唯一的国家级综合自然保护区，景区内有冰川、冻土、高山、河流、湖泊、森林、草原等自然景观。距喀纳斯湖仅 300 米的新疆喀纳斯露营地停放着 10 辆拖挂式房车，配套设施齐全，环境优美，湖边的建苑营地可同时停放拖挂式、自行式房车各 10 辆。

大连金石滩黄金海岸国际汽车露营地　　　　　天津蓟县山野运动露营地

海南中天行假日海滩露营地　　　　　　　新疆喀纳斯营地

图4　国内房车营地

四　房车发展政策及建议

从2009年开始，国务院通过出台一系列政策文件大力支持休闲旅居车行业的发展。2017年2月28日，国务院发布《"十三五"现代综合交通运输体系发展规划》，提出依托重点生态旅游目的地、精品生态旅游线路和国家旅游风景区，规划建设一批服务自驾车、房车等停靠式和综合型汽车营地，利用环保节能材料和技术配套建设生活服务等功能区。

2016年10月28日，国务院办公厅出台《关于加快发展健身休闲产业的指导意见》，提出：推动汽车露营地和中小型赛车场建设，利用自然人文特色资源，举办拉力赛、越野赛、集结赛等赛事，组织家庭露营、青少年露营、主题自驾等活动，不断完善赛事活动组织体系，打造"三圈三线"（京津冀、长三角、泛珠三角，北京至深圳、北京至乌鲁木齐、南宁至拉萨）自驾路线和营地网络。

2015 年 11 月 22 日，国务院办公厅《关于加快发展生活性服务业促进消费结构升级的指导意见》，提出引导健康的旅游消费方式，积极发展休闲度假旅游、研学旅行、工业旅游，推动体育运动、竞赛表演、健身休闲与旅游活动融合发展。适应房车、自驾车、邮轮、游艇等新兴旅游业态发展需要，合理规划配套设施建设和基地布局。

2015 年 8 月 11 日，国务院办公厅《关于进一步促进旅游投资和消费的若干意见》，实施旅游投资促进计划，新辟旅游消费市场；加快自驾车房车营地建设。制定全国自驾车房车营地建设规划和自驾车房车营地建设标准，明确营地住宿登记、安全救援等政策，支持少数民族地区和丝绸之路沿线、长江经济带等重点旅游地区建设自驾车房车营地。

现阶段在政策的推动下，我国旅居房车市场已经逐步由萌芽期向快速发展阶段进行产业升级，产业规模、产品质量、用户认知度等方面都有了全面提升。同时，我国在发展房车方面确确实实存在诸多痛点，因此，系统化促进房车发展显得尤为必要。

（一）人才梯队建设

房车生产更多的是一种文化价值的体现。针对目前行业专业设计人员匮乏、普通生产人员缺少产品体验、房车产品缺少引导文化消费魅力等问题，建议行业在发展思路上先采用拿来主义、跨行业融合及本土化吸收等多举措并行；政策鼓励职业学校开展再教育服务，让生产实践与理论教育反向融合，快速填补人才缺口；推动国内旅居车行业与国外生产企业、行业机构的深度交流，吸收、消化国外旅居房车文化积淀及产品价值，实现我国行业发展的后发优势。

（二）鼓励跨行业融合

现阶段，我国旅居房车生产企业规模普遍较小，无法整合、串联行业链条的各种资源，因此引进外部力量显得尤为重要。推动"旅游＋"产业思维，让生产制造、投资金融、后市场服务等多产业与旅游业深度融合。

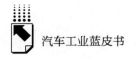
（三）推进房车露营地及车位建设

相关部门应加快制定房车露营地法规和标准，鼓励包括房车企业在内的社会资本投资房车露营地。推动重点城市、景区的房车露营地和房车车位建设，进而带动房车旅游和房车消费，促进房车产业的发展。由政府主导，将营地建设纳入当地政府基础设施建设范畴，统一衔接城乡规划，加强对营地建设的指导。

（四）鼓励房车旅游发展，完善房车产业链

房车旅游涉及房车装备制造、房车租赁、营地建设和相关联的系列服务行业。除了完善营地和公共服务体系建设，还应鼓励围绕房车产业特色运营，如面向房车游客的汽车旅馆、主题酒店建设；推出房车旅游扶贫精品线路，带动爱心家庭、爱心企业到贫困乡镇旅游、采购生态农产品，助力深度贫困乡镇脱贫致富等融合性运营项目。提高传统旅游产品的吸引力和资源的综合利用率，进而拓展产业辐射区，构建完整的房车旅游产业链。

B.6

2017年专用车行业发展报告[*]

摘　要：　本报告综合描述了2017年度专用车类汽车的发展环境以及专
　　　　　用车行业环境，介绍了专用车行业的相关政策和专用车产业
　　　　　发展现状，并对产业布局、行业产量到细分市场进行了详细
　　　　　的分析。本报告预测分析了2018年专用车产业发展趋势，提
　　　　　出了专用车行业发展的相关建议。

关键词：　专用车　行业环境　产品结构

一　专用车发展综述

（一）专用车行业发展概况

2017年专用汽车行业总体表现强劲，行业产量在经济稳增及政策调整的双重刺激下达到历史新高。工程类专用汽车在经历几年的低谷期后彻底触底反弹，其主要细分产品均实现需求大幅增长；运输类专用汽车大量非标产品提前淘汰，新产品置换为行业带来强劲的需求动力；环卫类专用汽车产品需求近年来一直稳中有升，这主要得益于我国城市化建设的快速发展以及城市环卫机械化率提升。随着经济发展以及城市规模不断扩大，城市服务类专用汽车产品的需求也在持续增长，比较有代表

---

　*　报告内涉及产品吨位分类标准。①专用车总质量分类标准，重型车：14T＜Ga，中型车：6T＜Ga≤14T，轻型车：1.8T＜Ga≤6T，微型车：Ga≤1.8T。②半挂车总质量分类标准，超重型车：34T＜Ga，重型车：19.5T＜Ga≤34T，中型车：7T＜Ga≤19.5T，轻型车：Ga≤7T。

的车型有高空作业车、清障车等。

2017 年，124 家生产企业进行专业车生产。近年来，随着行业准入政策的便捷，大量企业进入导致行业竞争加剧，专用车行业买方市场基本形成，终端客户争夺进入空前惨烈的状态。在互联网思维模式下，企业运营、销售模式呈现多元化，生产模式轿车化、企业运营扁平化、销售渠道网络化等特点显现。

专用车产业生产格局基本形成。专用车产业聚集区规模不断增强，产业链条也由生产制造逐步向两头进行延伸，但行业整体技术创新能力不足，高端生产制造欠缺。生产企业"二八效应"现象愈发明显，具体表现为：一是，少量龙头企业掌握大量市场，更多的企业生产饱和度远低于行业平均值；二是，规模化企业较少，作坊式企业数量巨大；三是，企业属性上国有集团企业数量较少，个体私营企业数量较多。

总体来说，2017 年行业发展要远好于预期，但业内总体呈现谨慎性乐观的态度。预计 2018 年专用车从数据上会呈现下降趋势，行业实际生产与2017 年总体变化不大。

（二）专用车行业市场分析

专用汽车服务于国民经济建设的各个方面，行业发展与国民经济发展趋势高度相关，同时也受经济、政策等因素影响。经过近 20 年的发展，行业整体发生了翻天覆地的变化，专用车规模经历了由小到大、由弱到强的一个发展过程。2017 年，专用车八大类合格证上传量达到 274.67 万辆，同比增长 39.07%，在政策与经济发展的双重刺激下达到历史新高。2002～2017年，我国专用车产业规模由 51 万辆发展到 274 万辆（见图 1），我国一跃成为全球最大的专用车制造国。

从专用车各细分产品来看，厢式车生产 89.47 万辆，同比增长 24.7%；罐式车生产 13.32 万辆，同比增长 88.4%；专用自卸车生产 9.85 万辆，同比增长 92.6%；仓栅车生产 34.60 万辆，同比增长 37.3%；起重举升车生产4.77 万辆，同比增长 101.3%；特种结构车生产 8.15 万辆，同比增长

106.3%；普通自卸车生产39.17万辆，同比增长91.1%；半挂车生产74.79万辆，同比增长22.3%（见表1）。

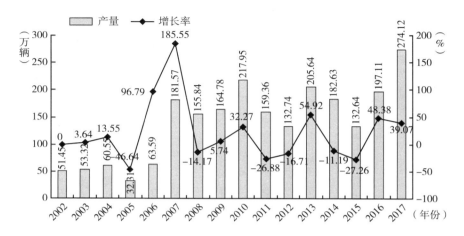

图1　2002～2017年专用车行业产量及增长率

表1　2013～2017年专用车八大类产品产量统计

单位：辆，%

年　份	2013	2014	2015	2016	2017
普通自卸车	658662	464210	120921	204998	391711
占总产量比	32	25.4	9.1	10.40	14.3
半挂车	153806	234023	239484	611792	747947
占总产量比	7.5	12.8	18.03	31.04	27.3
厢式车	658557	638530	641741	717251	894653
占总产量比	32	35	48.31	36.39	32.6
罐式车	148555	123740	71595	70691	133210
占总产量比	7.2	6.8	5.39	3.59	4.9
起重举升类	43032	32900	17281	23695	47694
占总产量比	2.1	1.8	1.3	1.20	1.7
特种结构车	45351	35086	30046	39502	81482
占总产量比	2.2	1.9	2.26	2.00	3.0
专用自卸车	41943	42014	34296	51158	98507
占总产量比	2	2.3	2.58	2.60	3.6
仓栅车	306474	255820	173033	252029	345988
占总产量比	14.9	14	13.03	12.79	12.6
总产量	2056380	1826323	1328397	1971116	2741192

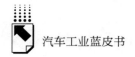

从月度数据情况来看，2017 年专用车月度数据基本要高于 2016 年同期，但从整个走势情况看基本符合行业生产规律，同时受政策刺激影响较大。年中和年尾的数据大幅上扬不是行业真实情况的反映，大量生产企业提前申报过渡期内产品公告，造成行业数据的冲量，是市场应对政策变化的被动适应（见图 2）。

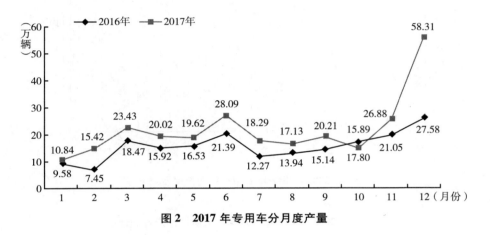

图 2　2017 年专用车分月度产量

二　专用车行业细分产品市场发展情况

从产品结构上看，厢式车、半挂车产量增长，但产品占比下降，普通自卸车、罐式车、特种车及举升车占比提升。产品结构占比变化的原因是以工程类专用车产品数量的大幅增加拉动相关大类产品结构比例的上升（见图 3、图 4、图 5）。在我国新一轮固定资产投资资金落实，由中国主导的"一带一路"国家级顶层合作倡议对沿线周边国家基础建设工程大量开工，国内自 2010 年起工程类专用车产品置换周期的陆续到来等几大因素的综合影响下，以普通自卸车、混凝土搅拌运输车、混凝土泵车为代表的工程类专用车辆全线复苏，产量大幅增长。物流类专用车产品一直保持较高的产品基数，2017 年仍然保持需求增长的趋势，但增长率要略低于工程类产品。

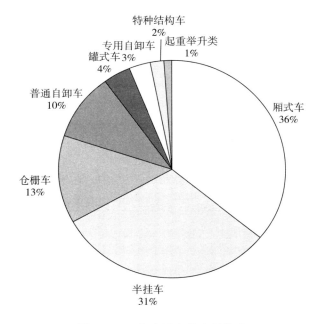

图3 2016年专用车分产品构成

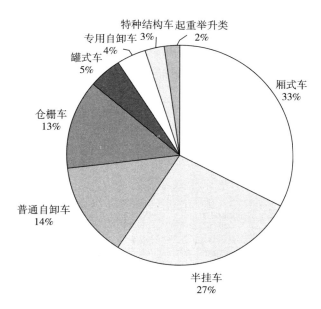

图4 2017年专用车分产品构成

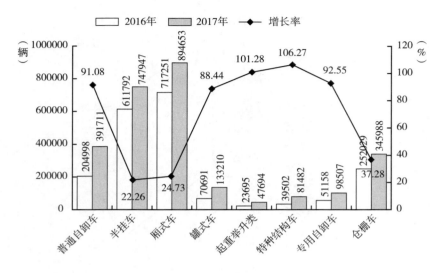

图5　2016～2017年专用车行业八大类产品产量对比

（一）厢式车

2017年厢式车在产企业495家，同比增加68家，产量89.47万辆，同比增长24.73%（见图6）。北汽福田、安徽江淮、江西江铃是厢式类专用车产品产量前三的企业，行业内产量前十的企业累计生产45.59万辆，占行业总量的50.95%（见表2）。

图6　2010～2017年厢式车产量情况统计

表2　2017年厢式车行业年产量前十企业情况统计

单位：辆，%

序号	企业名称	产量	同比增长	占行业年产量百分比
1	北汽福田汽车股份有限公司	131477	13.50	14.70
2	安徽江淮汽车股份有限公司	74296	3.60	8.30
3	江西江铃专用车辆厂有限公司	56289	-6.02	6.29
4	沈阳华晨金杯汽车有限公司	30815	12.07	3.44
5	东风汽车公司	30495	102.45	3.41
6	中国第一汽车集团公司	27345	132.86	3.06
7	东风商用车有限公司	27229	25.08	3.04
8	河北长安汽车有限公司	26319	13.13	2.94
9	重庆长安汽车股份有限公司	25870	22.44	2.89
10	柳州五菱汽车工业有限公司	25726	5.15	2.88

　　厢式类专用车产品产量前十位的单品中，除教练车及工程车外均实现同比增长，产品吨位以轻型、微型服务城市物流的厢式类产品为主。厢式类物流车近几年一直保持稳定增长，庞大的物流需求基数以及快速成长的物流体系是支撑物流类专用车辆，特别是厢式类物流车辆保持高位增长的核心动力。随着物流需求的多样性及便捷性，未来企业将以服务运输场景为基础，以高效、节能为指导开发适应新环境的系统化产品（见表3）。

表3　2017年厢式专用车主要车型产量情况统计

单位：辆，%

序号	车型名称	微型	轻型	中型	重型	2017年产量	2016年产量	同比
	厢式总计	30498	748602	31086	84467	894653	717251	24.73
1	厢式运输车	26461	636015	14858	60179	737513	584851	26.10
2	冷藏车	3	23621	2036	8189	33849	26113	29.63
3	商务车	—	14745	2	10	14757	11781	25.26
4	翼开启厢式车	—	2812	80	10747	13639	6742	102.30
5	邮政车	2570	4494	2312	723	10099	8854	14.06
6	售货车	20	9094	2	—	9116	5749	58.57
7	救护车	—	8949	4	3	8956	7993	12.05
8	教练车	1426	1591	3697	42	6756	6950	-2.79
9	工程车	—	6401	248	26	6675	12508	-46.63
10	旅居车	—	6255	24	12	6291	4749	32.47

现阶段，厢式类专用车辆生产企业众多，产品类别相对较烦琐。未来行业主管部门要有计划地针对该类产品进行管理，将对细分行业形成较大影响变革。

（二）普通自卸车

2017 年普通自卸车在产企业 127 家，同比增加 16 家，累计产量 39.17 万辆，同比增长 91.08%（见图 7）。上汽依维柯红岩、北汽福田、陕汽集团是普通自卸车类专用车产品产量前三的企业，行业内产量前十的企业累计生产 23.55 万辆，占行业总量的 60.13%（见表 4）。

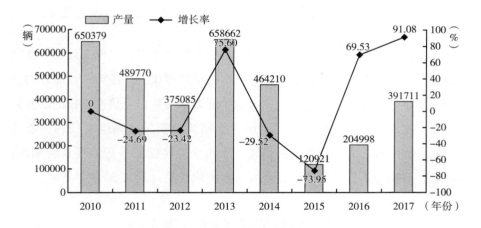

图 7　2010～2017 年普通自卸车产量情况统计

表 4　2017 年普通自卸车行业年产量前十企业情况统计

单位：辆，%

序号	企业名称	轻型	中型	重型	产量	同比增长	占行业年产量百分比
	行业合计	165772	14323	211616	391711	91.08	100.00
1	上汽依维柯红岩商用车有限公司	—	—	35567	35567	480.50	9.08
2	北汽福田汽车股份有限公司	22563	2454	6029	31046	37.73	7.93
3	陕西汽车集团有限责任公司	1444	91	29292	30827	162.45	7.87
4	中国第一汽车集团公司	19	—	26099	26118	385.83	6.67

序号	企业名称	轻型	中型	重型	产量	同比增长	占行业年产量百分比
	行业合计	165772	14323	211616	391711	91.08	100.00
5	中国重汽集团济南卡车股份有限公司	—	—	24133	24133	127.99	6.16
6	中国重汽集团成都王牌商用车有限公司	16088	1630	3162	20880	69.26	5.33
7	北京福田戴姆勒汽车有限公司	—	—	20433	20433	150.74	5.22
8	山东时风商用车有限公司	14383	1345	—	15728	482.52	4.02
9	东风汽车公司	9876	428	5177	15481	65.50	3.95
10	浙江飞碟汽车制造有限公司	13350	1207	748	15305	48.59	3.91

2016年普通自卸车摆脱了自2010年以来的长期低迷，细分产品终于迎来触底反弹，虽然行业产量还未恢复到历史最好水平，但在新标准实施下老旧产品逐渐退出市场，符合标准要求的新产品填补市场空白。大量基础建设投资资金到位，市场内有更多的置换资金来支撑行业的发展。

（三）仓栅式汽车

2017年仓栅车在产企业114家，同比增加22家，累计产量34.6万辆，同比增长37.28%（见图8）。中国一汽集团、安徽江淮、北汽福田是仓栅类专用车产品产量前三的企业，行业内产量前十的企业累计生产23.77万辆，占行业总量的68.71%（见表5）。仓栅类专用车产品包含仓栅式运输车、畜禽运输车、桶装垃圾运输车等车型（见表6）。仓栅式运输车因其结构简单、适用性广泛一直具有较高的市场需求。从未来发展趋势来看，该类产品将逐步被具有封闭结构的厢式物流车所代替，一是因为根据运输介质，封闭结构对运输货物保护性更强；二是行业主管部门在政策引导上也更倾向于不易超载、具有封闭结构的厢式物流车。

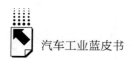
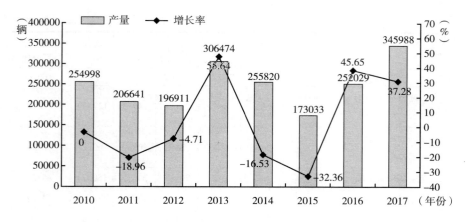

图8　2010～2017年仓栅车产量情况统计

表5　2017年仓栅式汽车行业年产量前十企业情况统计

单位：辆，%

序号	企业名称	产量	同比增长	占行业年产量百分比
1	中国第一汽车集团公司	51606	127.97	14.92
2	安徽江淮汽车股份有限公司	39944	26.22	11.54
3	北汽福田汽车股份有限公司	38659	38.25	11.17
4	中国重汽集团济南商用车有限公司	27236	173.43	7.87
5	东风商用车有限公司	17512	11.05	5.06
6	重庆长安汽车股份有限公司	15624	39.56	4.52
7	东风汽车股份有限公司	14881	41.01	4.30
8	青岛五菱专用汽车有限公司	12170	-23.21	3.52
9	中国重汽集团成都王牌商用车有限公司	10343	48.35	2.99
10	河北长安汽车有限公司	9763	9.33	2.82

表6　2017年仓栅式汽车主要车型产量情况统计

单位：辆，%

序号	车型名称	微型	轻型	中型	重型	2017年产量	2016年产量	同比增长
	仓栅总计	1221	221625	7881	115261	345988	252029	37.28
1	仓栅式运输车	1221	220133	7793	111614	340761	252029	36.83
2	畜禽运输车	—	141	5	3629	3775	249035	-98.48
3	桶装垃圾运输车	—	1091	73	—	1164	—	—

续表

序号	车型名称	微型	轻型	中型	重型	2017年产量	2016年产量	同比
4	养蜂车	—	242	—	18	260	41	534.15
5	瓶装饮料运输车	—	18	—	—	18	—	—
6	布障车	—	—	10	—	10	8	25.00

（四）半挂车

2017年半挂车在产企业539家，同比增加71家，累计产量74.79万辆，同比增长22.26%（见图9）。梁山路通、驻马店中集华骏、山东锣响是半挂类专用车产品产量前三的企业，行业内产量前十的企业累计生产12.02万辆，占行业总量的16.07%（见表7）。

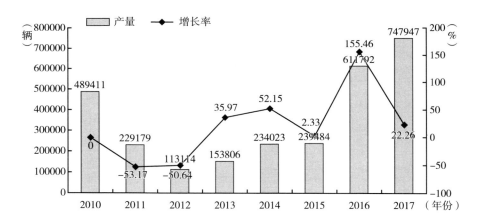

图9　2010～2017年半挂车产量情况统计

表7　2017年半挂车行业年产量前十企业情况统计

单位：辆，%

序号	企业名称	产量	同比增长	占行业年产量百分比
1	梁山路通专用车制造有限公司	19611	107.99	2.62
2	驻马店中集华骏车辆有限公司	15328	−21.35	2.05
3	山东锣响汽车制造有限公司	13733	117.33	1.84
4	扬州中集通华专用车有限公司	12767	−2.79	1.71
5	梁山儒源机械制造有限公司	10404	−36.42	1.39

序号	企业名称	产量	同比增长	占行业年产量百分比
6	梁山飞宇达车业有限公司	10380	—	1.39
7	梁山盛源专用车制造有限公司	9674	−8.19	1.29
8	新乡市华烁车辆有限公司	9532	−20.41	1.27
9	新乡市骏华专用汽车车辆有限公司	9404	27.01	1.26
10	河北宏泰专用汽车有限公司	9379	−8.91	1.25

　　影响半挂车产品爆发性增长的因素主要是新版 GB1589、GB7258 实施加速车辆产品的置换，大量非标产品提前淘汰。从半挂车细分产品上看，仓栅类与低平板需求量最大，工程类罐式半挂车增幅明显。伴随着标准法规升级及行业管理政策的出台，主管部门正在逐步提升仓栅类和低平板类产品的等级，从而降低该车型在市场上低价竞争的优势，让封闭式厢式半挂车、侧帘式运输半挂车等车型承接空出的运输市场（见表 8）。

表 8　2017 年半挂车主要车型产量情况统计

单位：辆，%

序号	车型名称	轻型	中型	重型	超重型	2017 年产量	2016 年产量	同比增长
	半挂车总计	1062	10071	18490	718324	747947	611792	22.26
1	仓栅	2	—	5	283517	283524	190195	49.07
2	低平板	45	3	608	153924	154580	95198	62.38
3	普通	—	2688	114	78078	80880	57720	40.12
4	自卸	—	—	54	56454	56508	15405	266.82
5	集装箱	—	189	27	52375	52591	156929	−66.49
6	液罐	—	1	224	42532	42757	39782	7.48
7	粉罐	—	7	10	35841	35858	17635	103.33
8	车辆运输	—	6721	9321	—	16042	11098	44.55
9	其他	26	257	7307	7625	15215	5767	163.83
10	厢式	989	205	820	7977	9991	22063	−54.72
11	特种	—	—	—	1	1	—	—

（五）罐式车

2017年罐式车在产企业314家，同比增长20家，累计产量13.32万辆，同比增长88.44%（见图10）。程力专汽、华菱星马、中联重科是罐式类专用车产品产量前三的企业，行业内产量前十的企业累计生产6.36万辆，占行业总量的47.76%（见表9）。工程罐及环卫罐的需求提升是罐式类专用车产量同比增加的主要因素（见表10）。

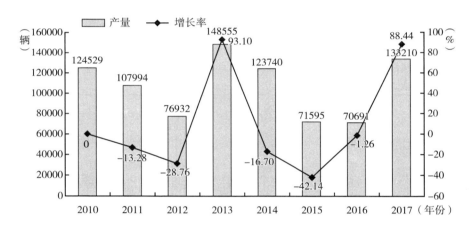

图10　2010～2017年罐式车产量情况统计

表9　2017年罐式汽车行业年产量前十企业情况统计

单位：辆,%

序号	企业名称	产量	同比增长	占行业年产量百分比
1	程力专用汽车股份有限公司	11881	95.60	8.92
2	华菱星马汽车(集团)股份有限公司	10411	264.53	7.82
3	中联重科股份有限公司	7094	78.69	5.33
4	三一汽车制造有限公司	6141	400.08	4.61
5	唐山亚特专用汽车有限公司	5877	334.37	4.41
6	北京福田戴姆勒汽车有限公司	5619	190.39	4.22
7	东风汽车公司	4462	113.80	3.35
8	陕西汽车集团有限责任公司	4277	210.60	3.21
9	湖北大力专用汽车制造有限公司	4013	114.83	3.01
10	唐鸿重工专用汽车股份有限公司	3840	—	2.88

表 10　2017 年罐式车主要车型产量情况统计

单位：辆，%

序号	车型名称	轻型	中型	重型	2017 年产量	2016 年产量	同比增长
	罐式车总计	3819	23860	105531	133210	70691	88.44
1	混凝土搅拌运输车	—	1687	63679	65366	24442	167.43
2	绿化喷洒车	759	2993	13043	16795	4793	250.41
3	洒水车	392	5916	10081	16389	12141	34.99
4	清洗车	745	1542	6669	8956	6198	44.50
5	加油车	193	6227	931	7351	7968	−7.74
6	运油车	—	297	3809	4106	2597	58.11
7	吸污车	231	1395	1368	2994	3292	−9.05
8	吸粪车	505	1406	449	2360	1757	34.32
9	清洗吸污车	723	889	324	1936	—	—
10	水罐消防车	60	889	509	1458	1431	1.89

（六）专用自卸车

2017 年专用自卸车在产企业 236 家，同比减少了 9 家，累计产量 9.85 万辆，同比上升 92.55%（见图 11）。中联重科、上汽依维柯红岩、陕汽集团是专用自卸类产品产量前三的企业，行业内产量前十的企业累计生产 4.96 万辆，占行业总量的 50.4%（见表 11）。

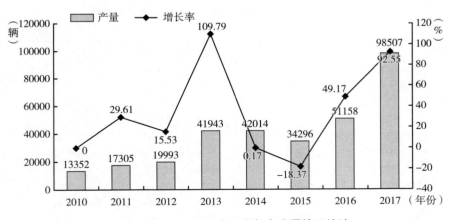

图 11　2010～2017 年专用自卸车产量情况统计

表11　2017年专用自卸车行业年产量前十企业情况统计

单位：辆，%

序号	企业名称	产量	同比增长	占行业年产量百分比
1	中联重科股份有限公司	8221	64.82	8.35
2	上汽依维柯红岩商用车有限公司	7589	302.81	7.70
3	陕西汽车集团有限责任公司	6814	531.51	6.92
4	十堰市驰田汽车有限公司	5657	930.42	5.74
5	程力专用汽车股份有限公司	5469	84.64	5.55
6	中国第一汽车集团公司	3992	1739.63	4.05
7	北京福田戴姆勒汽车有限公司	3423	186.68	3.47
8	北汽福田汽车股份有限公司	3067	30.29	3.11
9	福建龙马环卫装备股份有限公司	2708	2.46	2.75
10	中国重汽集团湖北华威专用汽车有限公司	2613	245.63	2.65

　　专用自卸车产品需求一直保持稳定增长的发展趋势，产品以垃圾运输车为主，根据使用环境，城市内垃圾转运车向着小型化、电动化发展。而由市内垃圾转运站到垃圾填埋场的垃圾转运清理通常由大吨位的垃圾车来承担。此外，目前国内市场为减少转运环节开发出一种对接式垃圾车，可以直接将收集的城市生活垃圾经过车辆压缩后转移到转运车辆，从而不用再经过垃圾转运站进行压缩收集转运，2017年此类车型受到市场青睐，增长迅猛（见表12）。

表12　2017年专用自卸车主要车型产量情况统计

单位：辆，%

序号	车型名称	微型	轻型	中型	重型	2017年产量	2016年产量	同比增长
	专用自卸车总计	372	22407	16097	59631	98507	51158	92.55
1	自卸式垃圾车	—	1105	674	44581	46360	12247	278.54
2	车厢可卸式垃圾车	303	14735	1583	4678	21299	17727	20.15
3	压缩垃圾车	—	194	9831	6342	16367	13017	25.74
4	自装卸式垃圾车	—	3743	2582	212	6537	4496	45.40

续表

序号	车型名称	微型	轻型	中型	重型	2017年产量	2016年产量	同比增长
5	压缩式对接垃圾车	69	975	688	2261	3993	134	2879.85
6	桶装垃圾车	—	855	227	—	1082	1115	-2.96
7	摆臂式垃圾车	—	34	341	595	970	1045	-7.18
8	散装饲料运输车	—	—	112	577	689	396	73.99
9	车厢可卸式汽车	—	534	7	92	633	17727	-96.43
10	垃圾转运车	—	232	28	45	305	600	-49.17

（七）特种结构车

2017年特种结构车在产企业409家，同比增长50家，累计产量8.15万辆，同比增长106.27%（见图12）。中联重科、程力专汽、一汽解放柳州特种车是特种结构类专用车产品产量前三的企业，行业内产量前十的企业累计生产3.97万辆，占行业总量的48.7%（见表13）。特种结构类专用车产品以清障车、洗扫车、扫路车、混凝土泵车为主（见表14）。

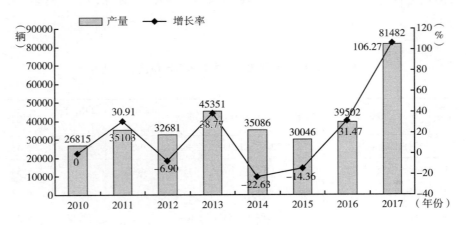

图12　2010～2017年特种结构车产量情况统计

表13 2017年特种结构车行业年产量前十企业情况统计

单位：辆，%

序号	企业名称	产量	同比增长	占行业年产量百分比
1	中联重科股份有限公司	10862	48.37	13.33
2	程力专用汽车股份有限公司	4828	116.11	5.93
3	一汽解放柳州特种汽车有限公司	4701	—	5.77
4	滁州市恒信工贸有限公司	4543	—	5.58
5	福建龙马环卫装备股份有限公司	3285	31.19	4.03
6	广东粤海汽车有限公司	2920	34.44	3.58
7	中国重汽集团成都王牌商用车有限公司	2469	129.04	3.03
8	湖北润力专用汽车有限公司	2174	432.84	2.67
9	湖北五环专用汽车有限公司	2032	-2.96	2.49
10	厦工楚胜(湖北)专用汽车制造有限公司	1885	60.43	2.31

表14 2017年特种结构车主要车型产量情况统计

单位：辆，%

序号	车型名称	微型	轻型	中型	重型	2017年产量	2016年产量	同比增长
	特种结构车总计	102	15675	19592	46113	81482	39502	106.27
1	清障车	—	5548	6667	1471	13686	9741	40.50
2	平板车	—	5128	533	5367	11028	2769	298.27
3	洗扫车	—	27	3068	6915	10010	6505	53.88
4	车辆运输车	—	37	5	9052	9094	26	34876.92
5	混凝土泵车	—	—	2283	3751	6034	2808	114.89
6	扫路车	—	677	2853	2377	5907	4579	29.00
7	车辆运输半挂牵引车	—	—	—	5326	5326	—	—
8	抑尘车	—	6	127	3434	3567	—	—
9	路面养护车	101	3148	137	143	3529	2183	61.66
10	餐厨垃圾车	—	8	1536	229	1773	981	80.73

（八）起重举升汽车

2017 年起重举升汽车在产企业 150 家，同比增长 18 家，累计产量 4.77 万辆，同比增长 101.28%（见图 13）。徐工集团、中联重科、东风汽车是起重举升类专用车产品产量前三的企业，行业内产量前十的企业累计生产 3.4 万辆，占行业总量的 71.37%（见表 15）。特种结构类专用车产品以汽车起重机车、随车起重运输车、高空作业车为主（见表 16）。

图 13　2010～2017 年起重举升车产量情况统计

表 15　2017 年起重举升汽车行业年产量前十企业情况统计

单位：辆，%

序号	企业名称	产量	同比增长	占行业年产量百分比
1	徐州工程机械集团有限公司	11078	111.49	23.23
2	中联重科股份有限公司	5072	213.28	10.63
3	东风汽车公司	4697	267.53	9.85
4	三一汽车制造有限公司	3053	141.15	6.40
5	山东唐骏欧铃汽车制造有限公司	2480	78.80	5.20
6	东风征梦（十堰）专用车有限公司	1732	115.96	3.63
7	中国重汽集团成都王牌商用车有限公司	1643	100.61	3.44
8	徐州海伦哲专用车辆股份有限公司	1510	20.13	3.17
9	北汽福田汽车股份有限公司	1390	-29.58	2.91
10	东风商用有限公司	1383	134.80	2.90

表16　2017年起重举升车主要车型产量情况统计

单位：辆，%

序号	车型名称	轻型	中型	重型	2017年产量	2016年产量	同比增长
	起重举升车总计	5259	8800	33635	47694	23695	101.28
1	汽车起重机车	1	4797	19098	23896	10828	120.69
2	随车起重运输车	2855	1841	13872	18568	8988	106.59
3	高空作业车	2403	2162	103	4668	3430	36.09
4	桥梁检测车	—	—	240	240	138	73.91
5	举高喷射消防车	—	—	191	191	175	9.14
6	计量检衡车	—	—	51	51	—	—
7	登高平台消防车	—	—	49	49	82	−40.24
8	云梯消防车	—	—	30	30	16	87.50
9	救援车	—	—	1	1	—	—

（九）专用车底盘

2017年各主机厂累计销售专用车改装底盘累计199.32万台（套），同比增长46.64%（见表17）。销量前十的主机厂与2016年同期相比均实现增长，工程类底盘供应的主机厂销量增长明显，红岩、豪沃、陕汽品牌主机厂同比增幅跃居行业前三。东风、福田、解放是专用车行业改装量最大的品牌底盘（见表18）。

表17　2017年专用车底盘分品牌统计

单位：台（套），%

序号	底盘名称	微型	轻型	中型	重型	总计	同比增长
	行业合计	32193	1183159	121639	656254	1993245	46.64
1	东风牌	10975	126250	50047	154603	341875	58.13
2	福田牌	633	186776	16183	16260	219852	25.13
3	解放牌	138	49106	4127	105706	159077	56.39
4	江淮牌	—	96598	8754	34041	139393	11.79
5	豪沃牌	—	43600	1841	61223	106664	128.91
6	长安牌	5134	86513	—	—	91647	21.40

序号	底盘名称	微型	轻型	中型	重型	总计	同比增长
7	江铃牌	—	79192	5982	2	85176	13.33
8	五菱牌	5071	75964		—	81035	15.18
9	陕汽牌	1	2775	595	55054	58425	127.68
10	红岩牌				47797	47797	434.94

表18　2017年专用车底盘分产品统计

单位：台（套）

序号	底盘品牌	仓栅	罐式	举升	普通自卸车	特种	厢式	自卸	总计
	行业合计	345988	133210	47694	391711	81482	894653	98507	1993245
1	东风牌	43406	54142	13163	58602	25870	118687	28005	341875
2	福田牌	38706	2261	1439	31179	4404	134692	7171	219852
3	解放牌	66868	4134	907	31776	10290	40815	4287	159077
4	江淮牌	42408	1645	859	8885	4061	78755	2780	139393
5	豪沃牌	27530	22932	1010	26591	4770	18604	5227	106664
6	长安牌	26190	395	2	—	1644	53500	9916	91647
7	江铃牌	3463	297	1893	1876	3419	71418	2810	85176
8	五菱牌	18851	14	—		1	62011	158	81035
9	陕汽牌	6108	6422	431	30922	2316	3545	8681	58425
10	红岩牌	159	1593	—	35573	2395	73	8004	47797

从底盘生产企业口径进行统计，北汽福田、东风商用、安徽江淮是专用汽车底盘供应量排前三的企业，其中北汽福田与安徽江淮以轻型底盘供应为主，东风商用以重型底盘供应为主。底盘供应前十的企业累计底盘供应量占专用车行业总量的54.44%（见表19）。

表19　2017年专用车底盘分企业统计

单位：台（套），%

序号	底盘生产企业	微型	轻型	中型	重型	总计	同比增长
	行业合计	32193	1183159	121639	656254	1993245	46.64
1	北汽福田汽车股份有限公司	633	186776	16183	16260	219852	20.15
2	东风商用车有限公司	—	18599	11996	118215	148810	58.74
3	安徽江淮汽车股份有限公司	—	92643	8610	33835	135088	17.01

续表

序号	底盘生产企业	微型	轻型	中型	重型	总计	同比增长
4	中国第一汽车集团公司	—	25768	3428	97609	126805	56.18
5	江铃汽车股份有限公司	—	90877	5982		96859	6.08
6	东风汽车公司	514	42677	11796	30961	85948	113.79
7	上汽通用五菱汽车股份有限公司	5071	75747	—	—	80818	14.93
8	东风汽车股份有限公司	1	41948	25889	5939	73777	31.17
9	中国重汽集团济南卡车股份有限公司	—	—	202	59188	59390	140.70
10	陕西汽车集团有限责任公司	1	2775	595	55054	58425	126.58

　　从底盘改装的车型上看，北汽福田以厢式类专用车改装为主，东风商用车底盘改装的 7 大类车型相对比较均衡，还是以普通自卸车、厢式车为主，安徽江淮以厢式类、仓栅类车型居多（见表20）。

表20　2017 年各企业专用车底盘改装产品统计

单位：台（套）

序号	底盘生产企业	仓栅	罐式	举升	普通自卸车	特种	厢式	自卸	总计
	行业合计	345988	133210	47694	391711	81482	894653	98507	1993245
1	北汽福田汽车股份有限公司	38706	2261	1439	31179	4404	134692	7171	219852
2	东风商用车有限公司	20130	20588	4162	38195	16695	29932	19108	148810
3	安徽江淮汽车股份有限公司	40980	1644	859	7018	3985	77823	2779	135088
4	中国第一汽车集团公司	51824	3933	896	27051	9631	29217	4253	126805
5	江铃汽车股份有限公司	3463	297	1893	1875	3434	83087	2810	96859
6	东风汽车公司	1501	16072	8107	16999	2543	38739	1987	85948
7	上汽通用五菱汽车股份有限公司	18851	14	—	—	1	61794	158	80818
8	东风汽车股份有限公司	14941	17450	1167	1960	5605	27249	5405	73777
9	中国重汽集团济南卡车股份有限公司	562	22700	724	24816	3892	1538	5158	59390
10	陕西汽车集团有限责任公司	6108	6422	431	30922	2316	3545	8681	58425

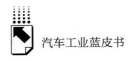

（十）新能源专用车

2017年，新能源专用车累计生产15.59万辆，同比增长157.2%（见图14）。市场需求以物流车为主，代表车型为纯电动厢式物流车。从动力构成上来看，纯电动专用车与2016年同期相比由2016年的4%上升到2017年的8%，增幅明显，而传统的汽油车型下降5个百分点（见图15、图16）。未来预计纯电动专用车比例仍将提升，逐步与传统燃油车辆比例持平。

图14　2016~2017年新能源专用车月度产量趋势

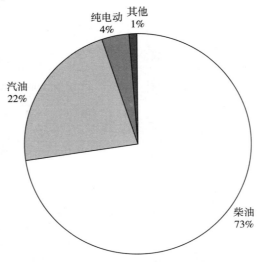

图15　2016年专用车行业动力构成分布

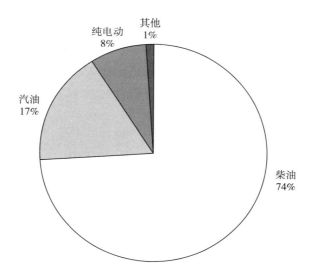

图16 2017年专用车行业动力构成分布

从新能源专用车产品来看，运输类产品占绝大部分（见表21），作业类产品仅有路面保洁两款车型。城市内物流配送车辆是新能源专用汽车主要需求方向。

表21 2017年新能源专用车生产月度生产情况统计

单位：辆

序号	车辆名称	1月	2月	3月	4月	5月	6月	7月
	新能源专用汽车总计	293	172	773	1932	3279	6374	10727
1	厢式运输车	201	134	677	1741	2497	5970	10436
2	冷藏车	22	—	1	7	11	8	11
3	邮政车	—	—	—	—	11	25	3
4	电源车	—	—	—	—	600	—	—
5	工程车	—	—	1	—	—	—	—
6	洗扫车	—	12	—	108	34	30	121
7	仓栅式运输车	32	2	—	2	13	18	17
8	车厢可卸式垃圾车	9	—	7	6	13	1	1
9	扫路车	6	—	31	2	22	7	15
10	其他	23	24	56	66	78	315	123

续表

序号	车辆名称	8月	9月	10月	11月	12月	累计产量
	新能源专用汽车总计	6862	14037	13164	41148	57095	155856
1	厢式运输车	6550	13800	12760	40381	54737	149884
2	冷藏车	60	10	43	206	419	798
3	邮政车	——	24	149	232	220	664
4	电源车	——	——	3	——	55	658
5	工程车	5	2	88	147	359	602
6	洗扫车	53	3	5	36	118	520
7	仓栅式运输车	24	50	57	86	184	485
8	车厢可卸式垃圾车	63	24	19	17	231	391
9	扫路车	1	3	2	4	207	300
10	其他	106	121	38	39	565	1554

三 专用车市场发展态势

（一）专用车市场发展特点

1. 行业竞争加剧

近年来，专用车行业规模在逐渐扩大，但行业竞争加剧却是不争的事实。在 2013 年之前，我国专用车实行从严准入，每年进入的企业不超过 10 家，从 2013 年后准入大门开启，每年新增企业呈倍数增长。当前，专用车行业从卖方市场转入买方市场，行业属性由普惠制市场过渡到竞争性市场。

2. 普通货车专用化率提高

普通货车专用化率由 2010 年的 54.29% 上升到近年来的 65.59%，这一数据的变化说明运输市场由一车多能逐步向专车专用转变，专业化率的提高预示着运输效率的逐步提高。

3. 买方市场已经形成，行业竞争加剧

企业竞争加剧是不争的事实，行业买方市场已经形成。专用车市场发展

由普惠制转移到竞争制，不前进就面临淘汰。低成本生产模式将越来越受到挤压，销售模式的多样性将给行业发展带来不小的挑战。

4. 作业类产品需求将被进一步释放

随着人口的老龄化以及总量的减少，在未来的一段时间内，适龄劳动人口会逐步减少，机器代替人工是产业发展必然趋势。因此，在未来产品研发过程中，如何更好替代日常工作中重复机械性的事物是产品重要的研发方向。

（二）专用车市场发展趋势

1. 产品结构趋势

专用车需求向城市服务功能专用汽车、新能源专用汽车、物流专用汽车转移，适应公共基础设施建设的工程类专用车辆将是未来内需市场的发展方向。

2. 市场行情趋势

受去产能、环保督察影响，专用汽车产业链上下游成本大幅上升，专用汽车分产品（运输类、用钢较多）、分区域（环保督查重点区域）迎来集体涨价潮。

3. 客户群体需求趋势

受互联网、大物流和大工程影响，国内大量工程类和物流类客户将向集团类客户转变，销售模式更加丰富，借助互联网工具的营销模式将逐步增多。

节能与新能源汽车篇

New Energy Vehicles

B.7
2017年节能与新能源汽车发展报告*

摘　要：　本报告描述了 2017 年我国节能汽车和新能源汽车的综合发展
情况，介绍了相关产业政策现状、发展趋势以及关键零部件
中动力电池和驱动电机的产业发展情况，分析了节能汽车和
新能源汽车发展中存在的问题，并就进一步推动新能源汽车
产业健康发展提出了建议。

关键词：　节能汽车　新能源汽车　驱动电机　动力电池

一　节能汽车和新能源汽车市场发展情况

（一）节能汽车

本节重点分析节能乘用车产销情况。我国以往节能惠民政策主要针对 1.6L 及

---

*　受年终车辆集中上牌等多种因素影响，2017 年 12 月新能源商用车（客车、专用车）产销量
对全年贡献度过高（超过 40%），为排除非市场因素影响，本文对新能源商用车电机配套的
分析将聚焦在 2017 年 1~11 月。

以下排量的乘用车实施。本文定义排量在 1.6L 及以下的乘用车为节能乘用车。

1. 产销总体情况

受购置税优惠政策调整影响（与排量无关），2017 年节能乘用车市场占有率低于 2016 年。2017 年，节能乘用车销售 1719.3 万辆，同比下降 1.1%，占乘用车销售比重为 69.6%，同比下降 1.8 个百分点。1.6L 及以下中国品牌乘用车销售 837.4 万辆，同比下降 0.4%。

图1 2016～2017 年 1.6L 及以下乘用车占乘用车销量比重月度趋势

2. 产销细分情况

通过对 2017 年节能乘用车产销量及各项参数进行统计分析，并与往年数据形成对比，发现，2017 年 1L 及以下节能乘用车市场进一步萎缩，1.0～1.6L 排量区间的车型市场占比不断提升，1.0～1.6L 排量区间车型共销售 1705.8 万辆（见表1），在 1.6L 及以下车型销量中的占比高达 99.3%，较 2016 年小幅提升 0.2 个百分点。

表1 2017 年我国节能乘用车分排量产销量

单位：辆

排量	2016 年产量	2016 年销量	2017 年产量	2017 年销量
V≤1.0L	149338	160318	210534	123800
1.0L<V≤1.6L	17252210	17220514	17040130	17058020

2017 年，轿车共计销售 907.35 万辆，占比为 52.8%，较 2016 年占比下降 2.1 个百分点；MPV 与交叉型乘用车销量占比较小，分别仅占 9.4% 和 3.1%，销量占比持续下滑；SUV 市场呈现明显的增长趋势，2017 年共计销售 597.05 万辆，占比为 34.7%，相比 2016 年销量占比大幅提升 6 个百分点（见图 2）。

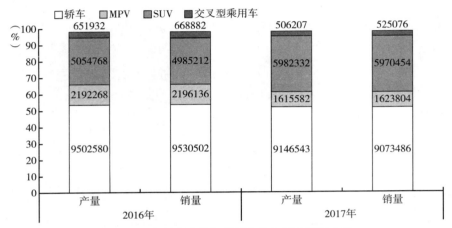

图 2　2017 年我国节能乘用车分车型产销量占比

注：图中数据为节能乘用车产销量，单位为辆。

3. 存在的问题及发展建议

（1）存在的问题

①自主研发体系还需要进一步完善。目前，我国乘用车节能技术研发主要围绕汽油机及变速器开展，电子电器、低摩擦、轻量化等技术正加快发展并逐渐对整车节能形成一定支撑，而低滚阻轮胎、超高压缩比、稀薄燃烧、车辆队列等前沿技术研发能力与跨国企业相比存在较大差距，缺乏长期技术支撑。从专利成果来看，2016 年国内排名靠前的江淮与比亚迪公开汽车专利数量仅为 2450 件与 2091 件，与日本丰田的 27947 件及美国通用 14026 件公开汽车专利数量相比，仍有数量级上的差距。此外，汽车平台化市场竞争日趋激烈，但我国奇瑞 T1X 平台、长安 P3 平台、吉利 DMA 平台与国外的丰田 TNGA 产品架构性平台、大众 MQB/MLB 模块化平台、马自达 SKYACTIVE 平台等相比，在产品平台化设计开发方面还需要进一步加强。

②关键系统产品相比国外仍有差距。在乘用车方面，近年来我国汽油发动机的技术研发和应用水平大幅提升，但对基础理论研究的重视不足，电控等关键核心技术尚未突破，混合动力汽车和替代燃料汽车推广应用不足，车辆大型化发展趋势也为行业总体油耗水平降低带来了严峻挑战。我国发动机热效率从较早的30%以下提升至32%～36%，与目前丰田Dynamic发动机41%的最高热效率相比仍有差距；先进自动变速器研究存在缺失，国外已研发出9AT、8DCT、9DCT等技术，部分产品已实现批量应用，同时国外还对10AT、10DCT开展了研究，但中国品牌车企在上述领域还缺乏明确的研究计划；德国博世、美国德尔福等零部件巨头已完成48V系统的研制和批量生产准备，而国内对48V系统研发相对滞后，尚处于初步研发阶段。

在商用车方面，客车节能技术的研发和应用水平较高，在某些关键技术方面已达到国际先进水平；载货汽车仍处于围绕动力总成升级优化、开展节能技术提升的阶段，一方面核心技术掌握不足，先进技术研发滞后；另一方面产业生态也使轻量化技术等先进节能技术应用缓慢。以载货汽车为例，国际先进水平的载货汽车滚动阻力系数在5.5～6.9之间，而我国载货汽车滚动阻力系数为7左右，50km/h初速下滑行距离试验一般落后国外同等车型11%～18%。除此之外，为与各项节能技术相匹配，我国的车用燃油品质也需要进一步提升。

（2）发展建议

①适度发展替代燃料，分担成品油消耗量。对于传统动力车型而言，发展替代燃料车型的更大意义在于实现车用能源多元化，利用天然气等燃料分担成品油消耗量。因此，政府应适度推动以天然气为主的替代燃料乘用车稳定发展，并持续通过天然气专用发动机燃烧控制优化、储气瓶轻量化等降低整车能耗水平。

②推动车辆小型化

我国汽车市场大型化趋势明显，而大型车油耗相对较高，不利于汽车工业节能减排。因此，政府应做好顶层设计与产业引导扶持，利用政策调控，

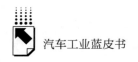

争取在 5 年内抑制我国乘用车平均整备质量上升势头,鼓励小型、节能车辆快速发展。

③利用智能网联技术提升运行效率。目前,国外已开展车辆队列、道路预见性系统、降低空置、驾驶人改善助手等新型节能技术的研究,预计将在 2020 年后会小范围应用。在实际运行过程中,道路环境、行驶路线、驾驶员行为等对商用车油耗的影响极大,结合国外趋势与国内现状,建议在前期重点跟进,中后期重点研发并掌握相关技术,并在车联网基础上实现运行能耗的大幅降低。

④积极引导产业链各环节的合作互动。政府应积极引导协会、学会、科研院所、整车及零部件企业共同搭建节能汽车相关领域的产业联盟,推进行业间资源的高效协同利用,缓解国内企业的技术、资金压力,提升我国汽车产业链的综合竞争力。

(二)新能源汽车

1. 产销总体情况

2017 年 1 ~ 12 月,新能源汽车产销分别完成 794424 辆和 776670 辆,同比分别增长 53.8% 和 53.3%,其中纯电动汽车产销分别完成 666623 辆和 652235 辆,同比分别增长 59.8% 和 59.6%;插电式混合动力汽车产销分别完成 127642 辆和 124292 辆,同比分别增长 28.5% 和 26.9%(见表 2)。

表 2 2017 年新能源汽车产销情况

单位:辆,%

车型	2017 年产量	2016 年产量	同比增长	车型	2017 年销量	2016 年销量	同比增长
总计	794424	516590	53.8	总计	776670	506613	53.3
纯电动	666623	417262	59.8	纯电动	652235	408697	59.6
插电式混动	127642	99325	28.5	插电式混动	124292	97916	26.9
燃料电池	159	3	5200	燃料电池	143	0	—

2. 产销细分情况

新能源乘用车方面,2017 年我国共完成产销 592619 辆和 578483 辆,比上年同期分别增长 71.9% 和 72.1%，其中纯电动乘用车完成产销 478499 辆和 446784 辆，比上年同期分别增长 81.7% 和 82.1%；插电式混合动力乘用车完成产销 114120 辆和 110699 辆，比上年同期分别增长 40.3% 和 39.4%。

新能源商用车方面，2017 年我国共完成产销 201805 辆和 198187 辆，比上年同期分别增长 17.4% 和 16.3%，其中纯电动商用车完成产销 188124 辆和 184451 辆，比上年同期分别增长 22.2% 和 21.5%；插电式混合动力商用车完成产销 13522 辆和 13593 辆，比上年同期分别降低 24.9% 和 26.6%；燃料电池商用车完成产销 159 辆和 143 辆。

各地区新能源汽车推广量方面，据乘联会统计数据，2017 年新能源乘用车上牌量前十位的城市分别是北京、上海、深圳、天津、杭州、合肥、广州、重庆、长沙、青岛，前十城市中仅青岛市销量低于 1 万辆（见图 3）。从各地新能源汽车市场看，发展模式仍以纯电动为主，前十城市中仅上海、深圳两地插电式混合动力汽车销量超过纯电动汽车。

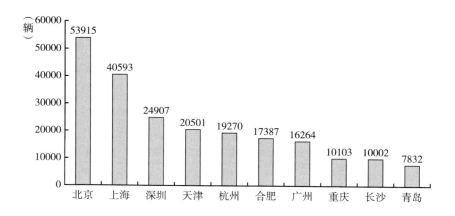

图 3　2017 年新能源汽车累计销售量前十城市

资料来源：乘联会。

从车企表现看，2017 年新能源乘用车累计销量突破 10 万辆的车企有两家，其中比亚迪累计销售 113669 辆，占 20.43%，排名第一；北汽新能源累计销售 103199 辆，占 18.55%（见图 4）。按动力类型来看，北汽新能源

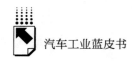
为纯电动乘用车领域的冠军，比亚迪的市场则更多倾向于插电式混合动力车型，两家车企新能源乘用车销量合计占到了近40%的市场份额。

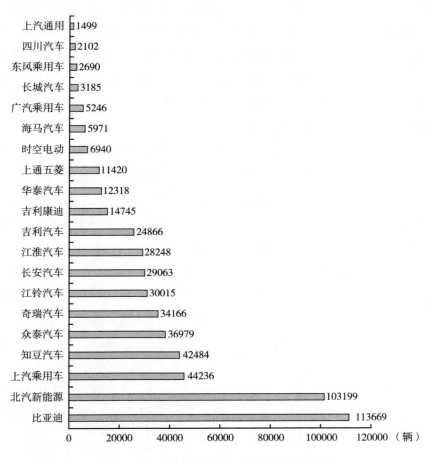

图4　2017年新能源乘用车累计销售车企榜

资料来源：乘联会。

3. 存在的问题及发展建议

（1）存在的问题

随着新能源汽车产业化的推进和保有量的不断增加，产业发展进入新阶段。一些发展不平衡不充分的问题也逐步凸显。

①充电基础设施仍然是发展的短板。一方面，我国现在车桩比只有3.5∶1，随着新能源汽车数量的持续增长，充电基础设施结构性供给不足的问题日益凸显，整体规模仍显滞后。2020年规划建设公共充电桩数量约50万个，但是与同期新能源汽车发展的规模仍然不匹配。另一方面，充电设施的布局也不够合理，公共充电桩的使用率还不到15%，可持续的商业发展模式还没有形成。新能源汽车市场存在运营企业盈利困难和消费者充电价格偏高的双向矛盾。

②政策体系仍须完善。在货币化支持政策逐步退出的情况下，后续接替的政策需要提前研究，抓紧布局。中央政府各部门之间、中央政府与地方政府之间支持政策的衔接还不够充分。不同形式的地方保护主义仍然存在，部分城市设置地方目录，导致消费者选择车型空间大大压缩，造成了市场的割裂，抑制了发展的活力。

③核心技术还需要进一步突破。从动力电池来看，高端产品与国外的差距不大，但产业整体创新能力还不够强。在先进技术研发、产品的一致性保障以及国际化发展方面，与跨国企业相比，我国企业仍存在不小的差距。从整车来看，我们真正意义上的新一代纯电驱动的平台大多还没有被纳入企业的研发计划，已有的平台大多是利用原来燃油车进行改装的平台。燃料电池汽车与国际先进水平的差距还在拉大，以企业为主体、产学研用相结合的创新体系还亟待完善。

④后市场流通服务体系还有待健全。在售后服务方面，不同品牌新能源汽车的质保内容不同，电池以旧换新的政策也不相同，售后服务配套体系滞后，对培育消费市场也有一定的负面影响。同时，新能源汽车二手车市场评估标准的缺失，流通体系的不健全，车辆保值率低，影响新车市场的长远发展。

（2）发展建议

①研究中外新能源汽车新一轮竞争态势。我国新能源汽车正逐步过渡到后补贴时代，自主品牌新能源汽车依靠补贴政策快速发展的时期一去不复返，必须未雨绸缪，研究新能源电动车新一轮竞争态势，提出政策建议，保

障汽车强国战略目标实现。

②新能源汽车领域合资应更加慎重。要把推动中国本土研发作为第一目标，要坚持立足于本国，有利于目前新能源自主车企开发。以自身技术体系和新产品为核心，能够加速我国自主研发新能源汽车水平的提升。

③鼓励商业模式创新。新的商业模式会为下一步新能源汽车产业的发展创造机遇，应特别关注对商业模式的研究。成功的商业模式一旦形成，将极大促进新能源汽车产业的发展，特别是后补贴时代，通过商业模式创新实现盈利，新能源汽车产业才能健康持续发展。

二 节能与新能源汽车政策及产业发展趋势分析

（一）相关政策环境分析

1. 节能汽车

随着我国对汽车节能减排工作的深入推进，相关政策法规也相继颁布或实施。第四阶段 GB 19578 – 2014《乘用车燃料消耗量限值》和 GB 27999 – 2014《乘用车燃料消耗量评价方法及指标》于 2016 年 1 月 1 日起正式实施，要求汽车生产企业 2016 年、2017 年、2018 年、2019 年、2020 年平均燃料消耗限值标准需要分别对应满足 6.7L/100km、6.4L/100km、6L/100km、5.5L/100km、5L/100km。

根据国家发改委 2016 年 8 月 2 日发布的《新能源汽车碳配额管理办法（征求意见稿）》，国内汽车生产企业和进口汽车总代理商可以通过生产、进口新能源汽车生成新能源汽车碳配额，这些碳配额可以在碳排放市场进行交易。如果汽车企业生产销售的新能源汽车数量不足，可以通过碳排放权交易市场向有多余碳配额的企业购买，这标志着中国对新能源汽车的推广从主要依靠财政补贴鼓励转变为通过市场手段和法律法规强制要求企业生产，以控制温室气体排放。

2017 年 9 月 28 日，工信部、财政部、商务部、海关总署、国家质检总局联合发布了《乘用车企业平均燃料消耗量与新能源汽车积分并行管理办法》，企业的燃料消耗负积分可用新能源汽车正积分抵偿归零，而新能源汽车负积分则只能向其他企业购买新能源汽车正积分，两种积分管理方式将并行执行。该管理办法让新能源汽车积分和传统汽车能耗积分产生关联，目的是更好地促进企业加大新能源汽车的发展力度。由此来看，该管理办法对新能源汽车积分比例要求有一个循序渐进的过程，这和目前新能源补贴退坡情况正好形成互补。

表3　2016 年至今发布或实施的部分汽车节能政策法规（简表）

政策法规名称	颁布或实施时间	颁布单位
第四阶段 GB 19578－2014《乘用车燃料消耗量限值》和 GB 27999－2014《乘用车燃料消耗量评价方法及指标》	2016.01	工信部
《关于实施第五阶段机动车排放标准的公告》	2016.01	环保部、工信部
《新能源汽车碳配额管理办法（征求意见稿）》	2016.08	国家发改委
《轻型混合动力电动汽车污染物排放控制要求及测量方法》	2016.09	环保部、国家质检总局
《企业平均燃料消耗量与新能源汽车积分并行管理暂行办法（征求意见稿）》	2016.09	工信部
《轻型汽车污染物排放限值及测量方法（中国第六阶段）》	2016.12	环保部、国家质检总局
第六阶段《车用汽油》（GB 17930－2016）和《车用柴油》（GB 19147－2016）	2016.12	国家质检总局、国标委
《关于全国全面供应符合第五阶段国家强制性标准车用油品的公告》	2016.12	国家发改委、公安部、环保部、商务部、国资委、国家工商总局、国家质检总局、能源局
《汽车产业中长期发展规划》	2017.04	工信部、国家发改委、科技部
《乘用车企业平均燃料消耗量与新能源汽车积分并行管理办法》	2017.09	工信部、财政部、商务部、海关总署、国家质检总局

2. 新能源汽车

据不完全统计，2017 年国家累计出台 31 项新能源汽车相关政策（包括即将出台的 5 项），涉及宏观、补贴、基础设施、安全管理、技术研发、智能网联等诸多方面。

工信部涉及出台的政策最多，达到 10 项（含即将出台的 2 项），国家发改委涉及出台 10 项，科技部、交通部、国务院、商务部、能源局等均有相关政策出台。

在 31 项新能源汽车政策中，《乘用车企业平均燃料消耗量与新能源汽车积分并行管理办法》是 2017 年度最重要的一项政策，影响了未来中国汽车产业新格局，无论是燃油车还是新能源汽车都将步入积分时代。

表 4　2017 年我国新能源汽车主要政策汇总

政策类型	发布时间	发布机构	政策名称
宏观政策	2016.12	国务院	《"十三五"节能减排工作方案》
	2017.01	工信部	《新能源汽车生产企业及产品准入管理规定》
	2017.03	工信部、国家发改委、科技部、财政部	《四部委关于印发〈促进汽车动力电池产业发展行动方案〉的通知》
	2017.03	国家发改委	《企业投资项目核准和备案管理办法》
	2017.03	交通运输部	《营运客车安全技术条件》
	2017.03	交通运输部	《城市公共汽车和电车客运管理规定》
	2017.04	工信部、国家发改委、科技部	《汽车产业中长期发展规划》
	2017.04	商务部	《汽车销售管理办法》
宏观政策	2017.05	交通运输部	《关于开展汽车维修电子健康档案系统建设工作的通知》
	2017.06	国家发改委、工信部	《国家发展改革委 工业和信息化部关于完善汽车投资项目管理的意见》
	2017.06	交通运输部	《关于促进汽车租赁业健康发展的指导意见（征求意见稿）》
	2017.08	国务院	《国务院关于促进外资增长若干措施的通知》
	2017.08	国务院	《关于进一步推进物流降本增效促进实体经济发展的意见》

续表

政策类型	发布时间	发布机构	政策名称
宏观政策	2017.08	交通运输部	《关于促进小微型客车租赁健康发展的指导意见》
	2017.09	工信部、财政部、商务部、海关总署、国家质检总局	《乘用车企业平均燃料消耗量与新能源汽车积分并行管理办法》
	2017.09	国家发改委、财政部、科技部、工信部、能源局	《关于促进储能技术与产业发展的指导意见》
	2017.09	国家发改委、工信委、财政部、住建部、国资委、能源局	《电力需求侧 Q 管理办法(修订版)》
	2017.09	交通运输部、国家发改委、工信部等14个部门	《促进道路货运行业健康稳定发展行动计划(2017~2020年)》
	2017.09	工信部	《重点新材料首批次应用示范指导目录(2017年版)》
	2017.1	工信部	《产业关键共性技术发展指南(2017年)》
	2017.1	科技部	《国家重点研发计划新能源汽车等重点专项2018年度项目申报指南》
	2017.11	央行、银监会	《汽车贷款管理办法》(修订版)
	2017.11	工信部	《关于2016年度、2017年度乘用车企业平均燃料消耗量管理有关工作的通知》
	2017.12	财政部、国家税务总局、工信部、科技部	《财政部 税务总局 工业和信息化部 科技部关于免征新能源汽车车辆购置税的公告》
财政政策	2017.04	财政部、科技部、工信部、国家发改委	《关于开展2016年度新能源汽车补贴资金清算工作的通知》
	2017.08	财政部、国家税务总局	《中华人民共和国车辆购置税法(征求意见稿)》
基础设施	2017.02	国家能源局、国资委、国管局	《关于加快单位内部电动汽车充电基础设施的通知》
安全管理	2017.07	中电联	《电动汽车充电基础设施信息安全防护指南(征求意见稿)》
技术研发	2017.03	住建部、国家质检总局	《锂离子电池工厂设计规范(征求意见稿)》
智能网联	2017.06	工信部、国标委	《国家车联网产业标准体系建设指南(智能网联汽车)(2017年)》(征求意见稿)
	2017.06	工信部	《国家车联网产业标准体系建设指南(总体要求)(征求意见稿)》

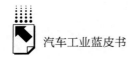

（二）产业发展趋势与展望

从当前全球汽车产业发展趋势来看，新能源汽车是未来的发展方向，但由于现有电池技术仍未解决长里程及成本问题，短时间内仍难以替代燃油汽车。在汽车产业以节能减排为主流的大环境下，内燃机动力仍将在未来长时间内占据市场主要份额，节能技术将拥有较大的应用潜力与市场。

1. 节能汽车

（1）替代燃料汽车

在国家节能环保战略下，替代燃料汽车发挥了重要的石油能源替代作用。截至 2015 年，各类替代燃料车型应用已替代汽柴油超过 2300 万吨，替代率约为 8.5%，其中，车用天然气替代汽柴油约 1800 万吨，在整个汽车替代燃料中贡献率达 77%，实现 CO_2 减排 1000 万吨（见图 5）。

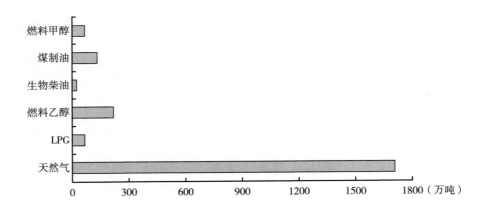

图 5　2015 年车用燃料替代量

①天然气汽车未来展望，汽车尾气污染治理已经成为替代燃料市场发展的主要动力，虽然石油价格连续走低导致传统汽柴油价格不断下降，且中国

纯电动车的迅猛发展在一定程度上抑制了替代燃料的市场增长，但是作为传统汽柴油替代品的燃料乙醇、生物柴油和天然气在中国的市场发展潜力仍然很大。2016年12月国家发改委发布的《天然气发展"十三五"规划》提出：2020年我国天然气消费占一次能源消费比例为8.3%～10%，并提出了2020年气化类车辆约1000万辆、配套建设加气站超过1.2万座、船用加注站超过200座的发展目标。

此外，国家规划逐步放开天然气定价权，将进一步扩大汽油价差。同时，2017年国务院已明确提出将支持清洁能源的发展，天然气车也位列其中，气电混合动力应用加快，将持续推动天然气车行业的快速发展。

以《天然气发展"十三五"规划》中1000万辆的目标值计算，预计"十三五"期间，我国天然气汽车市场将保持年均15%的高增长率，每年将新增75万～100万辆天然气汽车。因此，天然气汽车相关市场的发展前景向好，空间广阔。

②醇类燃料汽车未来展望。中国的替代燃料市场对成本和规模都比较敏感。燃料乙醇的发展推广走在生物柴油前面，一方面，由于中国尚处于高速城市化进程中，占用大量土地来种植生产生物柴油的原料油籽的经济可行性在下降；另一方面，燃料乙醇对控制汽车尾气污染的效果比生物柴油更明显，因此政府部门对燃料乙醇发展及汽油质量的升级有明显的政策偏向。

2017年，政府对甲醇汽车的重视程度提升到了一个新高度，中央各相关部门纷纷出台政策支持甲醇汽车发展。在2017年政府工作报告中，对推广新能源汽车的提法变为"鼓励使用清洁能源汽车"；3月10日工信部发布的"2017年工业节能与综合利用工作要点"中首次提出了"加强甲醇汽车标准体系建设""探索甲醇汽车市场化运行模式""深化甲醇汽车试点工作，完成部分甲醇汽车试点城市验收"等甲醇汽车相关的议题，并于4月1日召开了"甲醇汽车试点工作专家组会议"，这些都充分说明政府对甲醇汽车的关注上升了一个台阶。同时，业界曾提出在汽油

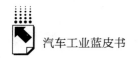

中混合 10% 燃料乙醇的建设目标，如果实现的话，到 2020 年，中国可能需要每年 33 亿加仑的燃料乙醇。

（2）混合动力汽车（HEV）

混合动力技术是美、日、欧等汽车产业发达地区的共性节能技术，混合动力技术已经是相当成熟的动力技术。从 1997 年普锐斯第一次实现混合动力的量产到现在的 21 年时间里，混合动力系统已经完全"成年"，所以这也使日本市场成为混合动力系统普及度最高的市场，而在日本市场销售的混合动力车型也拥有了与传统内燃机车型相同的产品竞争力。在市场快速增长的同时，日、美等国众多车企也在持续加大混合动力技术研发，丰田普锐斯四代相比一代更已实现 26.7% 的节油水平提升；君越 30H 等车型可实现同比 35% 左右的燃油经济性提升。

乘用车领域，伴随以丰田、本田为代表的日系企业车型投放，国内混合动力乘用车的市场格局也在不断发生变化，我国自主品牌也在积极针对混合动力汽车产品加快布局。吉利 2017 年上半年发布了搭载科力远 CHS 动力分流混合动力系统的国内首款混合动力车型帝豪 EC7，整车百公里油耗达到 4.9L。长安汽车也于 2017 年发布搭载 48V 系统的逸动蓝动版车型。伴随当前市场的快速增长，国内自主车企将发布更多的混合动力车型，未来前景可观。同时，在政府层面，《汽车工业发展中长期规划》、《中国制造 2025》、节能与新能源汽车技术路线图、《汽车产业中长期发展规划》均将混合动力技术纳入重要位置并做了明确的前景阐述。双积分政策的落地，更使节能和环保并行成为车企的必然现实选择。

商用车领域，混合动力技术已在公交客车实现大规模应用，混合动力在城市工况节油效果明显。我国自 2005 年开始对混合动力客车开展专项研究，目前自主品牌车企均已推出相应产品。由于载货汽车及城际客车行驶里程长、负载大、车速较快，对混合动力技术要求较高，应用较少，东风商用车、华菱星马等企业正进行自主研发，东风商用车公司研发的混合动力载货汽车可实现 25% 的节油。未来成本下降后，我国将实现混合动力技术在载货汽车领域的大规模应用。

（3）传统燃油乘用车及商用车

在日益严苛的油耗排放法规要求下，传统燃油乘用车及商用车只能大力发展节能环保技术。2016年发布的《节能与新能源汽车技术路线图》及2017年发布的《汽车产业中长期发展规划》为我国节能汽车发展指明了方向，路线图中已明确传统乘用车及商用车领域未来节能技术发展路径。在此指引下，我国自主品牌企业将加快节能技术创新与推广，不断缩小与国际先进水平差距。

乘用车领域，国内乘用车企业在众多节能技术上寻求突破。目前，除替代燃料及混合动力技术外，动力总成升级、电子电器、低摩擦、轻量化、车辆小型化等技术已成为燃油乘用车的主要节能技术手段。在发动机技术方面，我国发动机热效率水平将显著提高，2020年平均热效率达到40%，2025年平均热效率达到44%，2030年平均热效率达到48%。发动机基础燃烧理论、发动机电控、进排气、新型燃烧、后处理五个领域将不断取得技术突破；变速器方面，AT、DCT、CVT、变速器控制逻辑及标定四个领域取得突破性进展；电子电器水平持续提升，48V系统、制动能量回收系统、第三代智能启停系统、高效空调等关键技术将快速发展；低摩擦领域，曲柄连杆系统的轻量化、低滚阻轮胎及低风阻正向设计和优化能力将成为发展重点；持续开展整车结构优化，并在2020年实现单车高强度钢用量达到50%以上、铝合金用量达到190kg；推动车辆小型化发展，在2020年实现紧凑型及以下乘用车销量占比超过55%。

商用车领域，未来其节能水平将愈发得到行业重视。工信部统计数据显示，不足我国汽车保有量20%的中重型商用车（＞3.5吨）年均消耗的成品油接近车用成品油消费总量的50%。因此，在商用车领域展开节能技术应用，其预期可产生的节油效果极为明显。未来，除替代燃料及混合动力技术外，我国商用车节能将以动力总成升级优化、智能网联技术、轻量化等为主要发展路径。动力总成方面，将重点发展高压共轨、低速高扭的重型柴油机，优化各类电控附件，优化燃烧系统，SCR、EGR、ASR、DPF等后处理技术也将快速发展，以此满足各阶段排放法规要求，柴油机有效热效率将提

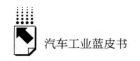
升至 2020 年的 50%、2030 年的 55%；空气动力学优化方面，将快速突破低滚阻轮胎技术，整车风阻系数普遍降低 15% 以上；智能网联技术方面，将以车联网为基础实现车辆运行能耗降低，道路预见性系统、降低空载等技术将实现应用；整车轻量化方面，将加速轻量化技术应用，铝合金等多种轻质材料的应用比例将不断提升，以此来降低车身自重，从而减少运行过程中的能耗损失。

2. 新能源汽车

（1）中国新能源汽车发展将引领国际汽车产业发展方向

降低二氧化碳排放、减少污染、降低对石油资源的依赖、提高交通安全、缓解交通拥堵，是我国乃至世界各国发展汽车工业首要的，也是永恒的主题。进入 21 世纪，我国是世界上第一个，也是唯一将发展新能源汽车作为国家战略并赋予其突出地位的国家。不论在政策支持、配套措施、产品创新方面，还是在示范运行、推广应用等方面，都是世界上力度最大的国家。目前，中国已成为新能源汽车发展最快、产量最高、保有量最多的国家；未来，我国也将是世界上排放标准最严格的国家。中国新能源汽车的发展，将引领国际汽车产业的发展方向。

（2）纯电动乘用车企业会在竞争中重组

目前，我国生产纯电动乘用车的新老企业已达数十家。今后，企业对该领域的精力集中度、投资强度、技术创新能力及运营效率的不同，将拉大它们之间的差距。汽车碳排放积分制度的推行压力，将使新能源汽车领域的新老企业、中外企业之间的合作、重组力度将逐步加大，优势企业会更加突出。

（3）2018 年是政策推向市场、拉动新旧增长动能转换期

2018 年，新能源汽车市场面临政策和市场环境的双重压力，尤其是政策推动的增长动力明显减弱，新能源汽车增长属于调整换挡期。2018 年，限购城市的新能源汽车的增量依然很小，尤其是北京新能源汽车销售进入瓶颈期。随着 2019 年的新能源双积分政策的实施、电池技术的进一步提升，新能源汽车的产销规模将进一步扩大。

三 关键零部件产业发展情况

（一）动力电池发展

1. 市场发展

2017年，我国新能源汽车动力电池装机总电量约36.4GWh，同比增长29%（见图6），其中装机总电量排名前十的动力电池企业装机总电量达26.81GWh，占整体的74%。2017年底，动力电池价格较2017年初下滑20%~25%。磷酸铁锂动力电池组价格从年初的1.8~1.9元/Wh下降到年底的1.45~1.55元/Wh，三元动力电池包价格从年初的1.7~1.8元/Wh下降到年底的1.4~1.5元/Wh。

图6 2017年1~12月新能源汽车电池装机总电量

资料来源：高工锂电。

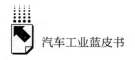

表 5　2017 年市场份额前十电池企业动力电池配套情况

企业	配套台数（台）	储电量（GWh）	市场份额（%）
宁德时代	198581	10.58	29.07
比亚迪	103505	5.66	15.55
沃特玛	33305	2.41	6.62
国轩高科	51295	2.10	5.77
比克电池	47115	1.64	4.51
天津力神	17387	1.97	5.41
孚能科技	45861	0.99	2.72
亿纬锂能	17318	0.82	2.25
国能电池	8630	0.80	2.20
智航新能源	13265	0.73	2.01
总计	536262	27.70	76.10

资料来源：高工产研。

2. 分类配套

从车辆细分类别来看，2017 年，乘用车电池装机电量约 13.7GWh，同比增长 50%；客车电池装机电量约 14.3GWh，同比下降 10%；专用车电池装机电量为 8.4GWh，同比增长 165%（见图 7）。

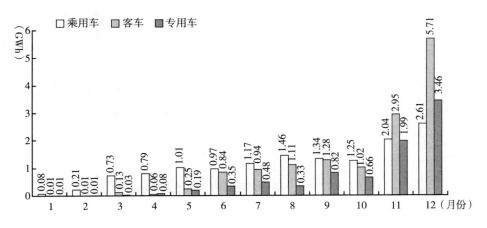

图 7　2017 年 1~12 月新能源汽车分类电池装机电量

资料来源：高工锂电。

从不同电池材料类型来看，总电量 36.4GWh 中，磷酸铁锂和三元合计为 34.05GWh，占 93.4%；锰酸锂约 1.54GWh，占 4.2%；钛酸锂约 0.57GWh，占 1.6%，其他占 0.8%（见图 8、图 9）。

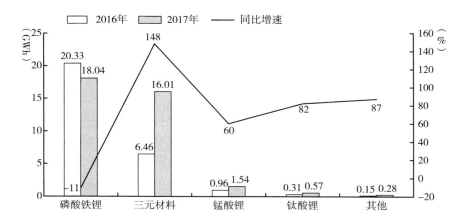

图 8　2017 年新能源汽车各电池材料装机电量

资料来源：高工锂电。

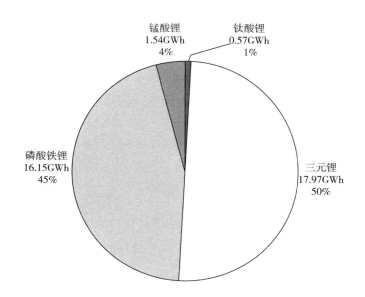

图 9　2017 年四种类型动力电池份额占比

资料来源：高工锂电。

新能源乘用车方面，2017年我国新能源乘用车电池装机总电量约13.71GWh，同比增长50%。其中，装机总电量前十的动力电池企业合计达11.43GWh，占整体的83.4%。根据2017年乘用车动力电池的装机量数据，无论是纯电乘用车（EV）还是插混乘用车（PHEV），三元电池都占有较高的市场份额。由于三元电池比磷酸铁锂电池在能量密度方面优势较大，预计以后的市场占有率还会不断提高（见表6）。

表6　2017年新能源乘用车电池装机量前十

企业	总电量（GWh）	乘用车装机量（台）	主要电池类型装机量（台）	
			三元电池	磷酸铁锂
宁德时代	4.112	148368	135577	12791
比亚迪	2.904	91858	50226	41632
孚能科技	0.945	43722	43722	—
国轩高科	0.901	42029	32403	9626
比克电池	0.846	34417	34417	—
远东福斯特	0.428	25545	25545	—
浙江天能	0.373	20939	20939	—
天津捷威	0.312	13419	13419	—
天津力神	0.309	8497	8497	—
上海德朗能	0.301	8789	8789	—

资料来源：高工锂电。

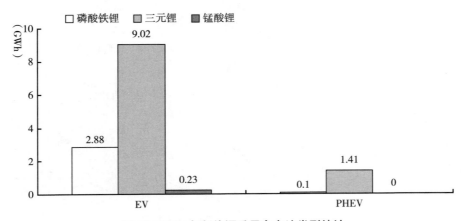

图10　2017年新能源乘用车电池类型统计

资料来源：高工锂电。

新能源客车方面，2017 年我国新能源客车电池装机总电量约 14.31GWh，同比下降 10%。其中，装机总电量前十的动力电池企业合计达 13.06GWh，占整体的 91.3%（见表 7）。在新能源客车方面，磷酸铁锂电池依然是国内主机厂的主流选择。纯电动客车中，磷酸铁锂电池占主导地位；在插电式混合动力客车方面，锰酸锂电池则占较大比例（见图 11）。

表7 2017 年新能源客车电池装机量前十

单位：GWh，台

企业	总电量	乘用车装机量	主要电池类型装机量			
			三元电池	磷酸铁锂	钛酸锂	其他材料
宁德时代	5.518	38069	—	38069	—	—
比亚迪	2.542	10240	—	10240	—	—
沃特玛	1.382	9663	—	9663	—	—
国轩高科	0.993	6096	—	5948	—	148
国能电池	0.569	4688	—	4688	—	—
珠海银隆	0.567	6088	—	—	6088	—
天津力神	0.465	3674	—	3674	—	—
微宏动力	0.419	4588	—	4578	—	10
盟固利	0.332	8328	8	8322	—	—
中航锂电	0.272	2246	—	2246	—	—

资料来源：高工锂电，中国汽研整理。

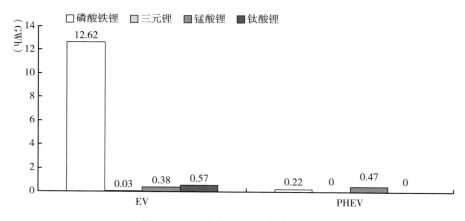

图11 2017 年新能源客车电池类型

资料来源：高工锂电。

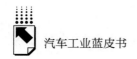

新能源专用车方面，2017年我国新能源专用车电池装机总电量约8.42GWh，同比增长165%。其中，装机总电量前十的动力电池企业合计达5.62GWh，占整体的66.7%（见表8）。新能源货车以纯电动货车为主，三元锂电池涵盖了近七成的市场，同时磷酸铁锂和锰酸锂也均占有一定份额（见图12）。

表8　2017年新能源专用车电池装机量前十

单位：GWh，台

企业	总电量	乘用车装机量	主要电池类型装机量			
			三元电池	磷酸铁锂	锰酸锂	其他材料
沃特玛	1.029	23642	—	23642	—	—
宁德时代	0.946	12144	10316	1828	—	—
比克电池	0.796	12696	12696	—	—	—
智航新能源	0.733	13245	13245	—	—	—
天劲股份	0.457	12785	12785	—	—	—
亿纬锂能	0.419	7442	7442	—	—	—
星恒电源	0.415	9343	1715	—	7628	—
天津力神	0.296	5216	5117	99	—	—
鹏辉能源	0.268	2979	1008	117	—	1854
广西卓能	0.259	4772	4772	—	—	—

资料来源：高工锂电。

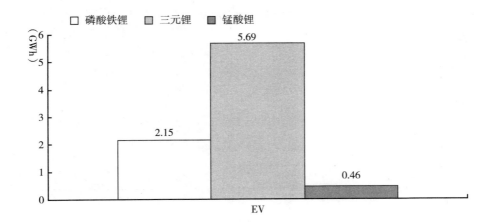

图12　2017年新能源专用车电池类型

3. 存在的问题及建议

（1）存在的问题

整体上看，我国动力电池产业规模已经全球领先，技术水平显著提升，部分高端产品与国外领先产品差距缩小，产业竞争力逐渐提高。放眼全球，我国动力电池产业在产业结构、精密制造、国际竞争力等方面还存在不足，主要表现在以下几点。

①制造水平仍待提高。据调查，大多数企业尚处于半自动化阶段，中端、后端工序仍有大量人工操作参与，给动力电池生产一致性和质量控制带来困难。目前，我国只有部分先进企业的生产自动化程度与国外相当，实现了高效、全自动以及全面工序质量在线检测的生产方式。

②企业研发需要加强。国内产业研发实力整体偏弱，大部分企业缺乏完整的研发体系，大多数企业还处于跟随模仿阶段，研究人员不足，产业核心技术专利匮乏，高精尖核心技术与国外相比仍有较大差距，国际竞争力较为薄弱。

③新型产品产业化挑战。目前，动力电池创新性产品一般都是实验室产品，新型电池在下一步产业化进程中，还面临诸多挑战。固态电池与其配套的材料、设备、工艺相对不成熟，尚未有较为统一、成熟的技术路线，批量化生产成本较高，在以磷酸铁锂和三元电池技术路线为主的产业格局中，新型电池产业化还有很长的路要走。

（2）发展建议

①加快行业兼并重组，促进市场资源整合。近几年大量新增的动力电池产能，以及大批企业的进入，加剧了汽车锂电池行业的市场竞争。未来无背景、无资金、无技术优势的小型汽车锂电池企业将退出或倒闭，部分中小型企业将转型做电动自行车、电子产品、锂电池等进入门槛相对较低的领域。锂电池产业大规模整合将会是未来2~3年的主流。

②建立强大的产业链和产业集群。中国的电池产业要想做大做强，必须建立强大的产业链和产业集群，包括正极材料、负极材料、隔膜、电解液、制造、设备等。电池企业与整车企业应建立紧密联盟，加快步伐做强做大。

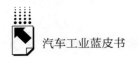

目前是非常重要的时期，趁外国电池企业还没进来，整车厂跟电池企业要加紧建立联盟，随时做好和国外企业竞争的准备。

③加强产品技术创新，提升企业生产水平。动力电池企业应不断加强技术创新，持续关注国际上动力电池的技术发展趋势，把握动力电池的主流技术，提升自身产品的质量及安全性能。国家应积极鼓励动力电池企业进行技术研发，对有重大贡献的企业给予奖励或补贴。要持续创新，提高电池性能，满足新能源汽车发展需要。

（二）驱动电机发展

1. 市场发展

在新能源汽车产销量高速增长的带动下，我国新能源汽车电机电控装机市场也呈现高速增长的态势。2017 年我国新能源汽车电机装机量约 87.4 万台，同比增长 56%。其中，电机装机量前十的企业合计达 49.4 万台，占整体的 57%（见表 9）。

表 9　2017 年新能源汽车电机装机量十大企业

单位：台

序号	企业	电机装机总数量	电机配套车企
1	比亚迪	138557	比亚迪、北京华林
2	北汽新能源	101753	北汽新能源、北京汽车、昌河铃木等
3	上海电驱动	42855	奇瑞汽车、吉利汽车、云度新能源、中通客车等
4	精进电动	40690	吉利汽车、东风汽车、苏州金龙、广汽乘用车等
5	江铃新能源	39688	江铃汽车、长安汽车、长安标致雪铁龙
6	联合汽车电子	32498	上海汽车、陕西通家
7	安徽巨一	27065	江淮汽车、奇瑞汽车、安凯汽车、昆明客车等
8	郑州宇通	25578	宇通客车、大运汽车
9	方正电机	22963	上汽通用五菱、成功汽车、河北御捷等
10	山东德洋电子	22775	吉利汽车、豪情汽车

资料来源：节能与新能源汽车网。

2. 分类配套

新能源汽车电机及控制器行业能够取得高速增长的根源之一是新能源汽车电动机控制技术的不断革新与进步，电机在新能源汽车领域中的应用技术愈发成熟。截至目前，我国新能源汽车领域电动技术取得了一定的突破，永磁同步电机因其功率密度高和体积小等优点占据国内电机市场最大份额，主要应用于乘用车领域；交流异步电机优点是其较低的生产成本以及相对简单的结构，控制技术也相对成熟，但其尺寸较大、重量较重等缺点都在一定程度上制约了其广泛应用，其主要应用在新能源客车和部分乘用车上。

（1）新能源乘用车

在新能源乘用车产销量高速增长的同时，我国新能源汽车电机、电控装机市场也呈现高速增长的态势。根据工信部整车出厂合格证数据统计，2017年我国新能源乘用车电机装机量达到551617台。

从电机类型市场结构来看，以永磁同步电机为主，2017年新能源乘用车领域永磁同步电机共配套393349台，装机量占比超过70%；交流异步电机共配套152873台，装机量占比为28%左右（见图13）。

从月度情况来看，电机装机量随着新能源乘用车销量的上升不断上涨，在12月达到全年的最高峰（见图14）。

从电机供应商角度来看，市场相对集中，其中，北汽新能源、比亚迪、江铃新能源、精进电动、联合电子等10家企业占据超75%的市场份额。前十企业中，除联合汽车电子为合资品牌外，其他均为中国自主品牌（见图15），主要原因：一是电机供应商被整车厂整合，如北汽新能源、比亚迪、江铃新能源等；二是自主品牌电机供应商配合度较高，方便根据整车厂的需求联合开发产品。与动力电池装机量相对集中相似，电机装机量也相对集中，除上海电驱动供给10家、精进电动供给6家车企外，其他电机企业基本都是供应1~3家车企。

（2）新能源客车

2017年1~11月，我国新能源客车驱动电机配套量达71609台。其中，纯电动客车58914台，插电式混合动力客车12602台，燃料电池客车93台。

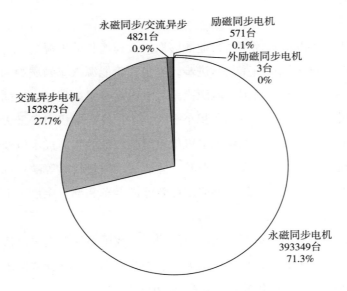

图13　2017 年度电机类型市场结构情况

资料来源：工信部。

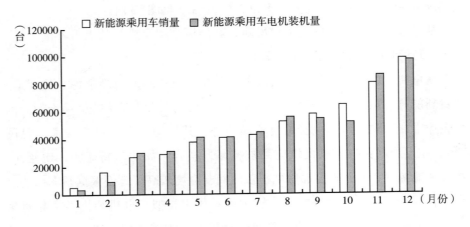

图14　2017 年新能源乘用车电机月度装机量

资料来源：工信部。

在产品技术方面，纯电动客车驱动电机以永磁同步电机为主。2017 年 1 ~ 11 月，一共配套 68224 台永磁同步电机，占配套电机总数的比重高达

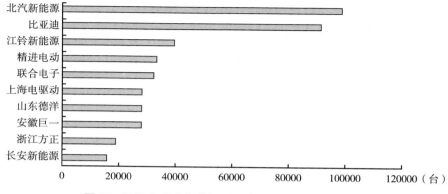

图15　2017年前十新能源乘用车电机供应商装机情况

资料来源：工信部。

95%；其次是交流异步电机，2017年1~11月共配套交流异步电机3313台，占5%，永磁交流电机72台（见图16）。

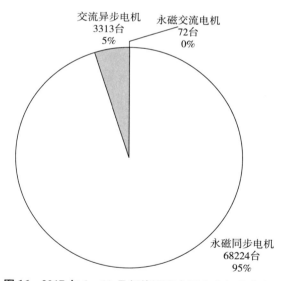

图16　2017年1~11月新能源客车配套电机分类占比

资料来源：节能与新能源汽车网。

在配套数量方面，新能源客车电机配套数量前五的企业分别是郑州宇通客车股份有限公司、比亚迪汽车工业有限公司、湖南中车时代电动汽车股份有限公司、珠海银隆电器有限公司、厦门金龙联合汽车工业有限公司。2017年1～11月，市场份额前五的电机企业共配套电机36058台，其市场集中度CR5为50.4%，与2016年持平（见图17）。

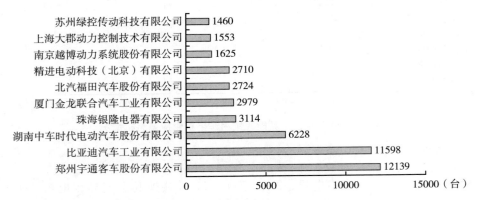

图17 2017年1～11月前十新能源客车电机生产企业配套情况

资料来源：节能与新能源汽车网。

（3）新能源专用车

2017年1～11月，我国新能源专用车驱动电机配套量达96011台。其中，纯电动专用车95575台，燃料电池专用车436台。

在产品技术方面，纯电动客车驱动电机以永磁同步电机为主。2017年1～11月，一共配套79379台永磁同步电机，占配套电机总数的比重高达83%；其次是交流异步电机，2017年1～11月共配套交流异步电机16632台，占比为17%（见图18）。

配套数量方面，新能源客车电机配套数量前五位的企业分别是深圳市民富沃能新能源汽车有限公司、山东休普动力科技股份有限公司、北京德威利新能源科技股份有限公司、江苏微特利电机制造有限公司、无锡华宸控制技术有限公司。2017年1～11月，新能源专用车驱动电机配套企业近100家，中小企业较多，市场份额前五的电机企业共配套电机35292台，其市场集中度CR5仅为36.8%（见图19）。

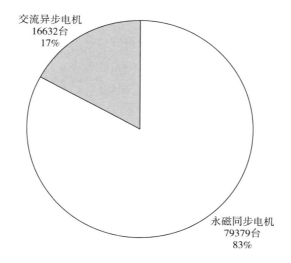

图18　2017年1～11月新能源专用车配套电机分类占比

资料来源：节能与新能源汽车网。

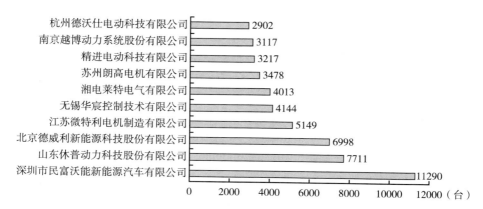

图19　2017年1～11月前十新能源专用车电机生产企业配套情况

资料来源：节能与新能源汽车网。

3. 存在的问题及建议

（1）存在的问题

尽管我国驱动电机产业取得了快速发展，但从与整车匹配方面来看，国内电机技术还落后于国外5年左右。具体来看，我国电机系统还与国外存在

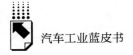
以下差距：一是未形成满足汽车工业标准的完整供应商体系，电机用高速轴承、硅钢片等原材料及核心部件高度依赖进口；二是电机制造工艺水平、自动化水平较为落后，导致产品可靠性、一致性较差；三是体现电机技术水平的发明专利占比仅为50%，远低于国外90%的水平等。

总体来看，经过十多年的发展，我国新能源汽车电机系统研究进步较大，基本功能和性能方面已经与国际水平相当。但是，站在整车的角度上来看，目前我国电机系统对汽车用环境的适应性还不足，产业化还存在较多瓶颈，更重要的是产品的一致性、可靠性、工艺水平等与汽车的使用要求尚存在差距。

（2）发展建议

①加大研发投入，突破技术瓶颈。在现有电机及电驱动总成系统的基础上，行业的相关企业都应加大攻关力度，加大研发投入，在产业化方面逐步形成国际竞争力。下一代电驱动技术方面，政府应积极支持企业开发先进动力驱动系统和机电耦合系统，实现先进技术的储备，为产业化提供技术支撑。

②完善驱动电机检验检测标准。以提升整车运行效率和整车舒适性为目标，加快制定电机各种检测标准，提高电机产品的可靠性与一致性，提高整车的运行品质与安全性。

③进一步落实扶持政策。政府应加紧落实驱动电机产业发展保障措施，树立为企业服务、促进企业长期持续发展的意识，加强产业配套能力建设，为优秀的电机企业提供土地、融资、财税政策支持，切实降低企业经营成本，增强国际竞争力。

零部件篇

Components and Parts

B.8
2017年汽车零部件发展报告

摘　要：　本报告从政策体系、市场规模、产品技术、快速发展的新兴
　　　　　领域和后市场等几个方面阐述了2017年中国汽车零部件发展
　　　　　状况，进一步分析了在零部件品质、核心技术、整车与零部
　　　　　件企业合作、需求转变引发商业模式创新四个方面，中国汽
　　　　　车零部件产业所面临的挑战，并结合汽车工业发展趋势提出
　　　　　相关建议。

关键词：　汽车零部件　产业链　核心技术

一　汽车零部件发展综述

（一）市场规模稳步增长

2017年，我国汽车零部件行业仍呈良好增长趋势。根据对规模以上

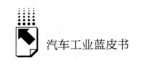
13333 家汽车零部件企业统计，全年累计主营业务收入 3.88 万亿元，同比增长 10.23%；总体利润总额 3012.6 亿元，同比增长 13.66%；亏损额 151.8 亿元，同比增长 23.84%。在汽车行业平稳增长的带动下，汽车零部件市场发展总体情况良好，呈中高速发展态势。

进口总额呈小幅增长态势。2017 年，我国汽车零部件进口总额 370.44 亿美元，同比增长 7.08%。发动机进口总额为 19.9 亿美元，同比降低 1.31%；汽车零件、附件及车身进口总额为 309.20 亿美元，同比增长 7.17%；轮胎进口总额 6.41 亿美元，同比增长 12.79%；其他类进口总额 34.93 亿美元，同比增长 10.64%。可以看出，2017 年我国汽车零部件进口金额，除发动机同比下降外，其余均同比增长。

出口总额负增长态势扭转。2017 年，我国汽车零部件出口总额为 637.77 亿美元，同比增长 5.85%，其中发动机出口总额为 20.41 亿美元，同比增长 12.02%；汽车零件、附件及车身为 381.42 亿美元，同比增长 8.89%；轮胎出口总额为 129.46 亿美元，同比增长 9.99%；其他类出口总额为 106.48 亿美元，同比下降 8.44%。由此看出，2017 年我国汽车零部件出口总额负增长态势得到扭转，各类零部件中仅其他类零部件出口仍保持负增长，其余主要零部件均已实现小幅增长。

（二）研发能力不断提升

伴随汽车工业的发展，中国汽车零部件产业规模持续扩大生产研发能力持续提升。一方面，国际零部件巨头的"本土化"战略推进，进一步促进了我国汽车零部件产品功能和生产制造水平的提高；另一方面，我国零部件企业加快技术升级，积极参与全球竞争，品牌影响力不断扩大。2001～2015 年，我国汽车产业研发人员年均复合增长率为 15.33%，高于全部从业人员的 6.43%，研发人员强度大幅提高，从 2001 年的 2.98% 提高到 2015 年的 9.4%，研发人员人均占有研发投入从 13 万元提高到 27.4 万元，体现了汽车产业研发活动不断增多增强。

在部分关键零部件领域，中国品牌零部件企业取得突破性进展，部分先进技术将实现产业化，技术落后的现状将逐步改变。另外，中国品牌零部件企业实力的迅速提升，也带动中国品牌整车走强，目前中国品牌乘用车新车质量 PP100 已从 2003 年的 469 个降低到 2016 年的 112 个，这其中零部件体系整体提升对整车质量进步的贡献功不可没。

（三）新兴领域快速发展

新能源汽车零部件领域，加快与国际先进水平接轨。中国新能源汽车产业规模快速增长，零部件产业同样发展迅速，产品性能和可靠性显著提高。在驱动电机方面，我国基本掌握了先进的电磁设计技术和多目标高性能车用电机的极限设计与多领域精确分析以及系统集成仿真技术，实现了电机与变速器在机械、电磁、热管理的高度一体化设计与应用；在电机控制器方面，我国基本掌握了电机控制器的软硬件集成开发技术；已初步形成以动力电池、驱动电机、电控系统为主的新能源汽车零部件产业链条，涌现出一大批优质零部件企业。

智能网联汽车零部件加快布局。《中国制造 2025》《"十三五"汽车工业发展规划意见》均明确指出我国发展智能网联汽车的方向，在此背景下，中国零部件企业及 IT 企业加快了智能网联汽车领域的布局，力图抢占未来市场制高点。预计未来五年，在智能网联汽车零部件带动下，汽车零部件的行业平均利润率将超过 8%，在原有基础上提升 2～3 个百分点，将有效带动零部件行业利润率的整体提升。智能网联汽车零部件具有较高的利润与知识产权壁垒，在形成竞争优势的同时，可满足整车企业及消费者的不同需求。

（四）后市场产业链逐步形成

我国汽车产销量的快速提升，汽车保有量的高速增长，也带动了汽车后市场的蓬勃发展，相关零部件产业链发展迅速。据统计，2017 年全国汽车保有量已达到 2.17 亿辆，与 2016 年相比，全年增加 2304 万辆，增长11.85%。2016 年，中国汽车后市场的规模达到 8800 亿元，预计 2017 年将突破 1 万亿元。2018 年，中国汽车的平均车龄有望超过 5 年。根据发达国家的发展历程，一旦车龄超过 5 年，中国汽车后市场有望迎来新的繁荣，未来市场将继续看涨，在 2021 年实现 1.654 万亿元的销售规模。

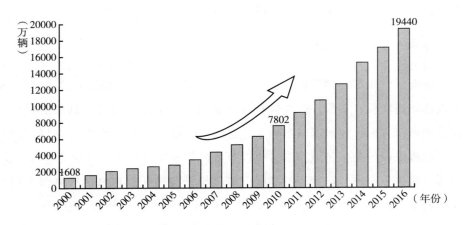

图 1　我国历年汽车保有量

我国市场中，过保乘用车数量不断攀升驱动了汽车后市场的快速发展；同时为避免垄断的市场机制，提高市场透明度，政府近年来颁布了各种法律法规，规范及鼓励汽车后市场行业的发展；电子商务和大数据的兴起，对汽车后市场产生了极大的影响，不断改变着消费者的消费习惯，越来越多的过保车主选择了 4S 店以外的性价比高且便利的维修和保养渠道。不断增长的需求、不断改变的顾客习惯和 IT 的发展将共同促进中国汽车后市场更加繁荣。

（五）政策体系逐步完善

自 2016 年以来，我国汽车零部件领域相关政策进一步完善，国家陆续推出一系列相关的政策，包含环境型政策、供给型政策和需求型政策三大类（见表1）。国家政策引导着产业结构调整，改变行业产品格局，是引领产业发展的风向标。汽车零部件行业作为汽车产业的基础，其发展速度和发展方向均与国家相关政策休戚相关，每一项新政策的出台都会引起行业企业的密切关注。

表1 汽车零部件领域相关政策

政策法规名称	颁布或实施时间	颁布单位
环境型政策		
第四阶段GB 19578－2014《乘用车燃料消耗量限值》和GB 27999－2014《乘用车燃料消耗量评价方法及指标》	2016年1月1日	工信部
《锂离子电池行业规范公告管理暂行办法》	2016年1月1日	工信部
《关于实施第五阶段机动车排放标准的公告》	2016年1月14日	环保部、工信部
《装备制造业标准化和质量提升规划》	2016年8月1日	国家质检总局、国家标准委、工信部
《关于进一步规范排放检验加强机动车环境监督管理工作的通知》	2016年7月25日	环保部、公安部及国家认监委
《轻工业发展规划(2016~2020年)》	2016年8月5日	
《智能制造发展规划(2016~2020年)》	2016年12月7日	工信部、财政部
《轻型汽车污染物排放限值及测量方法(中国第六阶段)》	2016年12月23日	环保部
《关于调整新能源汽车推广应用财政补贴政策的通知》	2016年12月30日	科技部、工信部、国家发改委
《促进汽车动力电池产业发展行动方案》(印发通知)	2017年3月1日	工信部、国家发改委、科技部、财政部
《汽车产业中长期发展规划》(印发通知)	2017年4月25日	工信部、国家发改委、科技部
《乘用车企业平均燃料消耗量与新能源汽车积分并行管理办法》	2017年9月27日	工信部、财政部、商务部、海关总署、国家质检总局
供给型政策		
《汽车维修技术信息公开实施管理办法》	2016年1月1日	交通运输部、环保部、商务部和国家工商总局等八部门
《缺陷汽车产品召回管理条例实施办法》	2016年1月1日	环保部、工信部
《工业和信息化部关于进一步加强汽车生产企业及产品准入管理有关事项的通知》	2016年3月11日	工信部
《制造业单项冠军企业培育提升专项行动实施方案》	2016年3月21日	工信部
《锂离子电池综合标准化技术体系》	2016年10月25日	工信部
《五部门关于对新能源汽车安全、机动车排放标准升级执行有关情况进行督促检查的通知》	2016年12月2日	工信部、环保部、国家工商总局、国家质监总局、能源局电力安监司

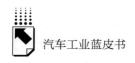
续表

政策法规名称	颁布或实施时间	颁布单位
《新能源汽车生产企业及产品准入管理规定》	2017 年 1 月 17 日	工信部
需求型政策		
《五部门关于"十三五"新能源汽车充电基础设施奖励政策及加强新能源汽车推广应用的通知》	2016 年 1 月 21 日	财政部、科技部、工信部、国家发改委、能源局
《国务院关于在自由贸易试验区暂时调整有关行政法规、国务院文件和经国务院批准的部门规章规定的决定》（2016 第 41 号）	2016 年 7 月 1 日	国务院
《工业和信息化部关于进一步做好新能源汽车推广应用安全监管工作的通知》	2016 年 11 月 15 日	工信部

二 零部件发展面临的挑战

（一）中国品牌汽车零部件品质需要进一步提升

经过多年发展，中国品牌零部件质量有了很大提高，但中国品牌零部件质量水平与外资企业产品相比仍有一定差距，特别是产品的一致性、可靠性有待进一步提升。部分中国品牌零部件企业仍停留在粗放式的传统管理生产方式阶段，缺乏对工艺系统的研究和持续改进，过程控制能力不足，质量不稳定，产品一致性差，很难形成高质量的产品。汽车零部件企业要想发展，除了拼产品技术创新，更要在产品质量上多下功夫。

（二）国内汽车零部件企业核心技术尚须加强

产品技术实力是企业参与市场竞争的核心要素。国外零部件企业的实力来自巨额的研发投入和持续不断的技术创新，国内企业在这方面一直有所欠缺。目前，国内汽车零部件供应商普遍采用"来图加工"的模式，即汽车厂商将产品数据和图样提供给供应商，后者按照图样进行生产制造。多数企业没有完全掌握产品核心技术，产品市场大多为中低端市场，高端市场很少；在汽车电子电控技术方面，尤其涉及动力系统、油耗、排放、安全等电控零部件方面技术落后，部分领域空白。面对未来汽车能源多元化发展趋势，以及节能、环保、安全要求的日益严格，要求零部件企业不仅拥有基本的开发能力，还应拥有超前技术开发能力。为此，零部件企业的技术开发能力将受到更大考验。

（三）整车与零部件企业的合作关系有待优化

中国整车企业与零部件企业的合作存在一些问题，这是影响中国汽车产业竞争能力发展的一个重要因素。目前，中国品牌整车企业培养、带动零部件企业共同发展能力有待提升。零部件企业也存在开发能力、质量与成本控制能力不够的问题，加之部分零部件企业追求短期效益，与整车企业长期合作的意识不强等，对双方的合作产生消极影响，这就需要生产企业全面实施"走出去"战略，加快推进企业国际化。整车和零部件企业要主动地、有战略地、有规划地、有策略地"走出去"，结合自身实际，发挥优势，着眼国际市场，加快企业国际化步伐。整车、零部件实施协同推进发展战略，实现中国汽车工业国际化。

（四）消费者需求转变及商业模式持续创新要求

伴随科技发展及社会进步，消费者对汽车产品的品质追求不断提高，趋向于个性化、体验化、社交化方向。我国汽车产品消费者"80后""90后"比例在2013年已超过53%，且"95后""00后"在独特的成长环境下，其价值理念与消费方式发生极大转变。年轻化的消费者愈加重视简约实用，崇尚智能化、科技化配置，对于汽车的驾乘舒适性、动力性能、智能化体验、燃油经济性等各方面都有了更高的要求，社交网络思维下的大数据智能出行也应运而生。同时，"互联网＋汽车后市场"的商业模式也在不断创新，如在零配件供应方面，电商（B2B＋B2C）变革汽车后市场价值链，打破OEM垄断，缩短经销商流程；在回收再制造方面，利用互联网、大数据、云计算

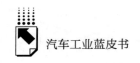

等技术手段建立再生资源信息服务平台，打造全新产业链等。因此，这给未来汽车零部件企业的产品研发设计带来全新挑战，零部件供应商必须掌握年轻消费者的个性化需求，利用产品体验化营销寻求企业新的利润增长点，采用互联网思维催生新型商业模式。

三 中国汽车零部件发展建议

（一）聚焦重点细分产业领域，打造核心竞争优势

汽车产业向低碳化、信息化、智能化发展的基本趋势，决定了那些能够在上述领域具有领先实力的零部件企业方能实现可持续发展，中国品牌零部件企业应选择具有发展前景的细分产业领域，或自主创新，或并购重组，或依托全新商业模式开展战略合作，聚焦细分领域建立优势地位，实现专业化、规模化、正规化、国际化发展。

（二）瞄准整车企业核心需求，构建新型战略合作关系

整车企业对零部件企业核心能力的诉求，集中体现在四个方面，即"技术研发能力"、"成本改善能力"、"供货能力"和"具有共同愿景和价值观"，中国品牌汽车零部件企业应深入分析整车企业发展战略，寻求发展的结合点和互补之处，积极与之构建战略合作关系，构筑差异化竞争优势，真正与整车企业实现你中有我、我中有你、互利共赢。

（三）强化推进节能环保技术的应用

基于2020年新能源汽车累计销售500万辆估算，要达到我国2020年燃料消耗量目标，传统汽车能效提高至少要贡献75%。在可预见的未来，高性能燃油发动机仍是技术创新的主要方向，是达到燃油限值要求的关键技术领域；轻量化零部件有望被更多使用，包括轻质材料的应用，新的制造技术和工艺，先进的结构或设计方法，推进高强度钢、铝合金、镁合金、工程塑

料、复合材料等的应用。同时，"底盘平台、模块化、系统构架技术"实现了整车产品的跨平台模块化架构，跨级别多车型共享有利于企业自主研发的开展、降低制造和研发成本。零部件也将顺应趋势，传统零部件产品研发、制造的平台化、模块化将更加显著。

（四）加快智能网联汽车关键零部件技术突破

智能网联汽车的发展是汽车产业发展的最重要趋势之一，其相关零部件将围绕环境感知系统、高精度定位导航、高精度地图、车载互联终端、集成控制等领域攻克智能网联汽车关键零部件技术。从应用角度，近期国内智能网联汽车技术仍处在以研发 ADAS 零部件系统为重点的阶段，网联化技术在自动驾驶领域应用并不多，随着 5G 通信和 LTE – V 技术的普及，网联化技术将逐步在智能网联汽车零部件领域得到广泛应用。从集成发展角度来看，随着智能网联汽车智能化和网联化程度提高，相关零部件集成发展的趋势愈加明显，目前全球主流技术方向为主动安全和被动安全的联合与集成，以及数个 ADAS 系统之间的集成。从行业融合角度，智能网联汽车是一个万亿级别大市场，其市场容量将容纳众多产业企业竞争，智能网联汽车零部件需要应用很多互联网、通信、卫星导航等其他行业技术，与其他产业融合将是大势所趋。

（五）切实加强汽车零部件产业政策扶持

自主品牌汽车零部件的健康发展不是一个简单问题。中国汽车工业做大做强离不开强大的汽车零部件产业，没有强大的自主零部件品牌，就不会有强势的自主整车品牌。目前，国家对汽车零部件的扶持基本没有，应该鼓励整车企业多采用自主品牌汽车零部件。国家在政策上应给予一定的倾斜，比如整车企业采用了自主品牌汽车零部件，在其研发费用上给予税收等优惠政策，增强整车企业的积极性；对于能够采购自主品牌零部件企业生产的关键及核心零部件的整车企业，国家应给予特别支持。

标 准 化 篇

Standardization

B.9
2017年中国汽车行业标准化发展报告

摘　要： 本报告概述了 2017 年我国汽车行业标准化的基本情况，介绍
　　　　了 2017 年汽车标准化的主要工作、重要领域的标准制修订和
　　　　汽车行业主要标准化活动，阐述了汽车行业标准的发展趋势，
　　　　介绍了行业开展团体标准工作的情况。

关键词： 汽车行业　标准化　团体标准

一　中国汽车行业标准化发展概述

2017 年 11 月 4 日，《标准化法》修订案以 78 号主席令正式公布，2018
年 1 月 1 日开始施行。《标准化法》是我国标准化工作的一部基本法律，这
部法律的修订和实施关系到社会经济生活的各方各面，同时也影响到标准化
工作的改革、创新、发展。同期，《全国专业标准化技术委员会管理办法》

也于 2017 年 10 月 30 日以国家质量监督检验检疫总局令第 191 号公布，自 2018 年 1 月 1 日起施行。这是一份适应标准化事业发展和改革要求、落实新修订的《标准化法》、加强对标准化技术委员会统一管理的重要文件，对全面提升我国标准化技术委员会工作水平具有重要意义。

2017 年，按照国务院标准化改革要求，汽车行业各项标准化工作继续深入，强制性标准精简整合结论和推荐性标准集中复审结论的各项落实工作按计划推进；各项标准化工作不断努力创新和开拓，行业管理与产品发展挂钩，技术标准预研加强，标准可实施性加强，标准影响力不断扩大，国际话语权逐渐提升；汽车行业在标准体系建设、标准科研、重点领域标准制修订、标准"走出去"等方面积极开展，又上一个新台阶。在行业关注度比较高的智能网联汽车领域，计划 2020 年建设基本的标准体系，能够支撑 ADAS 和低等级的自动驾驶，2017 年已经启动了 10 项标准研究，后续还有 20 项标准研究工作陆续推进。到 2025 年要制定 100 项以上的智能网联汽车标准，系统建设能够支撑高级别自动驾驶的智能网联汽车标准体系。

二　汽车标准化主要工作

（一）标准制修订

2017 年，汽车行业共进行了 62 项国家标准项目和 51 项汽车行业标准项目的申报，有 26 项国家标准项目和 16 项汽车行业标准项目已经获得立项批复。全年国家标准委及工信部共发布 8 项强制性国家标准、1 项强制性国家标准修改单、52 项推荐性国家标准、2 项汽车推荐性国家标准修改单、66 项汽车行业标准及 1 项行业标准修改单。此外，还有 32 项国家标准、20 项汽车行业标准已经上报主管部门待批。

新发布的标准，尤其是强制性标准，重点提升了车辆节能和安全等方面的要求。

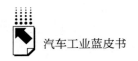

1. GB 22757.1 - 2017《轻型汽车能源消耗量标识 第1部分：汽油和柴油汽车》和 GB 22757.2 - 2017《轻型汽车能源消耗量标识 第2部分：可外接充电式混合动力电动汽车和纯电动汽车》标准

标识名称从"燃料消耗量"扩展到"能源消耗量"，进一步促进我国汽车产品节能技术发展，从整体上降低我国能源消耗量水平；第1部分将市区工况燃料消耗量居中放大，引导消费者关注更加接近实际使用状态的市区工况燃料消耗量，第2部分增加新能源汽车电能消耗量与燃料消耗量的折算信息。在 2020 年以前，按照热值转换的方法在标识上标注折算后的汽油消耗量，2020 年以后按照燃料生命周期折算的方法进行标注。

2. GB 11567 - 2017《汽车及挂车侧面和后下部防护要求》

标准中既有对侧面防护装置本身的技术要求，也有对装备了侧面防护装置的车辆及本身具有侧面防护装置的车辆的技术要求；针对三类不同的试验对象和目标，提出结构、安装、刚度和强度等规定。侧面防护装置和后下部防护装置需要进行静态加载试验或移动壁障碰撞试验，静态加载试验可操作性更强，而移动壁障碰撞试验条件更苛刻。标准还针对道路运输液体危险货物罐式车辆的后下部防护增加了要求，对新型式的侧面防护装置进行了补充规定。

3. GB 13094 - 2017《客车结构安全要求》

该要求是对 GB 18986 - 2003、GB 13094 - 2007 和 GB/T 19950 - 2005 三项标准的整合修订，提高了客车防火要求、客车应急逃生性能、客车驾驶安全性；并且提高了标准的可操作性。

4. GB 34655 - 2017《客车灭火装备配置要求》

规范灭火器和灭火弹两种灭火产品在客车上的应用，分别从选型要求、功能要求、规格要求、配置的数量要求、安装位置要求、固定要求、维护保养和更换等方面进行了规定。

5. GB 26149 - 2017《乘用车轮胎气压监测系统的性能要求和试验方法》

该方法是推标转强标项目，新的强标将开机检查、欠压报警和故障报警作为基本的核心功能进行考核，将气压异常轮胎定位、胎压数值显示、过压报警、高温报警、快速漏气等功能列为附加功能，不予以强制规定。

6. GB 34660－2017《道路车辆 电磁兼容性要求和试验方法》

该方法从控制车辆的电磁辐射和确保车辆行驶安全角度确立，涉及整车和部件，包括干扰和抗扰两大方面，对干扰限值和抗扰强度都给出了具体规定。

7. GB 7258－2017《机动车运行安全技术条件》

该技术条件体现了五大特点：标准提升了针对性，增加客车行驶稳定性和逃生通道的措施，对中重型载货汽车、危险货物运输车辆增加盘式制动器、紧急切断阀开启报警装置等要求；标准提升了先进性，增加空气悬架、LKA、AEB、ESC/ESP 等新技术和新装备要求；标准突出了可行性，增加EDR、汽车电子标识安装用微波窗口等运行安全管理要求，强化 VIN 打刻要求和新能源汽车运行安全要求；标准注重协调性，根据 GB 1589、GB 11567、GB 13094、GB 17761 等国家标准的制修订情况，修改调整 GB 7258 相关技术要求；标准保持了连续性，原则上不对标准框架结构及 GB 7258－2012 新增的要求进行调整。

截至 2017 年 12 月 31 日，在汽车强制性标准体系中，已批准发布的汽车（含摩托车）强制性标准共 120 项，其中主动安全 33 项，被动安全 28 项，一般安全 34 项，环保和节能 25 项；推荐性国家标准（GB/T）362 项；汽车行业标准（QC/T）801 项。

（二）标准国际化

在汽车标准国际化工作中，中国对口 ISO/TC22、IEC/TC69 国际标准草案投票表决率已达 100%。2017 年，全国汽车标准化委员会秘书处共接收国际标准化投票文件 321 份，其中年度内应完成投票 304 份，实际投票 304 份。组织行业在汽车电缆、功能安全、汽车电磁兼容、安全玻璃、碰撞、噪声、信息安全、摩托车、电动摩托车、电动汽车等领域申报注册国际标准专家共计 28 名。派员代表中国参加第 40 次全体大会，申请并成功加入 ISO/TC22 战略咨询组（SAG 22），并在 TC22 第 40 次全体大会上以 901 号决议予以表决、确认。组织相关领域专家参加安全玻璃、滤清器、噪声、信息安全、功能安全工作组的会议，并主办汽车电线电缆工作组第 71 届工作组会议。

与 TC22 秘书处就双方开展标准化合作展开交流。实质参与 ISO 标准工作方面，《电动道路车辆 – 锂离子动力蓄电池组和系统测试规范 – 第 5 部分：加速耐久性测试》《电动道路车辆 – 锂离子电池组和系统测试规程 – 第 6 部分：城市客车应用》两项标准提案已提交 ISO/TC22/SC37 秘书处进行内部讨论；《汽车外部灯具配光镜内表面防雾涂层的技术要求》的国际标准提案正在初审；对 ISO17373 第二版提出了 7 项修订提案，包括测试设备形式、测试波形等核心内容被国际标准化组织 ISO/TC22/SC36 所采纳；安全玻璃领域，正在申请作为牵头国家修订 ISO13837，相关准备工作正在进行中。

为全面落实《装备制造业标准化和质量提升规划》任务，实现 2020 年重点领域国际标准转化率力争达到 90% 以上的目标，全国汽车标准化委员会秘书处组织各领域进行了 ISO/IEC 标准分析研究，并提出 208 项待转化 ISO 标准目标，研究任务逐年分配。2017 年当年落实 50 项，涉及整车、挂车、燃气汽车、碰撞试验、事故采集、汽车电子、零部件清洁度等领域。

2017 年，在工业和信息化部装备司的指导下，C – WP29 秘书处组织、协调行业力量，继续全面参与 WP29 及其下属各专家工作组的各项活动，组织行业相关企业和机构开展新制定全球技术法规或现有全球技术法规修正本适用性分析及试验验证工作。中国以副主席国身份，积极参与 EVS（电动汽车安全）和 EVE（电动汽车与环境）非正式工作组工作。我国作为噪声法规联合主席，全年组织各成员召开四次会议。深入参与 GRB 工作组及 ASEP 非正式工作组的相应技术法规制修订工作，并寻求"中国工况"在 UN 噪声法规中的广泛应用，助力"中国工况"及中国标准走向世界。2017 年，中国又成功当选 GTR13（氢燃料和燃料电池车辆）全球技术法规第 2 阶段非正式工作组的副主席国，组织行业参加 ITS/AD（智能交通/自动驾驶）、轮胎全球技术法规等多个非正式工作组。联合国法规与强制性国家标准对比分析工作已经启动，全国汽车标准化委员会联合具有一定汽车标准法规研究经验的国内重点企业和机构，开展对 143 项联合国法规与我国汽车标准进行技术内容比对工作，进而针对我国采用相关联合国法规的时机和条件提出技术性建议。

2017 年，汽车行业与国际标准化组织的双边合作交流活动也十分丰富。借助中法交流机制，加强与 ISO/TC22（道路车辆委员会）的联系，经过与 ISO/TC22 秘书处进行沟通，就双方签署合作备忘录达成共识。在前期与国标委、工信部协商基础上，借 ISO/TC22 年会与 VDA 就建立中德智能网联汽车标准工作组进行沟通，与 VDA 签署了智能网联汽车标准合作框架。承办工信部与日本国土交通省 EVS–GTR 中日讨论会，通过交流促进电动车安全国家标准与全球技术法规的协调，同时使得双方继续保持良好的沟通，在国际法规提案上继续保持紧密合作。承办中德电动汽车标准化工作组技术交流会，双方就动力电池国际标准提案、汽车信息安全标准体系建设等议题进行了深入讨论。中德双方将继续加强在电动汽车标准化领域的合作与交流，共同推进汽车技术标准的制定及国际标准法规的协调。与日本汽车工业协会（JAMA）开展"第二十届中日摩托车标准认证交流会"，就摩托车噪声、排放、制动和电动摩托车等标准和研究议题开展交流。

三　重要领域标准制修订情况

2017 年，重点领域标准的研究与制定力度继续加大，新能源汽车、汽车节能、智能网联汽车、汽车安全、汽车电子等领域标准工作成效显著。

（一）汽车节能标准

汽车节能领域，构建传统及新能源汽车并重的综合节能标准评价体系，全面促进汽车行业绿色发展。按照《汽车产业中长期发展规划》及《中国制造 2025》要求，全面推进传统汽车及新能源汽车节能标准制修订工作，促进我国汽车产业绿色发展和生态文明建设。

①以 "2025 年乘用车新车平均燃料消耗量 4.0 升/百公里、商用车达到国际领先水平" 为发展目标，全面推进下一阶段传统汽车油耗标准研究。开展乘用车第五阶段燃料消耗量标准制定，针对汽车行业节能技术潜力和成本、新能源汽车发展及核算场景等开展研究，完成标准草案。

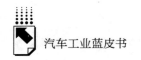

②为促进新能源汽车产业健康发展，开展全球首个针对新能源汽车能耗的限值标准研究，逐步建立新能源汽车节能标准体系。开展了大规模摸底测试工作，根据数据分析结果并结合管理需求，确定了标准评价体系、方案和指标，目前已完成标准送审稿。

③以促进我国汽车产业自主创新发展为目标，根据我国实际情况及数据开展中国汽车行驶工况标准制定及轻型、重型汽车燃料消耗量试验方法标准修订工作，确定了各类车型试验工况数据及主要规程方案，并针对试验条件、测试规程等开展了试验验证。

④怠速起停、节能驾驶辅助装置（换挡提醒）、高效空调和制动能量回收等四项节能技术评价方法标准的研究工作已接近尾声。

⑤基于"中国新能源汽车产品检测工况研究与开发"项目的研究，将工况循环速度曲线作为项目研究成果，形成国家标准，支撑下一阶段能耗限值、重型车排放限值标准的制定工作。轻型汽车、重型商用车辆、发动机等三部分中国汽车行驶工况标准项目的立项申请已提交。

（二）新能源汽车标准

2017年，我国电动汽车标准体系在初步建立的基础上不断完善。目前，在汽标委的归口和组织下，已发布电动车辆标准80余项，基本满足我国现阶段电动汽车推广应用发展的需要，我国电动汽车标准处于国际前列。

电动车辆分标委根据工信部和国标委的要求，完成并发布了《中国电动汽车标准化工作路线图》（第一版），路线图全面总结了我国电动汽车标准历程，规划了电动汽车标准未来发展，将成为今后到2025年我国电动汽车标准发展的纲领性文件。2017年在研标准项目有20余项，审查9项标准和2项标准修改单，重点推进《电动汽车安全要求》等三项强标的制定工作并取得实质性进展。在加强国内标准体系建设的同时，我国积极参与并致力于推动全球电动汽车标准法规的协调发展。我国在世界车辆法规协调论坛（WP29）的电动汽车安全（EVS）和电动汽车与环境（EVE）两个工作组中担任副主席，完成EVS-GTR一阶段文本编写工作。

（三）智能网联汽车标准

智能网联汽车是未来汽车产业竞争的制高点，是我国汽车及相关产业实现转型升级的重要方向。我国将智能网联汽车标准体系建设上升至国家战略层面。我国在《中国制造2025》战略纲领的基础上，相继发布《装备制造业标准化和质量提升规划》《汽车产业中长期发展规划》等重要文件，对我国汽车及相关产业发展的形势、目标、任务做了系统分析和部署，从国家战略高度提出"开展智能网联汽车标准化工作""加强智能网联汽车标准体系建设"。

汽标委秘书处组织汽车、电子、信息、通信、互联网、交通等相关行业，共同开展《智能网联汽车标准体系建设方案》研究及编制工作，并于2017年12月以《国家车联网产业标准体系建设指南（智能网联汽车）》公开发布。同时，完成汽车信息安全标准体系专项研究，提出"以车辆为防护对象，以保障驾驶任务执行为核心目标"的标准体系建设原则，以"评＞防＞测"为重点建立汽车信息安全标准体系，并纳入智能网联汽车标准体系。在智能网联汽车标准体系研究的基础上，进一步开展并完成了智能网联汽车标准制定路线图研究，以公安部和CIDAS事故分析为基础，开展ADAS技术状态和认知度的专家调查问卷，对32项ADAS技术和产品的成本效益进行分析，作为确定标准制修订优先度的主要依据，从而研究确定拟制定标准的性质、层级、范围和进度，对技术成本低、效益好、技术成熟的优先开展。

依托ADAS标准工作组开展了共两批约20项标准研究与制定任务。推进了乘用车AEB标准、商用车AEB标准、乘用车LKA标准、商用车LKA标准、驾驶自动化分级标准、盲区监测BSD标准、自动泊车系统标准、商用车ESC标准、先进驾驶辅助系统术语和定义标准、智能网联汽车通信需求分析等10项标准的研究制定工作。开启了报警信号优先度指南、后部穿行提醒系统、夜视系统、车门开启盲区提醒系统、驾驶员疲劳检测系统、全景环视系统、交通拥堵辅助、限速提醒、纵向横向组合控制、自动紧急转向系统等10项标准的前期研究，即将正式启动标准研究制定工作。《汽车信息安全通用技术要求》《车载网关信息安全技术要求》《汽车信息交互系统

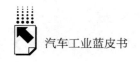

信息安全技术要求》《电动汽车远程管理与服务系统信息安全技术要求》
《电动汽车充电信息安全技术要求》等五项汽车信息安全标准项目陆续启
动。同期，完成了"智能网联汽车法律法规适应性分析"报告，在行业内
形成了广泛的影响力。报告首次系统梳理我国与智能网联汽车相关的法律法
规 25 部、强制性标准 79 项，以国家法律、行政法规和汽车强制性标准为重
点，以驾驶任务为核心，研究分析我国现行法律、行政法规、部门规章、技
术标准对智能网联汽车的适用性，针对有阻碍和制约之处提出了系统性的解
决方案建议，受到工信部、国家发改委等政府部门高度肯定。

受工信部、公安部、交通部三部委的联合委托，承担的智能网联汽车公
共道路适应性验证管理的研究工作，已根据我国现有的法律体系框架和我国
具体情况，在充分听取行业意见的基础上确定了技术内容，提出了"智能
网联汽车公共道路适应性验证管理规范"草案内容，参考多部门和机构意
见反馈并修改，有望于 2018 年发布。

（四）汽车安全标准

商用车辆安全标准重点推进车辆被动安全、乘员保护、专用车辆特定安
全等方面，快速提高标准要求，推动商用车辆技术进步。GB 11567 – 2017《汽
车及挂车侧面和后下部防护要求》、GB 34659 – 2017《汽车和挂车防飞溅系统
性能要求和测量方法》、GB 13094 – 2017《客车结构安全要求》、GB 34655 –
2017《客车灭火装备配置要求》等一系列商用车安全标准发布实施，《客车内
饰材料燃烧特性》标准报批，进一步提升了商用车产品的安全要求；乘用车
安全标准的重点则是对现有碰撞安全、一般安全、车身及内饰件安全标准项
目的进一步修订与完善。2017 年，安全领域开展了《汽车侧面气囊和帘式气
囊模块性能要求》等 10 项国家标准研究与制定工作，推动儿童乘车安全相关
标准研究，制定完成有关车用儿童约束系统标识、型号编制及识别代号标准。

（五）整车标准

围绕整车试验方法、商用车系列标准、GB 7258 配套标准及禁用物质

和回收利用等标准开展研究工作，完成《多用途面包车安全技术条件》等两项国家标准，成立《车辆右转弯提示音要求及试验方法》等标准研究工作组。

（六）基础标准

完成《道路车辆 车辆识别代号（VIN）》《道路车辆 世界制造厂识别代号（WMI）》《道路车辆 标牌和标签》《机动车产品标牌》等四项国家标准审查及报批工作。开展《机动车出厂合格证》等五项推荐性标准的制修订，为更好地进行车辆管理提供必要的支撑。

（七）汽车电子电磁兼容标准

进一步完善汽车电磁环境相关标准研究，加紧制定《道路车辆 电气/电子部件对窄带辐射电磁能的抗扰性试验方法》等标准，形成基本满足企业产品开发和检测评价需要的电磁环境评价方法和性能要求标准体系；完成并发布《道路车辆 功能安全》10 项系列标准；继续进行《道路车辆 基于控制器局域网的诊断通信》等系列标准的研究制定，加强控制器局域网络协议、诊断标准、报警信号优先度标准研究，形成基本的网络通信协议标准体系方案；加强传感器、控制器等汽车电子核心控制部件的技术跟踪和标准研究，根据技术发展研究制定关键的安全类电子产品试验和性能评价标准。

四　汽车行业主要标准化活动情况

（一）开展与团体标准的上层合作

为全面贯彻落实标准化改革，全国汽车标准化委员会与中国汽车工程学会签署合作备忘录，通过建立双向信息沟通机制、拓宽团体标准来源渠道、加强双方人员交流和工作的实质参与等，全面推进团体标准的制定。合作不但具有必要性、可行性，而且具有广阔前景，有利于双方工作，并将为汽车行

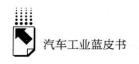
业创造国标、行标、团标相互促进、协调发展的大好局面，进而为中国汽车产业的转型升级和创新发展发挥重要作用。

（二）"世界标准日"汽车标准宣传

配合国家标准委在"世界标准日"期间的一系列活动，全国汽车标准化委员会秘书处对多项涉及客车、电动车、安全领域的新标准进行了解读，开展对汽车标准的主题宣传。

（三）汽车标准化走进校园

为贯彻落实国务院《深化标准化工作改革方案》，帮助在校大学生了解并认识标准在国民经济中发挥的重要作用，了解汽车标准化工作的最新动态，培养学生对标准化工作的兴趣，组织开展"汽车标准化走进校园"系列公益主题活动。2017年6月和10月，活动相继在北京理工大学、同济大学和吉林大学展开。活动过程中，分别就"中国标准化制度和汽车标准化工作""中国电动汽车标准法规现状与未来发展""中国智能网联汽车标准体系研究与建设"等内容进行介绍。活动期间，同学们与演讲专家进行了良好的互动。活动的成功举办，标志着"汽车标准化走进校园"系列公益主题活动正式拉开帷幕。

（四）地方标准对接帮扶

为配合国家标准委开展地方优势产业标准化对接工作的安排，让标准化在产业升级中发挥更好作用，国家标准委与浙江省质监局在2017年召开了两次标准化产业对接会，与山东省滨州市质监局联合举办了"全国专业标准化技术委员会与滨州市主导产业企业对接帮扶会议"。汽标委受委托出席会议和活动，并与浙江省、滨州市的相关企业代表进行了对接和交流。汽标委通过本次活动为地方相关产业提供了接触和参与汽车标准化工作途径，听取了有关企业的标准化诉求，帮助企业开拓了标准化思路。此外，还与地方质监局建立了良好的合作关系，并派人员参加了相关团体标准的审查，提供了技术支撑。

（五）"一带一路"汽车标准法规交流合作推进

2017 年 9 月 28 日，"'一带一路'（中国－中亚国家）汽车标准法规交流合作推进会"在天津召开。中国－中亚国家双方代表就汽车标准法规、测试技术、认证体系、产业政策及相关动态进行交流，为助力"一带一路"建设发展献计献策。"一带一路"建设逐渐从理念转化为行动，本次交流合作推进会针对汽车标准法规、市场政策、检测试验、产品认证等相关议题展开广泛交流与了解，促进中国和中亚双方在汽车领域加强交流与合作，努力实现资源共享、协同发展，推动"一带一路"建设行稳致远。

五　汽车行业团体标准化工作进展

培育发展团体标准是国家深化标准化工作改革、加快构建我国新型标准体系的重要举措。新修订的《标准化法》进一步明确了团体标准的法律地位，为大力推进团体标准发展提供了历史机遇。汽车产业历来是多学科融合、科技革命创新的先导行业，大力推进满足市场需求的汽车行业团体标准研制工作，发挥其在技术引领、产业融合等方面作用，具有重要的战略意义。

（一）中国汽车工业协会标准化工作推进

为进一步推进行业标准法规工作、促进产业健康发展，中国汽车工业协会成立了相关工作委员会，积极参与汽车行业有关的国家标准、行业标准的制修订及基础研究工作。2017 年 12 月，中国汽车工业协会团体标准工作正式启动，制定了《中汽协标准制修订管理办法（试行版）》。

目前，中国汽车工业协会着手开展团体标准体系的研究、项目征集和有关计划制定工作。开展了涉及零部件、智能网联、房车以及充电基础设施等多个领域的立项申请。正在组织研究制定系列房车标准，以及《汽车用橡胶和塑料密封条》《汽车用橡胶和塑料密封条通用试验方法》《汽车自动行李厢门启闭系统》等多项标准的制定工作。

中国汽车工业协会行业团体标准项目将面向全社会公开征集意见，以确保整个过程的公开、公正、透明。同时，中国汽车工业协会将加强与其他标准化组织的横向联系。

（二）中国汽车工程学会标准化工作推进

中汽学会较早开展行业标准化工作，大力推动行业团体标准研究与制定工作能有效推进汽车产业技术创新、推动新技术产业化应用和促进产业融合发展。通过两阶段的团体标准试点工作，中汽学会标准化工作进入发展的快车道，并取得了较为明显的成效。

1. 圆满完成团体标准试点工作

中汽学会圆满完成了中国科协和国标委两阶段试点任务，成效明显。2014 年 7～12 月，在中国科协、国家标准委的支持指导下，中汽学会作为首批试点的 3 家全国学会之一，承担了中国科协组织的有序承接政府职能转移"社会团体标准研制"试点项目。《中国科协所属学会有序承接政府转移职能扩大试点工作实施方案》，明确了在新能源汽车、3D 打印、机器人等 5 个领域率先依托学会开展团体标准试点。2016 年 5 月 11 日，国标委发布试点通知，正式批复中国科协同意中国汽车工程学会等 12 家全国学会开展团体标准试点。经过两阶段试点，学会在系统总结前期技术规范研制工作的基础上，进一步完善了组织机制建设，设立了专门的归口管理部门，建立了较完善的标准工作体系，组建了 8 个方向的分技术领域专家组，并编制发布了《中国汽车工程学会标准化工作管理办法》等 6 项标准化工作管理文件。

2. 完善标准化工作的组织和管理

在组织机制方面，为了充分体现团体标准快速、高效满足市场需求和响应技术创新的优势，中汽学会在标准化组织机制方面一直秉承高效务实的原则，不断完善标准化工作的组织和管理。建立了标准化工作委员会、技术标准部、分技术领域标准专家组、标准工作组的 CSAE 标准四级工作体系，并不断优化。目前，已依托 6 个分会及 2 个产业联盟建立了分技术领域专家组，分别是汽车防腐蚀老化、汽车材料、汽车空气动力学、汽车燃料与润滑油、汽车转向技术、汽车电磁兼容、电动汽车、智能网联汽车等 8 个领域。

为了更广泛挖掘和对接标准需求，中汽学会积极探索与第三方机构开展标准领域的合作，发挥专业机构"贴近企业、熟悉标准"的优势，联合推进 CSAE 标准的项目立项、研制及宣贯培训等工作。

3. 积极推动团体标准的研制和发布

随着国家标准化领域的改革，中汽学会标准化工作定位逐步明确，标准研制工作开始加速，形成了在汽车产业升级转型主要方向重点突破、在共性基础技术领域全面跟进的标准发展格局。在点上，围绕新能源汽车、智能网联汽车等重点领域主动部署、研制并发布了一批团体标准，应用成效显著，例如，《合作式智能运输系统车用通信系统应用层及应用数据交互标准》《电动汽车CAN 总线测试规范》等标准已分别实现产业联盟内部较大规模的应用。系统推进分技术领域团体标准研制工作，已发布了汽车轻量化、汽车转向系统、汽车制动系统、汽车用钢、汽车非金属材料、汽车防腐蚀及老化、汽车空气动力学、汽车电磁兼容等 10 个方向的标准体系并研制发布了一批团体标准。

4. 积极参与国家相关政策研究

依托国标委和中国科协的两阶段团体标准试点工作，中汽学会积极服务政府，在总结经验的基础上，积极为国家相关政策研究制定提供建议。中汽学会成为团体标准首批试点单位，积极策划并参与发起了"团体标准化发展联盟"，该联盟在国标委和中国科协等相关部门的指导下，已于 2017 年 12 月 27日正式成立，中汽学会作为团体标准化发展联盟的第一届理事单位。

当前，中汽学会已发布行业团体标准达 65 项，正在研究制定 56 项。

六　汽车行业标准的发展趋势

标准体系的发展更加适应汽车行业需要，为主管部门提供强有力的技术支撑，为产业发展提供规范保障，引导技术发展方向。标准体系要体现新的变化：①加快现行标准的复审和修订，废止僵尸标准，将标龄 10 年以上标准基本修订完成，把平均标龄提升到 5 年内，国际标准转化率或参考率提升到 60% 以上，在整车性能、节能、新能源汽车、关键零部件等方面达到国际先进水平。②加强强制性标准的研究和制定，切实保证车辆安全、节能、环保等涉及人民生命财产安全、环境保护等重要内容，适应国家需要和产业发展需要。③加强基础公益性标准的研究、制定，提升相关行业的融合程度，支持汽车重点领域标准工作的全面开展。④加大参与国际化标准工作力度，提升中国影响力，真正融入国际标准化范畴。⑤进一步明确强制性标准实施节点及建议，比如，明确新申请型式批准的车型、已经获得型式批准的车型标准实施节点，便于对强制性标准的统一执行。

（一）汽车节能标准

将以《中国制造 2025》规划解读中提出的 2020 年和 2025 年节能目标为核心，重点推动节能汽车产业发展和节能技术进步。不断完善、持续加严乘用车、轻型商用车、重型商用车的燃料消耗量试验方法和限值标准体系，根据国家整体节能目标，研究制定面向 2025 年的汽车燃料消耗量限值或目标值要求。根据电动及插电式混合动力汽车、天然气和石油气等单燃料汽车技术发展，不断完善相关能源消耗量测量评价方法标准的研究，逐步建立与传统汽车燃料消耗量相对应的、能够区分不同电动及插电式混合动力汽车、天然气和石油气等单燃料汽车能源消耗水平的限值标准。根据其能源消耗评价指标等因素，研究确定能量/燃料消耗量标识的内容和方案，逐步将纯电动汽车、插电式混合动力汽车、燃料电池汽车、燃气汽车等纳入标示范畴。

（二）新能源汽车标准

电动车辆进入关键发展期，将着重发展纯电动汽车、燃料电池电动汽车，提升动力电池、驱动电机等核心技术的工程化和产业化能力，形成从关键零部件到整车的完整工业体系和创新体系，推动自主品牌新能源汽车同国际先进水平接轨。加速电动汽车智能化技术应用创新，推动电动汽车与智能电网、新能源、储能、智能驾驶等融合发展。标准制定的重点领域包括新能源汽车整车及动力蓄电池的安全标准、充电系统及接口标准等。

（三）智能网联汽车标准

以实现车辆安全、有序、高效、节能运行为目标，以车载信息服务系统、汽车智能控制与自动驾驶、车车/车路通信技术应用等三个方向为重点，支持智能化和网联化新技术、新产品、新功能研发，加快技术标准制定，促进智能网联汽车相关技术发展、应用和推广。政府主导与市场自主制定标准协同发展、适合我国国情并与国际接轨的智能网联汽车自主标准体系将进入快速发展期。30余项先进驾驶辅助系统（ADAS）关键技术、信息安全等标准陆续启动，到2025年，应形成相对完善的能够科学评价ADAS技术与产品应用和基本的、能够支撑典型场景下自动驾驶系统功能评价的智能网联汽车标准法规体系。

（四）汽车安全标准

乘用车的被动安全技术发展已经形成全方位的车内乘员保护体系，从正面碰撞、侧面碰撞到车辆追尾、车辆翻滚等均已制定相应标准法规。从未来汽车安全技术的发展来看，被动安全技术将和主动安全一体化控制，因此，智能化的乘员保护系统以及主被动融合的乘员保护要求及测试方法将是标准研究的新内容。相对于乘用车产品和技术，相对于国际现代化道路运输与车辆技术，我国的商用车辆，包括客车、货车、专用车辆等，发展的重点应是完善管理体制，加强市场监督，鼓励主动安全预防新技术和新产品的应用，以推动商用车辆整体技术进步，因此，商用车辆标准的重点是车辆被动安全、乘员保护、专用车辆特定安全要求等标准的完善，快速提高标准要求，并且鼓励先进的预防安全技术应用。

（五）汽车电子、电磁兼容标准

车辆功能安全、车载信息系统、电磁兼容体系等方面，是标准重点研究的对象。以电磁兼容性标准为重点，进一步完善汽车电磁环境相关标准研究，形成基本满足企业产品开发和检测评价需要的电磁环境评价方法和性能要求标准体系；全力推动目前行业需要的汽车电子电气安全相关系统的功能安全

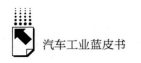

标准的研究与制定工作；继续进行汽车通信网络协议标准研究制定，加强控制器局域网络协议、诊断标准、报警信号优先度标准研究；加强传感器、控制器等汽车电子核心控制部件的技术跟踪和标准研究，将是标准工作的主要内容。

（六）车辆回收再利用、零部件再制造标准

《中国制造2025》明确提出，全面推行绿色制造。要坚决贯彻轻量化、再利用、资源化的原则，全面推行绿色发展、循环发展、低碳发展，构建绿色制造体系，走生态文明的发展道路。因此，应从汽车设计制造、使用、维修以及报废后的再制造、梯次利用的全生命周期出发，重点开展车辆回收再利用及零部件再制造标准的研究工作。标准对于汽车产品中有毒有害物质的控制将升级，将目前管控的有害物质范围扩大，保持与国际水平接轨。围绕汽车报废后关键部件如发动机、变速器以及新能源汽车动力电池的再制造、梯次利用和再制造修复工艺等开展标准研究和制修订工作。

七 2017年批准发布的汽车标准

据不完全统计，截至2017年底，我国已发布的汽车国家标准及行业标准共1300项，其中2017年批准发布标准131项，另外，2017年下达的汽车国家标准计划项目有42项（见表1、表2）。

表1 2017年批准发布的汽车国家标准及行业标准

序号	标准号	标准名称	代替标准号	批准日期	实施日期
1	GB 22757.1－2017	轻型汽车能源消耗量标识 第1部分:汽油和柴油汽车	GB 22757－2008	2017－05－12	2018－01－01
2	GB 22757.2－2017	轻型汽车能源消耗量标识 第2部分:可外接充电式混合动力电动汽车和纯电动汽车		2017－05－12	2018－01－01
3	GB 11567－2017	汽车及挂车侧面和后下部防护要求	GB 11567.1－2001, GB 11567.2－2001	2017－09－29	2018－01－01

续表

序号	标准号	标准名称	代替标准号	批准日期	实施日期
4	GB 13094 – 2017	客车结构安全要求	GB 13094 – 2007，GB/T 19950 – 2005，GB 18986 – 2003	2017 – 10 – 14	2018 – 01 – 01
5	GB 26149 – 2017	乘用车轮胎气压监测系统的性能要求和试验方法	GB/T 26149 – 2010	2017 – 10 – 14	2018 – 01 – 01
6	GB 34655 – 2017	客车灭火装备配置要求		2017 – 10 – 14	2018 – 01 – 01
7	GB 34659 – 2017	汽车和挂车防飞溅系统性能要求和测量方法		2017 – 11 – 01	2018 – 01 – 01
8	GB 34660 – 2017	道路车辆 电磁兼容性要求和试验方法		2017 – 11 – 01	2018 – 01 – 01
9	GB 7258 – 2017	机动车运行安全技术条件	GB 7258 – 2012	2017 – 09 – 29	2018 – 01 – 01
10	GB/T 18387 – 2017	电动车辆的电磁场发射强度的限值和测量方法	GB/T 18387 – 2008	2017 – 05 – 12	2017 – 12 – 01
11	GB/T 31465.6 – 2017	道路车辆 熔断器 第6部分：螺栓式高压熔断器		2017 – 05 – 12	2017 – 12 – 01
12	GB/T 31465.7 – 2017	道路车辆 熔断器 第7部分：短引脚式熔断器		2017 – 05 – 12	2017 – 12 – 01
13	GB/T 33598 – 2017	车用动力电池回收利用 拆解规范		2017 – 05 – 12	2017 – 12 – 01
14	GB/T 34013 – 2017	电动汽车用动力蓄电池产品规格尺寸		2017 – 07 – 12	2018 – 02 – 01
15	GB/T 34014 – 2017	汽车动力蓄电池编码规则		2017 – 07 – 12	2018 – 02 – 01
16	GB/T 34015 – 2017	车用动力电池回收利用 余能检测		2017 – 07 – 12	2018 – 02 – 01
17	GB/T 18954 – 2017	摩托车和轻便摩托车底盘测功机行驶阻力的设定方法	GB/T 18954 – 2003	2017 – 07 – 31	2018 – 02 – 01
18	GB/T 4094.2 – 2017	电动汽车 操纵件、指示器及信号装置的标志	GB/T 4094.2 – 2005	2017 – 09 – 29	2019 – 07 – 01
19	GB/T 7825 – 2017	道路车辆 火花塞 试验方法和要求	GB/T 7825 – 1987	2017 – 10 – 14	2018 – 05 – 01
20	GB/T 12536 – 2017	汽车滑行试验方法	GB/T 12536 – 1990	2017 – 10 – 14	2018 – 05 – 01

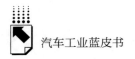

续表

序号	标准号	标准名称	代替标准号	批准日期	实施日期
21	GB/T 13061 – 2017	商用车空气悬架用空气弹簧技术规范	GB/T 13061 – 1991	2017 – 10 – 14	2018 – 05 – 01
22	GB/T 18363 – 2017	汽车用压缩天然气加气口	GB/T 18363 – 2001	2017 – 10 – 14	2018 – 05 – 01
23	GB/T 18364 – 2017	汽车用液化石油气加气口	GB/T 18364. 1 – 2001，GB/T 18364. 2 – 2005	2017 – 10 – 14	2018 – 05 – 01
24	GB/T 18386 – 2017	电动汽车 能量消耗率和续驶里程 试验方法	GB/T 18386 – 2005	2017 – 10 – 14	2018 – 05 – 01
25	GB/T 19596 – 2017	电动汽车术语	GB/T 19596 – 2004	2017 – 10 – 14	2018 – 05 – 01
26	GB/T 34422 – 2017	汽车用制动盘		2017 – 10 – 14	2018 – 05 – 01
27	GB/T 34425 – 2017	燃料电池电动汽车 加氢枪		2017 – 10 – 14	2018 – 05 – 01
28	GB/T 34585 – 2017	纯电动货车 技术条件		2017 – 10 – 14	2018 – 07 – 01
29	GB/T 34586 – 2017	道路车辆 燃气火花塞 试验方法和要求		2017 – 10 – 14	2018 – 07 – 01
30	GB/T 34588 – 2017	重型商用车辆 转弯制动 开环试验方法		2017 – 10 – 14	2018 – 07 – 01
31	GB/T 34589 – 2017	道路车辆 诊断连接器		2017 – 10 – 14	2018 – 07 – 01
32	GB/T 34590. 1 – 2017	道路车辆 功能安全 第1部分:术语		2017 – 10 – 14	2018 – 05 – 01
33	GB/T 34590. 2 – 2017	道路车辆 功能安全 第2部分:功能安全管理		2017 – 10 – 14	2018 – 05 – 01
34	GB/T 34590. 3 – 2017	道路车辆 功能安全 第3部分:概念阶段		2017 – 10 – 14	2018 – 05 – 01
35	GB/T 34590. 4 – 2017	道路车辆 功能安全 第4部分:产品开发:系统层面		2017 – 10 – 14	2018 – 05 – 01
36	GB/T 34590. 5 – 2017	道路车辆 功能安全 第5部分:产品开发:硬件层面		2017 – 10 – 14	2018 – 05 – 01

续表

序号	标准号	标准名称	代替标准号	批准日期	实施日期
37	GB/T 34590.6－2017	道路车辆 功能安全 第6部分:产品开发:软件层面		2017－10－14	2018－05－01
38	GB/T 34590.7－2017	道路车辆 功能安全 第7部分:生产和运行		2017－10－14	2018－05－01
39	GB/T 34590.8－2017	道路车辆 功能安全 第8部分:支持过程		2017－10－14	2018－05－01
40	GB/T 34590.9－2017	道路车辆 功能安全 第9部分:以汽车安全完整性等级为导向和以安全为导向的分析		2017－10－14	2018－05－01
41	GB/T 34590.10－2017	道路车辆 功能安全 第10部分:指南		2017－10－14	2018－05－01
42	GB/T 34591－2017	商用车空气悬架术语		2017－10－14	2018－05－01
43	GB/T 34593－2017	燃料电池发动机氢气排放测试方法		2017－10－14	2018－05－01
44	GB/T 34595－2017	汽车零部件再制造产品技术规范 水泵		2017－10－14	2018－05－01
45	GB/T 34596－2017	汽车零部件再制造产品技术规范 机油泵		2017－10－14	2018－05－01
46	GB/T 34597－2017	乘用车 防抱制动系统(ABS)直线制动距离 开环试验方法		2017－10－14	2018－05－01
47	GB/T 34598－2017	插电式混合动力电动商用车技术条件		2017－10－14	2018－05－01
48	GB/T 34600－2017	汽车零部件再制造产品技术规范 点燃式、压燃式发动机		2017－10－14	2018－05－01
49	GB/T 34657.2－2017	电动汽车传导充电互操作性测试规范 第2部分:车辆		2017－10－14	2018－05－01
50	GB/T 6420－2017	货运挂车系列型谱	GB/T 6420－2004	2017－10－14	2018－05－01
51	GB/T 35369－2017	汽车安全带提醒用乘员探测装置		2017－12－29	2018－07－01
52	GB/T 35363－2017	汽车发动机柴油滤清器和汽油滤清器 滤清效率和纳污容量的测定方法 颗粒计数法		2017－12－29	2018－07－01

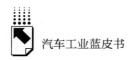
续表

序号	标准号	标准名称	代替标准号	批准日期	实施日期
53	GB/T 35360－2017	汽车转向系统术语和定义		2017－12－29	2018－07－01
54	GB/T 35359－2017	燃油滤清器 单次通过原始滤清效率试验方法		2017－12－29	2018－07－01
55	GB/T 35358.2－2017	汽车发动机和压缩机进气空气滤清装置 第2部分：粗颗粒分级效率测试(5μm～40μm)		2017－12－29	2018－07－01
56	GB/T 35358.1－2017	汽车发动机和压缩机进气空气滤清装置 第1部分：细颗粒分级效率测试（0.3μm～5μm）		2017－12－29	2018－07－01
57	GB/T 35348－2017	柴油机 燃油滤清器 油/水分离效率的评定方法		2017－12－29	2018－07－01
58	GB/T 35180－2017	商用车空气悬架推力杆橡胶铰接头技术规范		2017－12－29	2018－07－01
59	GB/T 35178－2017	燃料电池电动汽车 氢气消耗量 测量方法		2017－12－29	2018－07－01
60	GB/T 35175－2017	汽车自动变速器用高速开关电磁阀		2017－12－29	2018－07－01
61	GB/T 24157－2017	电动摩托车和电动轻便摩托车续驶里程及残电指示试验方法	GB/T 24157－2009	2017－12－29	2018－07－01
62	GB 24407－2012 （第1号修改单）	专用校车安全技术条件（第1号修改单）		2017－11－01	2017－11－01
63	GB/T 31467.3－2015 （第1号修改单）	电动汽车用锂离子动力蓄电池包和系统 第3部分：安全性要求与测试方法（第1号修改单）		2017－06－06	2017－07－01
64	GB/T 18384.3－2015 （第1号修改单）	电动汽车 安全要求 第3部分：人员触电防护（第1号修改单）		2017－06－12	2017－07－01
65	QC/T 776－2017	旅居车	QC/T 776－2007	2017－01－09	2017－07－01
66	QC/T 1051－2017	教练车		2017－01－09	2017－07－01
67	QC/T 1052－2017	通信车		2017－01－09	2017－07－01

序号	标准号	标准名称	代替标准号	批准日期	实施日期
68	QC/T 1053－2017	混凝土喷浆车		2017－01－09	2017－07－01
69	QC/T 1054－2017	隧道清洗车		2017－01－09	2017－07－01
70	QC/T 1055－2017	排水抢险车		2017－01－09	2017－07－01
71	QC/T 218－2017	汽车用转向管柱上组合开关技术条件	QC/T 218－1996	2017－01－09	2017－07－01
72	QC/T 1056－2017	汽车双离合器自动变速器总成技术要求和试验方法		2017－01－09	2017－07－01
73	QC/T 245－2017	压缩天然气汽车燃气系统技术条件	QC/T 245－2002	2017－01－09	2017－07－01
74	QC/T 247－2017	液化石油气汽车燃气系统技术条件	QC/T 247－2002	2017－01－09	2017－07－01
75	QC/T 1057－2017	汽车防滑链		2017－01－09	2017－07－01
76	QC/T 1058－2017	汽车用指纹识别装置		2017－01－09	2017－07－01
77	QC/T 1059－2017	汽车驾驶室 扭杆式翻转及锁止机构		2017－01－09	2017－07－01
78	QC/T 32－2017	汽车用空气滤清器试验方法	QC/T 32－2006	2017－01－09	2017－07－01
79	QC/T 597.1－2017	螺纹紧固件预涂粘附层技术条件 第1部分:微胶囊锁固层	QC/T 597－1999	2017－01－09	2017－07－01
80	QC/T 597.2－2017	螺纹紧固件预涂粘附层技术条件 第2部分:聚酰胺锁紧层		2017－01－09	2017－07－01
81	QC/T 1－2017	汽车产品图样的基本要求	QC/T 1－1992	2017－01－09	2017－07－01
82	QC/T 2－2017	汽车产品图样格式	QC/T 2－1992	2017－01－09	2017－07－01
83	QC/T 3－2017	汽车产品图样及设计文件完整性	QC/T 3－1992	2017－01－09	2017－07－01
84	QC/T 4－2017	汽车产品图样及设计文件采用与更改办法	QC/T 4－1992	2017－01－09	2017－07－01
85	QC/T 5－2017	汽车产品图样及设计文件标准化审查	QC/T 5－1992	2017－01－09	2017－07－01
86	QC/T 18－2017	汽车产品图样及设计文件术语	QC/T 18－1992	2017－01－09	2017－07－01
87	QC/T 340－2017	汽车用六角法兰承面带齿螺栓	QC/T 340－1999	2017－01－09	2017－07－01
88	QC/T 1060－2017	汽车用外六角花形法兰面螺栓		2017－01－09	2017－07－01
89	QC/T 1061－2017	道路运输轻质燃油罐式车辆防溢流系统		2017－01－09	2017－07－01

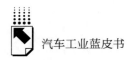

续表

序号	标准号	标准名称	代替标准号	批准日期	实施日期
90	QC/T 1062－2017	道路运输轻质燃油罐式车辆卸油阀		2017－01－09	2017－07－01
91	QC/T 1063－2017	道路运输轻质燃油罐式车辆油气回收组件		2017－01－09	2017－07－01
92	QC/T 1064－2017	道路运输易燃液体危险货物罐式车辆 呼吸阀		2017－01－09	2017－07－01
93	QC/T 1065－2017	道路运输易燃液体危险货物罐式车辆 人孔盖		2017－01－09	2017－07－01
94	QC/T 789－2017	汽车电涡流缓速器总成技术要求及台架试验方法	QC/T 789－2007	2017－01－09	2017－07－01
95	QC/T 316－2017	汽车行车制动器疲劳强度台架试验方法	QC/T 316－1999	2017－01－09	2017－07－01
96	QC/T 201－2017	汽车气制动用尼龙管接头尺寸	QC/T 201－1995	2017－01－09	2017－07－01
97	QC/T 1066－2017	汽车驻车制动用拉索总成性能要求及台架试验方法		2017－01－09	2017－07－01
98	QC/T 1067.1－2017	汽车电线束和电气设备用连接器 第1部分:定义、试验方法和一般性能要求	QC/T 417.1－2001	2017－01－09	2017－07－01
99	QC/T 1067.2－2017	汽车电线束和电气设备用连接器 第2部分:插头端子的型式和尺寸	QC/T 417.3－2001 QC/T 417.4－2001 QC/T 417.5－2001	2017－01－09	2017－07－01
100	QC/T 1067.3－2017	汽车电线束和电气设备用连接器 第3部分:电线接头的型式、尺寸和特殊要求	QCn 29010－1991 QCn 29011－1991 QCn 29013－1991	2017－01－09	2017－07－01
101	QC/T 1068－2017	电动汽车用异步驱动电机系统		2017－01－09	2017－07－01
102	QC/T 1069－2017	电动汽车用永磁同步驱动电机系统		2017－01－09	2017－07－01
103	QC/T 1070－2017	汽车零部件再制造产品技术规范 气缸体总成		2017－01－09	2017－07－01
104	QC/T 1071－2017	汽车发动机气缸盖气道稳态流动特性测试方法		2017－01－09	2017－07－01
105	QC/T 772－2017	汽车用柴油滤清器试验方法	QC/T 772－2006	2017－01－09	2017－07－01
106	QC/T 771－2017	汽车柴油机纸质滤芯柴油细滤器总成技术条件	QC/T 771－2006	2017－01－09	2017－07－01

续表

序号	标准号	标准名称	代替标准号	批准日期	实施日期
107	QC/T 727 - 2017	汽车、摩托车用仪表	QC/T 727 - 2007	2017 - 04 - 12	2017 - 10 - 01
108	QC/T 803 - 2017	车用氧传感器	QC/T 803.1 - 2008	2017 - 04 - 12	2017 - 10 - 01
109	QC/T 1072 - 2017	汽车用档位传感器		2017 - 04 - 12	2017 - 10 - 01
110	QC/T 1073.1 - 2017	汽车用加速度传感器 第1部分:线加速度传感器		2017 - 04 - 12	2017 - 10 - 01
111	QC/T 1074 - 2017	汽车零部件再制造产品技术规范 气缸盖		2017 - 04 - 12	2017 - 10 - 01
112	QC/T 1075 - 2017	排气催化转化器用金属蜂窝载体技术条件		2017 - 04 - 12	2017 - 10 - 01
113	QC/T 777 - 2017	汽车电磁风扇离合器技术条件	QC/T 777 - 2007	2017 - 04 - 12	2017 - 10 - 01
114	QC/T 1076 - 2017	无级变速器(CVT)性能要求及试验方法		2017 - 04 - 12	2017 - 10 - 01
115	QC/T 1077 - 2017	汽车自动控制变速器分类的术语及定义		2017 - 04 - 12	2017 - 10 - 01
116	QC/T 1078 - 2017	广告车		2017 - 04 - 12	2017 - 10 - 01
117	QC/T 1079 - 2017	吸引压送车		2017 - 04 - 12	2017 - 10 - 01
118	QC/T 1080 - 2017	科普宣传车		2017 - 04 - 12	2017 - 10 - 01
119	QC/T 1081 - 2017	汽车电动助力转向装置		2017 - 04 - 12	2017 - 10 - 01
120	QC/T 1082 - 2017	汽车电动助力转向装置用电动机		2017 - 04 - 12	2017 - 10 - 01
121	QC/T 1083 - 2017	汽车电动助力转向装置用控制器		2017 - 04 - 12	2017 - 10 - 01
122	QC/T 1084 - 2017	汽车电动助力转向装置用传感器		2017 - 04 - 12	2017 - 10 - 01
123	QC/T 1085 - 2017	摩托车轻合金车轮X射线检测		2017 - 04 - 12	2017 - 10 - 01
124	QC/T 1086 - 2017	电动汽车用增程器技术条件		2017 - 04 - 12	2017 - 10 - 01
125	QC/T 1087 - 2017	纯电动城市环卫车技术条件		2017 - 04 - 12	2017 - 10 - 01
126	QC/T 1088 - 2017	电动汽车用充放电式电机控制器技术条件		2017 - 04 - 12	2017 - 10 - 01
127	QC/T 1091 - 2017	客车空气净化装置技术条件		2017 - 04 - 12	2017 - 10 - 01
128	QC/T 740 - 2017	乘用车座椅总成	QC/T 740 - 2005	2017 - 04 - 12	2017 - 10 - 01
129	QC/T 1089 - 2017	电动汽车再生制动系统要求及试验方法		2017 - 07 - 07	2018 - 01 - 01

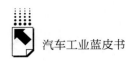
续表

序号	标准号	标准名称	代替标准号	批准日期	实施日期
130	QC/T 1090 – 2017	汽车发动机用密封垫片技术条件		2017 – 07 – 07	2018 – 01 – 01
131	QC/T 741 – 2014（第 1 号修改单）	车用超级电容器（第 1 号修改单）		2017 – 04 – 12	2017 – 04 – 12

表 2　2017 年下达的汽车国家标准计划项目

序号	计划编号	项目名称	性质	制修订	代替标准号	采标
1	20170405 – T – 339	商用车辆自动紧急制动系统（AEBS）性能要求及试验方法	推荐	制定		
2	20171835 – Q – 339	汽车事件数据记录系统	强制	制定		
3	20171833 – T – 339	道路车辆 60V 和 600V 单芯铝导体电线	推荐	修订	GB/T 25085 – 2010	ISO 6722 – 2：2013
4	20171834 – T – 339	道路车辆 60V 和 600V 单芯铜导体电线	推荐	修订	GB/T 25085 – 2010	ISO 6722 – 1：2011
5	20171832 – T – 339	道路车辆 基于控制器局域网的诊断通信 第 1 部分 综述	推荐	制定		ISO 15765 – 1：2016
6	20171831 – T – 339	道路车辆 基于控制器局域网的诊断通信 第 2 部分 传输层协议和网络层服务	推荐	制定		ISO 15765 – 2：2016
7	20171830 – T – 339	道路车辆 基于控制器局域网的诊断通信 第 3 部分 基于控制器局域网的统一诊断服务	推荐	制定		ISO 15765 – 3：2016
8	20171828 – T – 339	道路车辆 统一的诊断服务	推荐	制定		ISO 14229 – 1：2013
9	20171829 – T – 339	道路车辆 基于控制器局域网的诊断通信符号集	推荐	制定		
10	20171037 – T – 339	电动汽车驱动电机产品编码规则	推荐	制定		

序号	计划编号	项目名称	性质	制修订	代替标准号	采标
11	20171038 – T – 339	道路车辆 先进驾驶辅助系统（ADAS）术语及定义	推荐	制定		
12	20171039 – T – 339	道路车辆 盲区监视系统（BSD）性能要求及试验方法	推荐	制定		
13	20171040 – T – 339	道路车辆 车道保持辅助系统（LKA）性能要求及试验方法	推荐	制定		
14	20171041 – T – 339	电动汽车用电池管理系统功能安全要求	推荐	制定		
15	20171042 – T – 339	乘用车转向系统功能安全要求及试验方法	推荐	制定		
16	20171043 – T – 339	商用车辆电子稳定控制系统性能要求及试验方法	推荐	制定		
17	20171044 – T – 339	汽车加速行驶车外噪声室内测量方法	推荐	制定		
18	20171275 – T – 339	电动汽车无线充电系统电磁兼容性要求和试验方法	推荐	制定		
19	20173650 – T – 339	乘用车 自由转向特性 转向脉冲开环试验方法	推荐	制定		ISO 17288 – 2 – 2011
20	20173651 – T – 339	道路车辆 中心区操纵稳定性试验 瞬态试验方法	推荐	制定		ISO 13674 – 2
21	20173652 – T – 339	轻型汽车多工况行驶车外噪声测量方法	推荐	制定		ECE R51 – 03
22	20173653 – T – 339	道路车辆交通事故分析 第2部分:碰撞严重度测量方法使用指南	推荐	制定		ISO 12353 – 2:2003
23	20173654 – T – 339	道路车辆交通事故分析 第1部分:术语	推荐	制定		ISO 12353 – 1:2002
24	20173655 – T – 339	道路车辆评价乘员约束性能的事故数据收集	推荐	制定		ISO 6546:2006（E）
25	20173967 – T – 339	乘用车紧急变线试验车道 第1部分:双移线	推荐	制定		ISO 3888 – 1

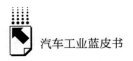

序号	计划编号	项目名称	性质	制修订	代替标准号	采标
26	20173968－T－339	乘用车紧急变线试验车道 第2部分:避障	推荐	制定		ISO 3888－2
27	2017－0739T－QC	畜禽无害化运输车	推荐	制定		
28	2017－0740T－QC	汽车材料中多环芳烃的检测方法	推荐	制定		
29	2017－0741T－QC	汽车气压制动系统用快插接头尺寸	推荐	制定		
30	2017－0742T－QC	螺纹紧固件预涂粘附层技术条件 第3部分:微胶囊密封层	推荐	制定		
31	2017－0743T－QC	汽车半轴技术条件和台架试验方法	推荐	修订	QC/T 293－1999; QC/T 294－1999	
32	2017－0744T－QC	汽车玻璃升降器	推荐	修订	QC/T 636－2014; QC/T 626－2008	
33	2017－0745T－QC	汽车电线束和电气设备用连接器 第4部分:设备连接器(插头)型式、尺寸和特殊要求	推荐	制定		
34	2017－0746T－QC	汽车电线束和电气设备用连接器 第5部分:设备连接器(插座)型式、尺寸和特殊要求	推荐	制定		
35	2017－0747T－QC	汽车轮胎充气泵	推荐	制定		
36	2017－0748T－QC	汽车用液晶仪表	推荐	制定		
37	2017－0749T－QC	汽车座椅加热垫技术要求和试验方法	推荐	修订	QC/T 950－2013	
38	2017－0750T－QC	桥梁检测车	推荐	修订	QC/T 826－2010	
39	2017－0751T－QC	特种车辆后部防撞吸能装置	推荐	制定		

序号	计划编号	项目名称	性质	制修订	代替标准号	采标
40	2017－0752T－QC	厢式运输车	推荐	修订	QC/T 453－2002	
41	2017－0753T－QC	液化天然气汽车燃气系统技术条件	推荐	修订	QC/T 755－2006	
42	2017－1075T－ZJ	甲醇燃料发动机技术条件	推荐	制定		

附　　录

Appendix

B.10
2017年中国汽车工业大事记

2017年汽车行业大事记

1月

1月1日　国家第五阶段机动车污染物排放标准全面实行，中国境内加油站全面供应国V（国五）标准的成品油。

1月3日　北京现代、长安汽车和华晨宝马根据《缺陷汽车产品召回管理条例》的要求，向国家质检总局备案了召回计划。召回车型包括全新途胜、CX20和欧力威等，三家企业召回缺陷汽车总计282672辆。

1月4日　乐视汽车在拉斯维加斯CES上发布首款量产汽车，命名为FF91，FF（法拉第未来）是乐视汽车的战略合作伙伴。

1月5日　为深化汽车产品CCC（汽车产品实施强制性认证）认证制度改革。国家认监委出台八项措施降低企业成本，引导企业加快研发物联网、绿色、新能源汽车等新产品，培育汽车平行进口等新业态，提升汽车产业供给水平。

1月5日 东风Honda在杭州举行2017年品牌盛典，联袂发布高端旗舰车型新思铂睿锐·混动与"新概念轿车"新杰德。

1月6日 国家质检总局正式批准在河南省计量科学研究院的基础上，筹建国家新能源汽车供能装置质量监督检验中心。这标志着全国首个"国字号"新能源汽车供能装置质检中心落户河南。

1月7日 北京汽车与百度智能汽车联合宣布智能汽车战略合作，内容包括：高精度地图及车载地图应用的深度合作；基于百度CarLife、MyCar及CoDrive等智能汽车解决方案应用；基于L3级智能驾驶技术的深度合作；建立联合实验室；品牌与产品营销；以及云平台和大数据技术等方面。

1月10日 广汽传祺在2017年北美车展上全球首发"纯电动新能源SUV"GE3和插电式混合动力跨界概念车EnSpirit两款新车型。同时发布新能源动力总成GMC变速箱+1.5ATK发动机。

1月12日 北汽昌河旗下全新中型7座MPV——昌河M70正式上市。

1月16日 一汽与奥迪在长春正式签署《一汽、奥迪十年商业计划》，双方将在21项核心领域开展深度合作。按照计划内容，新能源车型及其相关的服务领域将成为今后合作中新的重点。

1月25日 国家发改委全国投资项目在线审批平台发布国能新能源汽车有限责任公司新能源汽车建设项目核准公示。国能新能源成为继北汽新能源、长江汽车、前途汽车、奇瑞新能源、敏安汽车、江铃新能源、万向集团、金康新能源之后，第九家新建资质的获得者。

1月26日 国家发改委投资项目在线审批监管平台公示了福建省汽车工业集团云度新能源汽车股份有限公司（简称"云度新能源"）纯电动乘用车产业化项目的核准信息。云度新能源成为第十家获得新建纯电动生产资质的企业。

1月26日 神州专车宣布已获得《网络预约出租汽车经营许可证》，成为全国第一家获准开展网约车经营服务的平台公司。据了解，神州专车是以

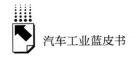
其运营主体公司神州优车（福建）信息技术有限公司在福建提出的申请，牌照的获批意味着，该公司成为全国首家线上服务能力获得正式认定的网约车平台。

2月

2月4日 工信部官网公布了对金华青年汽车、上汽唐山客车、重庆力帆、郑州日产、上海申沃、南京特种汽车和重庆恒通7家骗补汽车企业的行政处罚决定：撤销这7家汽车制造商生产骗补产品的公告，意即取消其相关骗补产品的生产资质；暂停这7家公司申报新能源汽车推广应用推荐车型的资质；并责成上述企业进行为期2个月的整改，整改完成后，再依据情况验收。

2月6日 格力电器、珠海银隆与天津市政府签署战略合作框架协议，共同建设全国先进的智能电器、智能装备、新能源电池及汽车产业基地。另外，静海区与珠海银隆签署投资合作协议。

2月7日 东风汽车有限公司东风启辰汽车公司正式成立。启辰品牌从东风日产乘用车公司中独立，归属于东风汽车有限公司，成为东风汽车有限公司旗下第七家分公司，与东风日产平级。

2月7日 中机车辆技术服务中心公布《关于核查涉嫌违规汽车产品有关情况的通知》，督促涉嫌违规汽车生产企业组织自查。

2月8日 随着一辆天鹅绒棕的Teramont途昂驶下生产线，上汽大众迎来了第1600万辆汽车下线，成为国内首家产量突破1600万辆的乘用车企业。

2月8日 北京市交通委正式向首汽约车颁发了网约车平台经营许可证，有效期为四年。

2月13日 江淮汽车联合墨西哥汽车制造商吉安特汽车和分销商Chori Co Ltd共同投资14.52亿元人民币在墨西哥成立合资工厂。根据规划，该工厂主要生产江淮SUV车型S2和S3，产能最高可达4万辆/年。

2月13日 按照"关于调整《道路机动车辆生产企业及产品准入许可》事项审批流程及技术规范的通知"（工信部装〔2015〕492号）的要求，中机车辆技术服务中心完成了《公告》申报系统及审查程序的系统升级工作，调整了部分功能，取消产品检测方案审查环节，审查效率将得到提升。

2月14日 北京现代全新悦纳RV上市，该车定位于小型两厢轿车，掀背式设计，支持苹果Carplay和百度Carlife智能互联系统。

2月15日 北京对全市及外省、区、市核发号牌（含临时号牌）国Ⅰ及国Ⅱ排放标准轻型汽油车开始实行限行措施。

2月17日 中国一汽与东风汽车集团共建前瞻共性技术创新中心战略合作框架协议正式签署，双方将围绕车载智能网联、燃料电池、轻量化等前瞻性技术进行研究，以快速提高中国汽车工业前瞻性技术研究水平。

2月17日 一汽丰田最后一台花冠正式驶下天津西青工厂，同时这也意味着该工厂正式关闭。未来替换这条生产线的将是一汽丰田的第四工厂，也就是目前在建的丰田新一线（TNGA架构）。

2月17日 上汽荣威全新紧凑型车——荣威i6在上海正式上市，此次新车共计推出了6款搭载1.5T动力的20T车型，售价区间为8.98万~14.38万元。

2月17日 金杯汽车公司与安道拓亚洲控股有限公司（Adient Asia Holdings Co.，Limited）共同投资成立沈阳金杯安道拓汽车部件有限公司。该合资公司主要经营范围包括设计、生产汽车座椅及其他汽车零部件，上述产品技术咨询、技术服务；上述产品相关模具、配件的批发、进出口及售后服务。

2月20日 宝骏定位年轻消费群体的全新小型SUV 510正式上市。

2月21日 车和家智能汽车第二生产基地及产业基金设立签约仪式在江苏省常州市举行。此次签约的第二基地项目计划投资30亿元，占地面积45万平方米，规划产能10万辆，主要用于生产纯电动及电动增程式SUV。同时，车和家宣布联合其股东和常州武进国家高新技术产业开发区等机构发起设立40亿元专项产业基金，用于未来车和家智能汽车第二基地及相关上下游产业链的建设储备。

2月21日 吉利集团发动机项目在贵阳奠基。该项目选址在白云铝及

铝加工园区，总投资约 50 亿元，计划在 2019 年 6 月投产。

2 月 22 日 长安 CS75 尚酷版正式上市。新车为紧凑型 SUV，搭载 1.5T 涡轮增压发动机，新增全景天窗，相比现款配置有所升级。

2 月 22 日 现款福克斯两厢版正式在长安福特哈尔滨基地下线，标志着长安福特的第五工厂——哈尔滨基地的正式投产启用。

2 月 22 日 曙光股份发布《辽宁曙光汽车集团股份有限公司关于转让子公司股权的公告》。公告称，将持有的大连黄海汽车有限公司 100% 股权转让给大连新敏雅智能技术有限公司，交易总价为人民币 11.8 亿元。

2 月 28 日 曙光集团与华泰汽车集团有限公司签署了《股权转让协议》和《投票权委托协议》。曙光集团将其持有的曙光股份 9789.5 万股流通股（占总股本的 14.49%）转让给华泰汽车，并将其持有的另 4581.83 万股限售股（占总股本的 6.78%）的投票权委托给华泰汽车。待上述 6.78% 股份限售期满后，曙光集团拟将其中的 3567.2 万股（占总股本的 5.28%）再行转让给华泰汽车。上述 14.49% 股权的转让单价为 23.21 元/股，确定转让价款为 22.72 亿元。

3月

3 月 1 日 东风悦达起亚旗下全新中型 SUV——KX7 正式下线，新车基于老款索兰托平台进行打造，并提供 5 座和 7 座可选。

3 月 1 日 兰州知豆年产 4 万辆纯电动乘用车建设项目获国家发改委批准，成为第十一家获得新建纯电动汽车生产资质的企业。

3 月 4 日 自带支付功能的互联网 SUV 名爵 ZS 在上汽南京生产基地正式上市。

3 月 7 日 交通运输部发布"关于贯彻落实交通运输行业标准《营运客车安全技术条件》（JT/T 1094 - 2016）（简称 JT/T 1094 标准）的通知"，明确了该标准于 2017 年 4 月 1 日起正式实施。

3 月 9 日 吉利帝豪 EV300 正式上市，新车续航里程增加至 300km（现款续航里程为 253km）。同时，这款车将增加电池智能低温预热功能，并且车载慢充的充电速度也得到了提升。

3月9日 一汽奔腾旗下首款小型SUV——奔腾X40上市。

3月14日 科大讯飞与长安汽车在重庆长安汽车工程研究总院共同签署战略合作协议。双方宣布将在汽车电子智能化的技术研发、产品设计以及整车应用领域展开全面深度合作。

3月21日 华晨宝马旗下之诺品牌第二款车型，插电式混合动力SUV——60H正式上市。

3月22日 北京汽车集团产业投资有限公司和北京新能源汽车股份有限公司携手众行业合作伙伴联合发起设立的"安鹏·中国新能源汽车产业发展基金"正式成立。

3月23日 东风日产大连工厂通过英菲尼迪资质审核，正式成为英菲尼迪全球第六个生产基地。

3月23日 吉利汽车安斯蒂新工厂在英国考文垂落成，首款车型是TX5黑色出租车。

3月23日 比亚迪宣布在法国北部大区博韦市建立其在欧洲的第二座电动车工厂，新工厂将生产纯电动巴士。

3月25日 奇瑞新能源在北京举行了上市发布会，正式公布了旗下全新纯电动车型小蚂蚁（eQ1）的市场指导价格。这款产品是奇瑞新能源在纯电动车专用平台上开发的首款A000级车型，同时也是国内乃至国际上首款全铝车身结构的纯电动车型。

3月25日 由长丰猎豹投资12亿元建设的工厂改造项目在永州开工，该项目达产后年产值将突破百亿元，未来CS10车型的部分生产任务将由新工厂负责生产。

3月28日 广汽乘用车新疆项目一期在乌鲁木齐正式开工建设，建成后产能增加5万辆/年。

3月29日 广汽三菱汽车有限公司发动机项目，在广汽三菱发动机工厂内正式开工，标志着广汽三菱汽车由单纯的整车制造企业向完善的全领域高端汽车企业突破与进化。

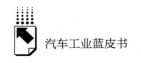
4月

4月1日 天津市政府公布了《中国（天津）自由贸易试验区汽车平行进口试点管理暂行办法》，并自发布之日起施行。这是中国各试点城市首个针对汽车平行进口试点工作出台的行政规范性文件。该办法旨在培育发展市场主体，创新政府监管模式，实现汽车平行进口全产业链发展，维护消费者的合法权益。

4月4日 比亚迪在匈牙利北部城市科马罗姆设立的电动大巴工厂正式投产，这是比亚迪在欧洲投资兴建的第一座电动车工厂。

4月5日 法雷奥中国技术中心开业，该中心位于武汉经济技术开发区（汉南区），占地面积约8000平方米，主要由车灯技术中心和舒适及驾驶辅助系统技术中心两大部分构成。

4月6日 2017上汽集团前瞻技术论坛在上海召开。会议议题主要围绕上汽着力在未来打造的"电动化、网联化、智能化、共享化"汽车制造理念，即上汽集团提出的"新四化"概念展开讨论。

4月7日 长安汽车召开了"智色双旋"设计理念战略发布会。发布会上，长安汽车正式发布全新设计哲学——生命动感，并推出全新设计理念战略下的设计理念和语言——智色双旋，这为长安汽车注入了品牌灵魂和精髓。

4月8日 北汽集团正式揭牌成立华夏出行有限公司。华夏出行注册资本为15亿元，其中，北汽集团持股51%，华夏出行将整合北汽集团旗下原来所有的出行资源，打造千亿规模的全球化出行服务平台。

4月13日 长安汽车全球研发中心启动暨两江基地新工厂投产仪式在重庆举行。同时，长安汽车首款中型MPV凌轩正式下线，宣告长安汽车两江基地新工厂投产启用。

4月14日 商务部发布《汽车销售管理办法》，并于2017年7月1日正式实施。新办法打破了汽车销售品牌授权单一体制，将发展共享型、节约型、社会化的汽车流通体系，推动建立健康的零供关系和安全放心的消费环境，加快推进汽车流通领域供给侧结构性改革，促进汽车流通行业健康可持续发展。

4 月 18 日 北汽昌河在江西九江规划的 10 万辆产能新能源基地正式开工。目前有产能 10 万辆整车、15 万台发动机，主产品为昌河 M70、K 系列发动机。

4 月 18 日 上汽通用五菱正式与日本爱信签署合作协议，未来宝骏 iAMT 技术将向宝骏 510、310 等旗下车型广泛普及。

4 月 19 日 长城汽车下属 WEY 品牌的首款 SUV 量产车型 VV7c/VV7s 上市。

4 月 19 日 海马汽车以"活力·激擎·新未来"为主题，在 2017 上海国际车展发布全新动力总成战略。为实现"升级开发理念，提升驾驶乐趣，确保节能低碳"战略目标，海马汽车将从研发、技术、供应链及运营四个层面加大投入。

4 月 19 日 游侠汽车与浙江湖州市吴兴区政府正式签署了游侠汽车湖州超级工厂建设合作协议，双方将在超级工厂、新能源产业基金、智能汽车小镇等方面启动项目合作。

4 月 20 日 第九届全球汽车产业峰会在上海举办，本届峰会主题为"技术驱动、汽车未来"。

4 月 20 日 中国汽车技术研究中心 C－NCAP 管理中心发布了《C－NCAP 管理规则（2018 年版）》，该规则将于 2018 年 7 月 1 日开始正式实施。新规则由之前的车辆乘员被动安全保护性能评价拓展到对车外行人的保护性能和车辆主动预防安全性能，全面覆盖车内外、主动及被动安全要求，并新增了对纯电动及混合动力车型的评价。

4 月 23 日 长安汽车将"长安商用"品牌正式更名为"长安欧尚"品牌，正式更名后，长安欧尚将加速产品转型，发力乘用车市场，与长安乘用车形成产品互补。

4 月 25 日 工信部、国家发改委和科技部三部委联合印发《汽车产业中长期发展规划》的通知。规划具体制定了包括全面发展自主品牌汽车在内的六个细分目标，提出加强核心技术攻关、夯实零部件配套体系、加快新能源车技术研发、大力推进智能制造等重点任务，旨在落实党中央、国务院关于建设制造强国的战略部署，推动汽车强国建设。

4月27日　工信部和国家税务总局联合发布第十批《免征车辆购置税的新能源汽车车型目录》，共包含776款新能源车型。

4月27日　位于广州广汽番禺汽车城西南部，总体规划面积约5平方千米的广汽智联新能源汽车产业园正式开工建设。未来产业园将与已建成的广汽番禺化龙基地形成国内超大型综合汽车生产基地。

5月

5月2日　工信部公布了汽车、摩托车、三轮汽车生产企业及产品（第295批）和《新能源汽车推广应用推荐车型目录》（2017年第4批）。同意南京金龙客车制造有限公司升级为乘用车整车生产企业；同意北京现代汽车有限公司在《公告》中设立非独立法人分公司，企业名称：北京现代汽车有限公司重庆分公司；同意湖南猎豹汽车股份有限公司升级为乘用车及商用车整车生产企业；同意湖南恒润汽车有限公司升级为乘用车整车生产企业。

5月2日　郑州煤矿机械集团股份有限公司和私人股本公司崇德投资收购了罗伯特·博世有限公司旗下负责起动机和发电机业务的子公司（SG），并购价格为5.45亿欧元（约41亿元人民币）。

5月2日　石家庄市人民政府与奇瑞控股有限公司签订了新能源汽车生产基地项目框架协议，栾城区人民政府与奇瑞新能源汽车技术有限公司签订新能源汽车项目投资合作协议。据了解，奇瑞在石家庄的新能源汽车生产基地项目计划总投资30亿元，未来将投产小型电动车。

5月6日　北汽株洲基地二工厂正式落成，全新绅宝D50轿车同时下线。

5月8日　一汽-大众奥迪位于长春的全新Q工厂焊装车间的首台白车身正式下线，未来全新一代奥迪Q5及其衍生车型将在这里生产。

5月10日　吉利汽车（杭州湾）研发中心正式启用并发布"iNTEC"

技术品牌，该中心位于宁波杭州湾新区，占地 415 亩，总投资 62 亿元，是吉利汽车研究院总部和研发大本营，将承载吉利汽车的产品开发和技术突破任务。

5 月 14 日～16 日　2017 中国汽车论坛在上海召开。本届论坛主题为"创新驱动、品牌提升——中国汽车产业新趋势"。

5 月 16 日　中国汽车技术研究中心正式发布了《EV－TEST（电动汽车测评）管理规则（2017 版）》，这是中国首部电动汽车测评规则。

5 月 17 日　比亚迪股份有限公司控股子公司比亚迪汽车工业有限公司和戴姆勒大中华区投资有限公司以现金方式各对腾势新能源增资人民币 5 亿元，增资后腾势新能源注册资本由原来的人民币 23.6 亿元增加至人民币 33.6 亿元。

5 月 18 日　广东陆地方舟新能源电动车辆有限公司纯电动乘用车建设项目通过国家发改委核准。该项目总投资达 17.83 亿人民币，建设地点为广东省佛山市高明区明城工业园，项目建成后形成年产 5 万辆纯电动汽车生产能力。

5 月 18 日　沃尔沃汽车与神州优车集团签订全面战略合作协议，共同开拓高端租赁市场。同日，沃尔沃汽车与神州优车集团还签订了豪华轿车规模采购订单，并交付了首批 300 辆 S90 长轴距豪华轿车。

5 月 18 日　四川首个同时也是西部首个自贸区平行进口汽车交易展示中心在四川自贸区青白江片区投入试运营。

5 月 18 日　长安乘用车首款 MPV——长安凌轩正式上市。

5 月 19 日　华晨宝马经过全新扩建的新大东工厂正式揭幕并投入运营。新大东工厂整体投资超 3.5 亿元，占地面积达 74 万平方米。

5 月 19 日　北京新能源正式发布了旗下全新的共享汽车平台——"轻享"。

5 月 22 日　江淮汽车与大众汽车（中国）合资生产纯电动乘用车项目获国家发改委批准。

5 月 22 日　上汽通用五菱在印度尼西亚首都雅加达发布印尼市场首款

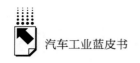

产品 Confero S，新车为一款家用 MPV 车型。

5 月 22 日 东风电动车辆股份有限公司与深圳市航盛新能源有限公司合作协议签字仪式在武汉举行。根据合作协议，双方将合资 11 亿元，设立东风航盛（武汉）汽车控制系统有限公司，开发和制造新能源汽车控制系统产品；此项目将年内投产，年产值可达 13 亿元。

5 月 23 日 中机中心发布《关于车辆生产企业准入申请有关项目核准文件的调整说明》，将车辆生产企业准入申请有关项目核准文件作了如下调整说明：1. 新建中外合资轿车生产企业项目，由国务院核准；2. 新建纯电动乘用车生产企业（含现有汽车企业跨类生产纯电动乘用车）项目，由国务院投资主管部门核准；3. 其余项目由省级政府核准。

5 月 25 日 长城汽车旗下首款纯电动新能源轿车 C30EV 正式上市。

6月

6 月 1 日 江淮汽车与大众汽车（中国）投资有限公司在德国柏林正式签署合资企业协议，共同出资成立江淮大众汽车有限公司，进行新能源汽车的研发、生产和销售并提供相关移动出行服务。合资公司投资总额为人民币 60 亿元，注册资本为人民币 20 亿元，双方各占 50%。

6 月 1 日 北汽集团与戴姆勒股份公司签署框架协议，进一步加强双方在新能源汽车领域的合作。

6 月 2 日 工信部公布了《关于对 2016 年严重违规的 20 家车辆生产企业的通报》，此次违规企业共涉及 84 家企业的 130 个车型。工信部将暂停 84 家违规企业的 130 个车型产品的公告，并将核实确认的 2577 辆车的违规行为录入即将建立的车辆生产企业信用信息管理平台。

6 月 4 日 国家发改委、工信部联合印发《关于完善汽车投资项目管理的意见》。意见提出优化传统燃油汽车产能布局，促进新能源汽车健康有序发展，鼓励汽车企业做优做强，明确外商成立合资的纯电动车生产企业，可以不受两家的数量限制。

6 月 7 日 金马股份股票简称正式变更为众泰汽车，其股票代码保持不变。众泰汽车成功借壳上市。

6月8日 东风标致旗下首款7座中型SUV——5008将正式上市。

6月12日 神州优车集团宣布成立旗下第四大板块——优车产业基金，并公布首笔战略投资22亿元由互联网汽车公司小鹏汽车获得。

6月13日 东风股份有限公司宣布与东风汽车有限公司签署《关于郑州日产汽车有限公司股权转让协议》，东风股份以7.88亿元的价格向东风有限转让其持有的郑州日产51%的股权。此后，郑州日产将不再纳入东风股份的合并财务报表中。

6月15日 中国机械工业百强企业、汽车工业三十强企业信息发布会在天津举行，2016年汽车三十强出炉。其中，整车制造企业19家、零部件及配件制造企业8家、改装车企业1家、摩托车企业2家。前五家分别是上汽、东风、一汽、北汽和长安。

6月15日 中国汽车技术研究中心与云南省人民政府在昆明签署合作协议，宣布双方将在云南省滇中新区共同建立中汽中心汽车高原试验基地。

6月19日 上汽集团与宁德时代在江苏常州溧阳举行两家合资公司——时代上汽动力电池有限公司和上汽时代动力电池系统有限公司奠基仪式，双方此次在新能源汽车电池领域投入超百亿元，将按照国际一流、国内领先的标准，建设高度智能、绿色环保的先进电池和电池系统生产基地。

6月19日 金杯汽车公布重大资产出售暨关联交易预案，拟将其直接和间接持有的金杯车辆100%股权转让给控股股东沈阳市汽车工业资产经营有限公司，就此剥离整车制造业务。

6月21日 广州汽车集团股份有限公司与华为技术有限公司签订了战略合作协议。双方将在企业管理、云计算、大数据、车联网、智能驾驶、新能源和国际化业务拓展等领域展开深入合作，以共同推动双方业务的发展。

6月21日 华晨集团南方基地汽车整车项目签约仪式在绵阳举行，项目总投资30亿元，达产后年产能可达25万辆。

6月22日 东风雷诺汽车有限公司调整产品结构跨类生产轿车项目获得湖北省发改委核准。项目总投资21.75亿元，在原有15万整车和发动机产能不变的前提下，对生产线进行改扩建工作，增加轿车产品。东风雷诺产品线将实现"轿车＋SUV"的双线并进。

6月23日 浙江吉利控股集团与马来西亚DRB-HICOM集团签署最终协议，收购DRB-HICOM旗下宝腾汽车（PROTON Holding）49.9%的股份以及豪华跑车品牌路特斯（Lotus Group）51%的股份。

6月27日 众泰汽车旗下全新品牌——君马汽车，在雄安新区正式发布。

6月28日 国家发改委和商务部联合发布《外商投资产业指导目录（2017年修订）》，自2017年7月28日起施行。明确说明汽车整车、专用车汽车制造：中方股比不低于50%，同一家外商可在国内建立两家及两家以下生产同类（乘用车类、商用车类）整车产品的合资企业，如与中方合资伙伴联合兼并国内其他汽车生产企业以及建立生产纯电动汽车整车产品的合资企业可不受两家的限制。

6月30日 上汽乘用车郑州基地首辆车正式下线，该车为名爵ZS。

6月30日 奇瑞首批500台"自主开发电控系统"发动机出口美国。

7月

7月4日 华晨中国汽车与雷诺订立框架合作协议，向雷诺出售沈阳华晨金杯汽车有限公司49%股份，现金代价为人民币1元。

7月5日 戴姆勒与北汽签署了新的框架协议。双方将共同投资50亿元人民币（约合6.55亿欧元），在北京奔驰建立纯电动车生产基地及动力电池工厂，生产梅赛德斯-奔驰品牌的纯电动车产品。

7月5日 百度董事会副主席、集团总裁兼首席运营官陆奇正式发布"Apollo（阿波罗）计划"开放细节。Apollo（阿波罗）计划将为汽车行业提供一个平台，帮助汽车行业开发者结合车辆和硬件系统，快速搭建一套属于自己的完整的自动驾驶系统，同时将正式开放Apollo 1.0版本。

7月11日 陆风汽车在江西南昌举办发布会，宣布全新车型小型SUV——陆风X2正式上市，同时江铃控股小蓝二期基地正式投产。

7 月 11 日 上汽通用五菱印尼汽车有限公司在印尼芝加朗正式投入运营，同时首款产品——五菱 Confero S 下线。

7 月 12 日 上汽通用首批正式出口海外的 1701 辆雪佛兰科沃兹在上海装运上船运往墨西哥，该批车型由上汽通用汽车武汉基地生产。

7 月 14 日 奥杰汽车整车研发技术及全铝轻量化车身制造产业园项目正式签约落户襄阳，该项目由苏州奥杰汽车技术股份有限公司和湖北康吉润机电科技有限公司联合投资，项目总投资 7.70 亿元。

7 月 16 日 长城汽车发布公告称，与河北御捷车业签署合资框架协议，以增资入股方式获得河北御捷公司 25% 的股权。

7 月 17 日 华晨汽车集团成功举办金杯大海狮（康明斯 - 欧 V）产品出口智利发车仪式，首批出口 310 辆。

7 月 18 日 吉利控股集团与西安市政府签署战略合作协议，将在西安经开区投资建设吉利新能源汽车产业化项目，项目总投资为 350 亿元人民币。

7 月 21 日 广汽传祺首款纯电动车小型 SUV——GE3 正式上市。

7 月 21 日 奇瑞捷豹路虎常熟发动机工厂正式开业，投产全新 Ingenium 系列汽油发动机。

7 月 20 日 北京汽车与北汽新能源订立了增资协议。北京汽车以资产及现金共人民币 11.85 亿元的代价认购北汽新能源增发的 2.2 亿股股份。

7 月 20 日 云内动力无锡产业园区正式投产并向外界展示了其全新国 VI 系列新品发动机。

7 月 27 日 北汽新能源旗下全资共享汽车品牌"轻享出行"入驻雄安新区，成为首家进入雄安新区的共享汽车品牌，并同期开通北京、雄安双城异地租还服务。

7 月 28 日 广汽新能源汽车有限公司正式成立。

8月

8 月 4 日 吉利与沃尔沃在杭州湾正式签署协议成立两家合资公司。其中吉利控股集团与沃尔沃汽车签署成立技术合资公司，双方各占50%股份，暂定名为"宁波时空方程技术有限公司"，总部设在宁波杭州湾新区；另一合资公司为"领克汽车合资公司"，由吉利汽车控股有限公司、吉利控股集团、沃尔沃汽车共同成立，其中各方股份占比分别为50%、20%、30%。

8月8日 洛阳市与银隆项目合作签约仪式在河南郑州举行。按照协议，双方将在洛阳推进纯电动商用车、纯电动特种专用车、新能源环卫车、新能源皮卡车、纯电动农机具等多个新能源车型的研发及产业化。

8月14日 东风启辰与高德地图在北京签署战略合作协议，在车联网领域展开多方面合作。

8月18日 随着一辆 OCTAVIA COMBI 明锐旅行车驶下生产线，上汽大众迎来了第1700万辆汽车下线。

8月21日 在即将建成的长春 Q 工厂，全新奥迪 A6L e – tron 作为一汽 – 大众的第1500万辆整车正式下线。

8月21日 安徽众泰汽车股份有限公司与福特汽车（中国）有限公司在杭州签署了《关于纯电动乘用车业务合作的谅解备忘录》，双方拟成立一家从事纯电动乘用车及其零部件的研发、制造、销售和服务的合营公司。

8月22日 众泰汽车首款原创小型 SUV——众泰 T300 上市，共推出10款车型。

8月22日 华晨汽车集团与上海浦东发展银行在上海举行了总额180亿元的战略合作协议签约仪式。

8月25日 观致汽车 Model Young 产品系列首款 SUV 发布。同时，观致汽车还与中国移动签署 5G 智能网联战略合作协议，加速智能网联系统升级。

8月28日 东风悦达起亚在江苏盐城召开"东风悦达起亚15周年 – 未来战略发布暨新车上市发布会"，宣布上市东风悦达起亚全新小型车 KX CROSS 和全新 B 级车凯绅以及向外界宣布2025年 NTF 战略。

8月29日 江淮汽车向百度交付了32辆江淮瑞风 S3 用于高精度地图数据的采集。交付仪式上，百度和江淮汽车首次对外透露，江淮汽车已成为百度 Apollo 自动驾驶开放平台的首批重要合作伙伴，百度将为江淮汽车提供包括高精地图、自定位、环境感知、决策规划等自动驾驶方面的关键环节数据。

8 月 29 日 广汽集团发布公告，中国证监会审核通过了广汽集团定增150 亿元的申请，主要投向进一步增加自主品牌产品研发能力，包括产品研发、产能扩充、新能源智能网联发展以及核心零部件正常供应（包括国产和进口）。

9月

9 月 8 日～10 日 以"新业态 新理念"为主题的第十三届中国汽车产业发展（泰达）国际论坛在天津举办。

9 月 13 日 国家发展改革委、国家能源局和财政部等十五部门联合印发了《关于扩大生物燃料乙醇生产和推广使用车用乙醇汽油的实施方案》。根据方案，到 2020 年，全国范围内将基本实现车用乙醇汽油全覆盖。到2025 年，力争纤维素乙醇实现规模化生产，先进生物液体燃料技术、装备和产业整体达到国际领先水平，形成更加完善的市场化运行机制。

9 月 15 日 工信部发布《道路机动车辆生产企业及产品公告》（第 300批），敏实集团旗下湖州恩驰汽车有限公司获生产资质审核通过。标志着继敏安汽车获批纯电动乘用车生产项目之后，敏实又取得恩驰汽车商用车生产资质。敏实展开了新能源汽车发展的战略蓝图。

9 月 15 日 上汽通用汽车累计销量突破 1500 万辆。

9 月 15 日 一汽丰田举办"感恩有你为伴"品牌日活动，庆祝 600 万辆销量目标达成，感恩消费者一路相随相伴。

9 月 16 日 中国一汽向常州交通集团交付了 100 台红旗车，并宣布推出红旗产品终身免费保修服务。同时，红旗还正在开展红旗用户回家"爱车焕新节"——红旗感恩活动。

9 月 18 日 广汽集团与腾讯公司在广州签订战略合作框架协议。双方将在车联网服务、智能驾驶、云平台、大数据、汽车生态圈、智能网联汽车

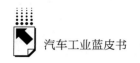

营销和宣传等领域开展业务合作，同时探讨在汽车电商平台、汽车保险业务以及移动出行和新能源汽车领域开展资本合作，以共同推动双方业务的共同发展。

9月19日 北京现代第900万辆汽车下线，同时北京现代全新本土化产品线 REINA 的首款产品全新瑞纳正式上市，新车也是北京现代首款搭载智能网联系统的车型。

9月20日 "中国汽车健康指数（C－AHI）"测试评价体系框架在重庆发布，该评价体系由中国汽车工程研究院股份有限公司研究制定，是立足汽车消费者、汽车企业和国家政策三位一体的第三方评价体系，旨在通过公正、公开、真实的评价数据，建立中国汽车健康新标准。

9月20日 格力电器宣布自2017年8月29日至9月19日通过证券交易所集合竞价方式增持上海国资委旗下上市公司海立股份，持股量已达5%，总耗资超5亿元，投资布局新能源车用压缩机。

9月21日 东风雷诺武汉工厂技术中心测试跑道正式启用，标志着东风雷诺技术中心一期工程正式建成。

9月21日 新款红旗 H7 正式上市，定位中大型行政级轿车，是一汽红旗汽车的主销车型。

9月22日 天津一汽骏派品牌旗下首款纯电动车——A70E 正式上市。

9月22日 福耀玻璃（苏州）有限公司开工仪式在苏州市相城区举行。据了解，本次福耀集团总投资22亿元人民币在苏州设立一大型生产基地及配套的玻璃研究院和模具中心。

9月22日 威马汽车正式发布旗下智慧出行品牌"GETnGO"，同时宣布与共享单车品牌哈罗单车（Hellobike）开启"4+2"合作。

9月26日 交通部发布了关于印发《智慧交通让出行更便捷行动方案（2017～2020年）》的通知，旨在推动企业为主体的智慧交通出行信息服务体系建设，促进"互联网+"便捷交通发展。

9月27日 上汽集团乘用车郑州分公司竣工投产仪式在郑州市召开，同时，荣威品牌全新紧凑型互联网SUV——荣威 RX3 正式下线。

9 月 27 日　纳智捷品牌"510 计划"首款战略车型 纳智捷 U5 SUV 在广州上市。

9 月 27 日　新能源汽车领域的全新品牌——国金汽车在山东淄博正式发布，并亮相其首款纯电动产品——GM3 MPV。

9 月 28 日　工信部、财政部、商务部、海关总署和质检总局联合发布《乘用车企业平均燃料消耗量与新能源汽车积分并行管理办法》，自 2018 年 4 月 1 日起施行。对传统能源乘用车年度生产量或者进口量不满 3 万辆的乘用车企业，不设定新能源汽车积分比例要求；达到 3 万辆以上的，从 2019 年度开始设定积分比例要求，其中：2019、2020 年度的积分比例要求分别为 10%、12%，2021 年度及以后年度的积分比例要求另行公布。

9 月 29 日　海马汽车有限公司与广州小鹏汽车科技有限公司签署了《小鹏品牌汽车合作制造框架协议》，双方将合作开展研发、生产、销售小鹏新能源汽车。

10月

10 月 10 日　长安马自达累计销量突破 100 万辆。

10 月 12 日　小鹏汽车首批量产车在郑州海马汽车总装车间下线。该车为纯电动小型 SUV，是小鹏汽车和海马汽车合作的首批量产车。

10 月 12 日　东风风神旗下首款纯电动车型——东风风神 E70 正式上市，该车为纯电动三厢紧凑级轿车。

10 月 13 日　阿里巴巴 AliOS、神龙汽车和斑马网络签订智联网汽车战略合作协议，将陆续推出搭载 AliOS 操作系统的智联网汽车，首款车型将落地东风雪铁龙。

10 月 13 日　北汽集团与百度战略合作协议签约仪式在北京举行。双方宣布在自动驾驶、车联网、云服务等领域达成集团层面战略合作，全面打造"人工智能 + 汽车"生态。

10 月 13 日　中国汽车技术研究中心华南基地项目在广州增城经济技术开发区核心区内动工建设。项目总投资约 18.5 亿元，未来将成为以汽车整

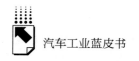

车、关键零部件和新能源汽车产品检验检测为核心的公共技术服务平台和区域性总部基地。

10月16日 北京现代沧州工厂量产一周年暨第10万辆新车下线活动在沧州工厂总装车间举行。

10月18日 长安福特在重庆举行了新工程开发中心项目开工活动，宣布将新投资约8亿元人民币扩建工程开发中心，进一步增强长安福特的产品开发能力以及测试能力，提升国产车质量，并且也将提升包括发动机、变速器在内的多种核心零部件的技术水平。

10月17日 2017 Stop the Crash （"零事故 零伤亡"）中国年暨全球汽车安全大会在上海汽车城召开。

10月19日 长安汽车在北京发布新能源全新战略——"香格里拉计划"。具体包括，2020年，完成三大新能源汽车专用平台的打造；2025年，全面停止传统意义燃油车的销售，实现全谱系产品的电气化；2025年以前，通过全产业链1000亿元的投入，调动一万人的研发资源，构建开放共赢的产业生态圈，打造具备高品质和愉悦体验的新能源汽车。

10月23日 长安福特汽车有限公司与首汽租赁有限责任公司在北京正式签署战略合作协议。

10月24日~26日 第19届亚太汽车工程年会（APAC 19）和中国汽车工程学会年会暨展览会（2017SAECCE）在上海合并举办，会议主题为"未来汽车与交通变革"。

10月24日 在2017中国汽车工程学会年会展览会上，中国汽车企业家的优秀代表——左延安被授予第三届中国汽车工业饶斌奖。

10月24日 神龙汽车武汉三厂第80万辆整车下线。

10月24日 华晨宝马动力电池中心揭幕仪式在沈阳举行。该高压电池中心正式投产后，将为全新宝马5系插电式混合动力车型提供动力电池系统，可年产3.3万套高压电池组。

10月25日 上汽通用首批出口墨西哥及加勒比地区的2900辆雪佛兰赛欧3在烟台国际滚装码头装船起航，发往墨西哥及加勒比地区。

10月31日　东风雷诺在武汉正式发布了"2022愿景纲要"。计划到2022年，实现年销量40万辆，并以SUV为中心累计导入9款国产车型，包括3款电动车型。

11月

11月3日　力帆汽车与俄罗斯共享汽车公司Lifcar合作，在俄罗斯莫斯科投放约200辆力帆X50作为运营车辆，并计划在短期内追加至1000辆。

11月7日　一汽－大众正式对外发布企业2025战略，包括推进企业走向灵活、高效和现代化，提升市场份额，提升产品品质，打造行业品牌力，推进新能源车快速发展，进入移动出行领域，实现100%的车联网前装率等。

11月7日　一汽吉林森雅R7新增智能网联版车型在重庆正式上市。一汽森雅R7搭载了FAW E－Travel逸驾智联系统，是中国一汽统一智能网联战略指导下的首款小型智能SUV。

11月8日　众泰汽车和福特汽车正式签署合资经营合同，共同组建一家自主品牌纯电动乘用车生产企业，中文名称为"众泰福特汽车有限公司"，投资总额为50亿元。

11月10日　吉利汽车旗下首款插电式混合动力车型——帝豪PHEV正式上市。

11月10日　浙江零跑汽车正式发布了旗下首款纯电动量产车——零跑S01，新车定位为一款纯电动两门四座轿跑。

11月10日　上汽通用五菱旗下五菱品牌首款SUV车型——五菱宏光S3正式上市。

11月13日　浙江吉利控股集团有限公司与美国Terrafugia飞行汽车公司达成最终协议，吉利控股集团全资收购Terrafugia公司。

11月16日　广汽丰田全新第八代凯美瑞在广州正式上市。新车基于丰田TNGA架构开发而来，是丰田将TNGA概念引入中国后的首款产品。

11月17日~26日　第十五届中国（广州）国际汽车展览会在广州召

开，本届车展主题为"新科技·新生活"。

11月17日 上汽大通燃料电池宽体轻型客车 FCV80 正式上市，指导价格为 130 万元，补贴后售价 30 万元。。

11月17日 奇瑞正式发布全新 SUV 车型——EXEED TX，这也是奇瑞全新 EXEED 系列的首款车型，新车采用了名为"Life in motion"的全新设计语言。

11月17日 中国与白俄罗斯的首个汽车合作项目——吉利（白俄罗斯）汽车有限公司在白俄罗斯鲍里索夫市举行了全散件组装新厂落成典礼暨首辆量产车——GeelyAtlas（博越）下线仪式。

11月17日 一汽易开智行科技（天津）有限公司签约仪式在天津隆重举行，中国一汽旗下子公司一汽服贸携手恒天易开，宣布在天津进入新能源共享汽车市场，正式开展新能源汽车分时租赁项目。

11月20日 沃尔沃旗下高性能品牌 Polestar 电动车项目在成都天府新区新兴产业园正式开工。

11月24日 东风雷诺汽车有限公司与北京途歌科技有限公司召开联合发布会，签署战略合作协议。同时，由东风雷诺提供的 20 辆科雷嘉和 90 辆雷诺卡缤也正式交付途歌投入运营。

11月27日 大众汽车集团，大众汽车集团（中国）与安徽江淮汽车集团股份有限公司三方签署谅解备忘录，计划共同研发、销售多用途汽车（包括但不限于皮卡车、MPV、电动商用车等）车型。

11月27日 蔚来汽车与国网电动车公司签署战略合作框架协议，双方将在电动汽车领域展开深度合作，尤其是充换电网络的建设运营、电池储能等能源领域的合作。另外，双方还将基于移动互联网及人工智能技术基础，推出创新性的能源解决方案及出行解决方案。

11月28日 吉利汽车全新品牌 LYNK & CO 旗下首款 SUV——领克 01 正式上市。

11月30日 东风汽车发布了《关于东风汽车公司更名为东风汽车集团有限公司的公告》，公告称，东风汽车公司根据《国务院办公厅关于印发中央企业公司制改制工作实施方案》（国办发〔2017〕69号）的要求进行了公司制改制，改制之后，原东风汽车公司名称变更为东风汽车集团有限公司，英文名称为 Dongfeng Motor Corporation。

12月

12月1日 中国第一汽车集团公司、东风汽车集团有限公司和重庆长安汽车股份有限公司在湖北武汉签署战略合作框架协议。根据协议，三方将在前瞻共性技术创新、汽车全价值链运营、联合出海"走出去"、新商业模式等四大领域开展全方位的合作。

12月7日 福特与众泰汽车正式举行合资公司工厂项目投资签约仪式，双方组建的全新合资公司——众泰福特汽车有限公司正式落户金华开发区。同日，福特还与阿里巴巴集团签署合作意向书，共同探索在车联网、人工智能、智能移动服务和数字营销等领域开展多维度合作。

12月7日 广汽集团与科大讯飞签订战略合作框架协议。根据协议，双方将互视对方为大客户，承诺按各自企业的流程在同等条件下优先使用对方的产品和服务；还将在智能人机交互技术、车载智能化及人工智能技术、大数据分析、智能车联网平台及营销创新等业务领域展开合作，协议有效期为5年。

12月7日 福特汽车与长安汽车的母公司——中国南方工业集团公司签署深化战略合作伙伴关系框架协议，协议就长安汽车和福特汽车双方在产品、销售、采购、研发、新兴业务等领域达成了进一步深入合作的一致约定，实现合作伙伴关系的战略转型和升级。

12月9日 领克汽车张家口工厂正式落成，整个厂区建有冲压、焊装、涂装和总装四大车间，规划年产能20万辆，将生产领克02和03两款全新产品。

12月9日 比亚迪与摩洛哥签署协议，将在摩洛哥北部城市丹吉尔设立工厂，生产电池、大型电动汽车和单轨电动列车。

12月9日 北京市新能源汽车技术创新中心成立仪式在北汽新能源总

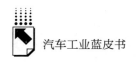

部中国·蓝谷举行。该中心的发起共建方共计 15 家，包括整车制造企业、电池生产企业、互联网企业、科研机构，以及产业投资类企业。

12 月 11 日 威马汽车品牌发布会在上海举行，会上同时发布了威马旗下首款 SUV 量产车 EX5。

12 月 11 日 中国一汽旗下富奥汽车零部件股份有限公司与东风汽车零部件（集团）有限公司签署了《建立合资公司意向书》。

12 月 12 日 新红旗 H7 成都交车仪式顺利举行，中国第一汽车集团公司将 200 辆新红旗 H7 交付成都公交集团公司，为成都市民提供高品质出行服务。在交车仪式上，成都市政府还与中国一汽签署并交换了"关于在蓉产业发展项目合作备忘录"。

12 月 15 日 华晨汽车集团与法国雷诺集团正式签订合资协议，宣告华晨雷诺金杯汽车有限公司正式挂牌成立。新公司未来业务将主要涉及轻型商用车和新能源汽车领域。

12 月 16 日 蔚来旗下首款 SUV——ES8 正式上市，新车定位为纯电动中大型 SUV，先期推出限量 1 万辆的创始版车型。

12 月 19 日 广汽集团发布公告称，广汽集团股份有限公司董事会审议通过了《关于转让本田（中国）25% 股权及广汽本田收购重组本田（中国）方案的议案》，同意将公司所持有的本田汽车（中国）有限公司 25% 股权通过公开市场对外转让，挂牌转让底价约为 23159.3 万元，具体根据经备案的资产评估报告结果为依据确定。

12 月 19 日 广汽三菱旗下首款新能源车型插电式混合动力 SUV——祺智正式下线并上市。

12 月 19 日 东风华神汽车有限公司与东风（十堰）特种商用车有限公司、东风（十堰）特种车身有限公司联合发布合并公告，宣布东风华神汽车有限公司吸收合并后两家公司，后两家公司依法注销。

12 月 20 日 中国汽车工程学会第九次全国会员代表大会在北京召开。会上，李骏当选为中国汽车工程学会第九届理事会理事长，聘任张兴业、付于武为第九届理事会名誉理事长。

12 月 20 日　中国一汽与外交部在北京签署"红旗车全球采购战略协议"，外交部将在未来优先考虑以红旗轿车作为驻外使节用车。

12 月 21 日　奇瑞汽车宣布与宝能集团就战略投资观致汽车达成协议，宝能集团将作为战略投资方，与奇瑞汽车、Quantum（2007）LLC 一起，共同支持观致汽车的发展。

12 月 21 日　中国一汽宣布公司名称由"中国第一汽车集团公司"更改为"中国第一汽车集团有限公司"，并已于 2017 年 12 月 14 日完成工商变更登记。

12 月 25 日　长城汽车与重庆市永川区政府举行签约仪式，长城汽车新生产基地项目落户重庆市永川区。

12 月 26 日　北汽集团宣布，将北汽昌河与北汽威旺合并，成立北汽昌河汽车有限公司（二级单位），其中北汽昌河品牌将继续深耕经济型乘用车市场，针对传统燃油汽车，陆续完成轿车、SUV、MPV 三大板块的布局。北汽威旺品牌将转型新能源汽车领域，并纳入北汽集团统一管理。

12 月 26 日　广汽乘用车（杭州）有限公司工厂正式竣工，同时，广汽传祺旗下全新紧凑型车——传祺 GA4 也正式下线。

12 月 27 日　财政部、国家税务总局、工信部、科技部四部委联合发布"关于免征新能源汽车车辆购置税的公告"，自 2018 年 1 月 1 日至 2020 年 12 月 31 日，将对符合《免征车辆购置税的新能源汽车车型目录》要求的新能源汽车继续免征车辆购置税。

12 月 27 日　吉利控股宣布其与欧洲基金公司 Cevian Capital 达成一致，将收购其持有的沃尔沃集团（AB Volvo）8847 万股的 A 股股票和 7877 万股的 B 股股票。项目交割后，吉利控股将拥有沃尔沃集团 8.2% 股权，成为其第一大持股股东，并拥有 15.6% 的投票权。

12 月 30 日　在广州市公共交通集团有限公司成立揭牌活动上，广汽集团与广州公交集团签订了战略合作协议。双方就"互联网＋移动出行"等多方面进行深化合作。

权威报告·一手数据·特色资源

皮书数据库
ANNUAL REPORT(YEARBOOK)
DATABASE

当代中国经济与社会发展高端智库平台

所获荣誉

- 2016年，入选"'十三五'国家重点电子出版物出版规划骨干工程"
- 2015年，荣获"搜索中国正能量 点赞2015""创新中国科技创新奖"
- 2013年，荣获"中国出版政府奖·网络出版物奖"提名奖
- 连续多年荣获中国数字出版博览会"数字出版·优秀品牌"奖

成为会员

通过网址www.pishu.com.cn访问皮书数据库网站或下载皮书数据库APP，进行手机号码验证或邮箱验证即可成为皮书数据库会员。

会员福利

- 使用手机号码首次注册的会员，账号自动充值100元体验金，可直接购买和查看数据库内容（仅限PC端）。
- 已注册用户购书后可免费获赠100元皮书数据库充值卡。刮开充值卡涂层获取充值密码，登录并进入"会员中心"—"在线充值"—"充值卡充值"，充值成功后即可购买和查看数据库内容（仅限PC端）。
- 会员福利最终解释权归社会科学文献出版社所有。

社会科学文献出版社 皮书系列
SOCIAL SCIENCES ACADEMIC PRESS (CHINA)
卡号：113441739594
密码：

数据库服务热线：400-008-6695
数据库服务QQ：2475522410
数据库服务邮箱：database@ssap.cn
图书销售热线：010-59367070/7028
图书服务QQ：1265056568
图书服务邮箱：duzhe@ssap.cn

基本子库
SUB DATABASE

中国社会发展数据库（下设 12 个子库）

全面整合国内外中国社会发展研究成果，汇聚独家统计数据、深度分析报告，涉及社会、人口、政治、教育、法律等 12 个领域，为了解中国社会发展动态、跟踪社会核心热点、分析社会发展趋势提供一站式资源搜索和数据分析与挖掘服务。

中国经济发展数据库（下设 12 个子库）

基于"皮书系列"中涉及中国经济发展的研究资料构建，内容涵盖宏观经济、农业经济、工业经济、产业经济等 12 个重点经济领域，为实时掌控经济运行态势、把握经济发展规律、洞察经济形势、进行经济决策提供参考和依据。

中国行业发展数据库（下设 17 个子库）

以中国国民经济行业分类为依据，覆盖金融业、旅游、医疗卫生、交通运输、能源矿产等 100 多个行业，跟踪分析国民经济相关行业市场运行状况和政策导向，汇集行业发展前沿资讯，为投资、从业及各种经济决策提供理论基础和实践指导。

中国区域发展数据库（下设 6 个子库）

对中国特定区域内的经济、社会、文化等领域现状与发展情况进行深度分析和预测，研究层级至县及县以下行政区，涉及地区、区域经济体、城市、农村等不同维度。为地方经济社会宏观态势研究、发展经验研究、案例分析提供数据服务。

中国文化传媒数据库（下设 18 个子库）

汇聚文化传媒领域专家观点、热点资讯，梳理国内外中国文化发展相关学术研究成果、一手统计数据，涵盖文化产业、新闻传播、电影娱乐、文学艺术、群众文化等 18 个重点研究领域。为文化传媒研究提供相关数据、研究报告和综合分析服务。

世界经济与国际关系数据库（下设 6 个子库）

立足"皮书系列"世界经济、国际关系相关学术资源，整合世界经济、国际政治、世界文化与科技、全球性问题、国际组织与国际法、区域研究 6 大领域研究成果，为世界经济与国际关系研究提供全方位数据分析，为决策和形势研判提供参考。

法律声明